中公文庫

ナチス軍需相の証言（下）

シュペーア回想録

アルベルト・シュペーア
品田豊治訳

中央公論新社

ナチス軍需相の証言　下巻目次

上巻目次

ナチス軍需相の証言　下

シュペーア回想録

第Ⅱ部（つづき）

第19章　第二の実力者

軍需生産に関する演説

我々の計画が挫折した数週間後、つまり一九四三年五月の初め、ゲッベルスは数週間前にゲーリングに話しておいたことをボルマンに認めさせようとあせっていた。

ゲッベルスは、今後ボルマンを通じてのみ情報を受け、ヒトラーの裁可を得られるようボルマンに依頼すると約束した。このような屈服に対してボルマンは十分に報いたのだった。ゲッベルスはゲーリングを裏切ったのであり、ゲーリングは今後象徴的存在としてのみ取り扱われることとなった。

権力はボルマンのほうに有利に展開していった。いつの日にかまた私を必要とするであろうということを彼は予測していたのであろうか。ボルマンは、私が彼の権力をくつがえそうとしていることを聞いているに違いないのだが、彼はその私に対しても愛想よく振るまい、私もゲッベルスのように自分の側についたらどうかとほのめかしてきた。私はこの誘いに乗る意思はまったくなかった。というのも、この取り引きはあまりにも高くつくだろうし、もしそうすれば、私はボルマンに屈服してしまうことになるからだ。

ゲッベルスと私との仲は、その後もますます緊密となった。我々は依然として国内予備軍を徹底的に掌握するという目的を追求していたからである。確かに私は彼を信用しすぎていたかもしれない。彼の友情、その柔らかい物腰、それに冷徹な論理が私をとらえてしまったからであろう。

表面的には何の変化もなかった。我々の住む世界は、何事もやむなく擬装したり、偽善にはしったり、不実に陥ったりするものである。ライバル同士の間では真味の会話はまずなされないといってよい。真実を告げる報告も、ヒトラーのところに到着するまでにはまったく歪められてしまっていた。人々は陰謀をたくらみ、ヒトラーの気まぐれをも計算に入れなければならず、この秘密裏のかけひきにおいて、あるときは勝ち、またあるときは敗れたりした。私も他の者と同様に、この錯乱した世界を泳ぎわたっていったのである。

一九四三年五月下旬、ゲーリングがドイツの軍需生産について私と一緒にスポーツ宮殿で演説をしたいと伝えてきた。私はこれを承諾した。数日後、驚いたことに、ヒトラーはゲッベルスが演説するようにと指定してきたのであった。我々が演説の草稿を調整していたとき、宣伝相のゲッベルスは私に、自分の演説が一時間もかかるから、私の演説を少し短くするようにとうながしてきた。「もし君の演説が半時間以内におさまらないなら聴衆はあきてしまうだろう」。例によって我々は、二人の演説の草稿を、ただし私の分はさらに三分の一ほど短くするとの添え書きをつけてヒトラーのところへ送った。数日後、ヒトラーは私をオーバーザルツベルクに招いた。彼は私の目の前で、ボルマンから手渡された草稿を読み、無遠慮に、見たところ熱心に、数分間でゲッベルスの演説を半分に削ってしまった。「さあボルマン、これを博士のところに持っていって、私がシュペーアの演説は大変すばらしいできだと思っていると伝えてくれ」

ヒトラーは陰謀家のボルマンの前で、ゲッベルスに対する私の面子をたててくれたのである。ボルマンとゲッベルスの二人は、このでき事以後、私が以前にもましてヒトラーからかなりの信頼を受けているということを思い知らされたのである。私自身も、場合によったら、ヒトラーは一番信頼している人物に反対してまで私を擁護してくれるのではないかと考えることができた。

一九四三年六月五日の演説は、著しい軍需生産の上昇を初めて公にしたものであったが、二つの方面から批判されることとなった。まず党組織の側から私は次のようにいわれたのである。「大した犠牲を払わずにやれるではないか。それなのに何だってまた破局的措置を国民に示して、彼らを不安におとしいれる必要があるんだ」。いっぽう軍首脳部や前線からは、弾薬および兵器補給の不足の実情から照らして、私の報告の信憑《しんぴょう》性を疑われたのである。

アジアからの撤退

ソ連の冬季攻勢はますます激しいものとなってきた。しかし、わが国は生産の増強によって東部戦線の間隙を埋めるだけでなく、さらに冬季の大損害をはね返すために、新しい武器を供給することによって新たな攻撃準備をすすめることができたのだ。クルスク近くの湾曲部は打破されなければならなかった。ところが、「城塞作戦」と名づけられて準備されていたこの作戦も、ヒトラーが戦車の投入のほうに重点を移していったので、ますますその開始が延期されていった。彼は、とりわけポルシェ教授の設計による電動推進装置付きの新型戦車に奇跡を期待していたのである。いなか風の家具を備えた総統官邸の奥の小部屋での簡単な夕食のときに、私はたまたまゼップ・ディートリヒから、ヒトラーが今度は一人の捕虜も捕らえてはならないという指令を下そうとしていることを聞いた。親衛隊部隊の進撃において、ソ連の部隊がドイツ人捕虜を殺害したということが確認された。ヒトラーはこの殺戮《さつりく》に対して千倍もの血の報復をせよと命令したのである。

この命令は我々自身にとっても損失になるのではないかと私はあきれ、また同時に心配にもなったのである。数か月来、労働力供給の大きな不足を補うのに数十万人の捕虜を計算に入れ努力してきたのだが、いまやそれも無駄となってしまったのである。そこで私はヒトラーに対して、その指令に関する私の意見を次の機会に上申してみたのである。彼の気持ちを変えさせることはそう困難ではなかった。むしろヒトラーも親衛隊に対する確約を撤回できるというのでいくらか気分が楽になったようにすらみえた。その日のうちに、つまり一九四三年七月八日、ヒトラーはカイテルに対し、捕虜全員を軍需生産に投入せよとの指令を発した。

しかし捕虜の措置に関するこの指令も結局は無駄に終わってしまった。七月五日に攻勢に転じ、最新式兵器を大量に投入したにもかかわらず、ドイツ軍は陣地を構築することすらできなかったのである。ヒトラーの確信は裏切られた。二週間にわたる戦闘の後、彼はついにこの作戦を断念した。この戦闘における敗北は、我々にとって一年のうちで最も有利と思われる季節でさえも、戦争の主導権は完全に敵側の手中にあることを物語っていた。

陸軍参謀本部は、既に第二次冬季作戦の敗北、つまりスターリングラードの直後に、ヒトラーの同意もなしに、はるか後方に防衛拠点を築こうとあせっていた。ヒトラーは、最前線の後方わずか二、三〇キロメートルの地点に防衛拠点を設けたかったのである。いっぽう、参謀本部は、両軍が相対峙《たいじ》している平原を五〇メートルの高さの傾斜地から見おろすのに格好なドニエプル川西岸線を守るべき線であると主張した。そこならば、ドニエプル川は二〇〇キロメートル以上も戦線から離れているから、おそらくまだ防衛線建設のための十分な時間があったであろう。しかしヒトラーはこの計画を簡単に拒絶してしまった。ヒトラーはドイツ軍の作戦が勝利を収めている間は、ドイツの兵士たちは世界最強であるとほめたたえていたのであるが、いまや「後退した地点に防衛線を築くことは心理的にいってても不可能だ。兵士たちは、もし自分たちが戦線から一〇〇キロも後方にいるのだと知ったなら、おそらく戦意を失ってしまうだろう。次に戦うときにも、彼らは再び無抵抗に後退してしまうだろう」といった。

一九四三年十二月、マンシュタインの命令と、ツァイツラーの暗黙の了解のもとに、トット機関が禁止命令を無視してブーク河畔に陣地を構築してしまったことを、ヒトラーは私の代理人ドルシュから報告を受けた。今度もまた、ソヴィエト軍はブーク川の東一五〇から二〇〇キロの地点にいたのだ。ヒトラーは、ちょうど半年前と同一の論拠をもって、きわめて激しい口調で即刻工事を中止せよと命令した。このような後退的防衛地点を築くこと自体が、マンシュタインと彼の軍団のもつ敗北主義を立証するものだ、とヒトラーは激怒した。

ヒトラーの頑固さのゆえに、ドイツ軍は絶え間なく行動へと追いやられたのであり、それがソヴィエト軍に有利となった。というのは、ロシアでは十一月になると地面が凍結してしまい、地面を掘り起こし陣地を構築するなんていうことはとうてい考えられないことであり、その期限はとうに過ぎてしまっていたのである。兵士たちは、ロシアの冬の気候に無防備でさらされてしまい、冬の準備が完璧《かんぺき》であった敵に対して、余計なハンディキャップを負うこととなってしまった。

このような状況は、ヒトラーが戦況の転換を認めようとしなかったことを示している。一九四三年春、ヒトラーはロープウエーが建設中であったにもかかわらず、ケルチ海峡に長さ五キロにわたる道路と鉄道の橋梁建設を要求した。しかし、そのロープウエーは既に六月十四日、一日一〇〇〇トンの輸送能力をもって運転が開始されていたのである。ただしこの輸送量は十七方面軍の守備的需要をかろうじてまかなうにすぎなかったが、ともかくヒトラーは、コーカサスを越えてペルシャに前進するという彼自身の計画を捨てなかった。この橋を通って、クバン橋頭堡《きょうとうほ》に攻撃用の物資と兵員を送る必要があるといって、彼は命令を根拠づけたのである。しかし、彼の部下の将軍たちは、既にずっと以前からこのようなことは考えていなかった。クバン橋頭堡を視察したとき、すべての前線の将軍たちは、強力な敵を前にして、果たしてなおも陣地を維持しうるかといった懸念を洩らしていた。私が将軍たちの懸念をヒトラーに話した時、彼は侮辱的に「単なる逃げ口上にすぎない。参謀本部同様、イェネッケは新たな攻勢をかけようという信念が欠けているのだ」といった。

その後ほどなく、一九四三年の夏、クバン橋頭堡からの撤退をツァイツラーから任された十七方面軍司令官イェネッケ陸軍歩兵大将は岐路に立たされた。イェネッケは、ソ連側の冬季攻勢に備えてクリミア地方に適当な陣地を構築したいと考えた。ヒトラーはこれには以前よりも一層頑固に反対し、攻撃計画に備えて橋の建造を促進するよう私に要求してきた。しかし当時既に、橋の完成は不可能であることが明らかになっていたのである。九月四日、最後のドイツ部隊がアジア大陸の橋頭堡を撤去しはじめたのである。

軍事指導権をめぐって

私はゲーリング邸で政治指導権の危機をいかに克服するかについて話し合ったことがあったように、グデーリアン、ツァイツラー、フロムらと軍事指導権の危機についても討議した。

一九四三年夏、装甲兵総監グデーリアン上級大将は、彼がツァイツラー陸軍参謀総長と私的な会談をもてるようにと私に依頼してきた。グデーリアンとツァイツラーの両者の間には権限の不明確さからくる誤解があったのである。私はこの二人の将軍とほぼ同じような友好関係をもっていたので、両者の仲介役が回ってきたわけである。グデーリアンはこの会談に幅広い問題の解決を期待していたようである。グデーリアンは陸軍の総指揮問題に関して、ツァイツラーと共同作戦を展開できるようにと話し合うつもりだった。我々はオーバーザルツベルクの私の家で会談した。ツァイツラーとグデーリアンの間の誤解は間もなく解消した。この会談の中心的話題は、ヒトラーが陸軍に対する最高指令権を有しながらも、それを十分に行使していないために生じた諸々の事態についてであった。陸軍の問題は、海軍、空軍、親衛隊に対するより以上に精力的な態度で臨まなければならないし、国防軍最高司令官としてのヒトラーは、不偏中立の立場をとらなければならないと、ツァイツラーはいった。これに付け加えてグデーリアンは、総司令官なるものは、配下の部隊の要望に沿って働き、また基本的な補給問題を解決するためにも、各軍団長と個人的にも緊密な接触を保たなければならないのに、ヒトラーはこのようなことには時間をさいたり関心を持ったりしないといい、ツァイツラーもこれには同感であった。彼は一度も会ったことのないような将軍たちの任免にまで干渉していた。本来なら、高級将校を個人的にもよく知っている総司令官だけが人事政策を行ないうるものであろう。グデーリアンは、さらに、ヒトラーは海、空両軍の総司令官およびヒムラーに対しては、ほとんど無制限なまでに人事権をまかせているのに、陸軍に対してだけは例外であるといっていた。

我々は、ヒトラーに対して新しい陸軍総司令官の任命を要求しようと確認した。数日後グデーリアンと私とは個別に、ヒトラーと会い、それとなくこの問題を話してみたが、ヒトラーはあたかも侮辱されたかのように、いつにない激しさでこれを拒絶した。我々の試みは挫折《ざせつ》してしまった。私は、この少し以前に、クルーゲ、マンシュタインの両元帥が同じようなことをヒトラーに具申していたことを知らなかったのである。おそらくヒトラーは、ひょっとしたら我々と両元帥の間に何らかの申し合わせがあるのではないかと疑ったのであろう。

海軍総司令官デーニッツ

ヒトラーが人事や組織の問題について、私の要望を喜んで聞き入れてくれるような時期はとうの昔に過ぎ去っていた。ボルマン、ラマースおよびカイテルの三人委員会は、たとえ軍需生産増強化の必要性に迫られたものであったにせよ、私の権力が少しでも強まるのを妨害したであろう。しかし彼らも、海軍の軍需に関する私とデーニッツとの共同行動に対しては反対しうるに足る論拠を持たなかった。

私がデーニッツを初めて知ったのは、一九四二年私が現職に就任した直後であった。当時潜水艦隊司令長官であったデーニッツは、私を、パリにあった簡素ではあるがそのころとしては超近代的なアパートに招待した。駐フランス空軍司令官シュペーレ元帥が私を接待してくれた。ベルリンでは豊富なコースや貴重なワインの出るぜいたくな食事に慣らされていた私には、ここでの簡素なもてなしが快い感じすら与えてくれた。シュペーレの司令部は、かつてメディチ家のマリアの居城であったルクセンブルク宮殿に設けられていた。豪華さと体面を保とうとする点でも、また体の大きさにかけても、シュペーレは彼の上司である空軍総司令官ゲーリングにひけをとらないほどであった。

大西洋岸に潜水艦基地を建設するという共同の任務を帯びて、私とデーニッツは、その後の数か月間に頻繁に会談したのである。レーダー海軍総司令官は私とデーニッツの会談を好ましいものと思わなかったので、彼はデーニッツが直接私と技術上の問題で話し合うことを禁じてきた。一九四二年十二月末、手柄をたてたことのある潜水艦艦長シュッツェが私のところへやって来て、デーニッツとベルリンの海軍首脳部との間には深刻な意見の対立が生じていると告げた。その数日後、私がナウマン次官から聞いたところによれば、宣伝省の海軍検閲官が、レーダーとデーニッツとの視察旅行のニュース写真の説明文からデーニッツの名前を削除してしまったということであった。

一九四三年一月初め、私が大本営に出むいたときヒトラーは、海軍軍令部からはなんの情報も受けていないある洋上作戦について、それを外国の新聞紙上で初めて知ったといって激怒していた。自然とヒトラーは、この会談中に、話題を潜水艦建造の合理化の可能性に移し、さらに私とレーダー海軍総司令官との協力関係がうまくいっていないことに関心を示した。私はヒトラーに、レーダーが、私とデーニッツとが技術上の問題を話し合うのを禁止したり、ニュース写真からデーニッツの名前を削除したりしたことを報告した。

私は、ヒトラーのもとでは、ある人物を評するにあたっては、注意深く不信感をあおることだけが効果があるということをかのボルマンから学んだのである。いかなることでもヒトラーに何らかの直接的影響力を行使しようとしても無駄であった。というのは、ヒトラーは、無理強いされたと感じたときには、どんなことでもそれを承諾することはなかったのである。そこで私は、潜水艦計画が直面しているすべての障害は、デーニッツの力によって初めて除去されうるであろうとほのめかした。事実、私としてはレーダーが更迭《こうてつ》されるのを望んでいたのである。しかし、ヒトラーは、昔からの同志に対してはいつも辛抱強く大切に扱うので、今度もたいした希望はもてそうもなかった。ところが一月三十日、デーニッツが海軍元帥、同時に海軍総司令官に任命され、レーダーは海軍総監に左遷されてしまったのである。

デーニッツは、専門家としての決断性と技術的論拠をもって、終戦にいたるまでヒトラーが暴走しないように終始見守っていくこととなる。私は潜水艦建造の問題を話し合うためしばしば彼と話し合った。しかし、デーニッツと私との共同作業も、必ずしも緊密な関係で出発したわけではなかった。三月前の一九四三年一月二十二日に、私はかなり拡大された戦車計画を最緊急課題として取り上げたにもかかわらず、ヒトラーはデーニッツの報告を受けるや、私に相談することもなく、四月中旬にすべての海軍軍備計画を最緊急課題に組み入れてしまったのである。この二つの計画が競合せざるを得ない羽目になったのは当然のことである。しかし私はヒトラーのもとに出向く必要がなかった。というのも、デーニッツは、この問題が生じる以前から、強力な陸軍の軍備担当部局と協力することができれば、ヒトラーの後ろ楯よりもずっと有利であると判断していたからである。

我々はこの問題を私の機関に委ねることで合意し、私はデーニッツが要求している艦隊計画の実現を確約した。従来の比較的小型の艦船を毎月二〇隻、排水量一万六〇〇〇総トン製造する代わりに、今後は、潜水艦四〇隻、五万総トンを製造し、さらに掃海艇と高速艇の製造を倍増する案が取り決められた。

潜水艦作戦の全面的な敗北を防ぐには、新型潜水艦がどうしても必要であると、デーニッツは私に説明した。海軍としては、従来の水中航続距離の短い「水上艦」に代わって、全面的に、より有利な流線型を採用し、電気推進装置を強化し、蓄電池内に蓄えられるエネルギーを強化することによって、水中航行速度を高め、かつ水中航続距離を最大化できる潜水艦を建造したいと要望していた。

このような計画を推進するにあたって一番大切なことは、常に適当な指導者を見つけることである。私は、この計画の責任者として、消防自動車の製造で業績をあげたシュヴァーベン生まれのオットー・メルカーを任命した。この人事は、あらゆる造船技師に対する挑戦をも意味していた。一九四三年七月五日、メルカーは海軍首脳部に新造船計画を提示した。

彼の案は、アメリカ合衆国におけるカイザー方式による大量生産を模して、潜水艦は各部品に細分化され、各部品はあらゆる機械と電気設備を用いて国内で作られ、陸路あるいは水路で造船所に運ばれ、そこで短期間で組み立てられる、というものであった。この方式は、艦隊建造計画を拡大するときにいつも問題となった造船所の問題を解消することになった。デーニッツはメルカーの計画に感激して「これで我々には新たな行動が始まるのだ」と述べた。

この新型潜水艦がどういう形になるのか、初めのうち我々は明確に構想を持っていなかった。設計と細部にわたる検討をするために開発委員会が設置され、最も優秀な造船技師がその委員長となるという従来の慣例を破って、トップ海軍大将が委員長となった。デーニッツ自らがこの目的のために彼を出向させたのであって、権限をめぐっての複雑な問題が生じることはなかったのである。トップとメルカーとの共同作業は、デーニッツと私の場合と同様、きわめてスムーズに行なわれた。

建艦委員会の第一回会議後およそ四か月たった一九四三年十一月十一日、製図作業がすべて完了した。一か月後、デーニッツと私は一六〇〇トンの大潜水艦の内部模型を視察した。設計完成の段階で既に建艦中央委員会が業界に発注していたものだった。このやり方は、既に新しいパンター型戦車を製造するときに用いて成果を上げていたものであった。かくて、一九四四年、海軍は第一号新型潜水艦の試運転を行なうことができたのである。月間四〇隻の艦船を供給するという我々の確約は、戦況の破局的状況にもかかわらず、もしも一九四五年前半に、空襲によって建造中の船が三分の一も破壊されなかったならば実現できたであろう。

当時デーニッツと私は、もっと早く新型潜水艦を建造するのを妨げてきたのは何だったのであろうかと話し合ったことがある。というのも、この新型潜水艦には、技術的には何ら新しい点もなく、その造船理論は数年前から既に知られていたものだったからである。専門家たちも保証しているように、この新型潜水艦こそが潜水艦戦での勝利をもたらすものであったのである。このことは、アメリカ海軍も戦後、彼らがこの新型潜水艦の造船計画を採用したことによっても確認されている。

新しい太陽

デーニッツと私が海軍新計画についての共同指令に署名をしてから三日後の一九四三年七月二十六日、私はすべての生産機構を私の管轄下におくことについてヒトラーの同意を得た。戦術的理由から私は、海軍新計画とヒトラーの要求したこのほかの課題から生じてきた負担を、私の要請の根拠としたのである。

私は、消費財工業の大工場を軍需工場に転用することによって、五〇万人のドイツ人労働者およびその基幹工場設備を緊急計画に提供すべきであるとヒトラーに進言した。大部分の大管区指導者たちは、この転用に反対していた。経済省は、彼らに反対してまでこの転用を強行するにはあまりにも弱体であった。前にも述べたように、それをできるのは私だけなのだ、と間もなくわかったのである。

四か年計画関係の同僚や諸官庁が、それぞれの所見の提出を求めるといったゴタゴタがあった後、八月二十六日、ラマースが各閣僚を閣議室に招集した。この会議では、「活力とユーモアに満ちた独特の弔辞」を述べた度量の大きなフンクのおかげで、今後、全軍需生産は私の管轄下に置かれるという合意が成立した。ラマースは、否でも応でも、ボルマンを通じてこの結果をヒトラーに報告すると約束せざるを得なかった。この閣議の数日後、フンクと私とは、ヒトラーの最終的承認をうるために連れだって大本営におもむいた。

ところがヒトラーは、フンクの面前で私に向かって、私がこの法案について説明するのを差し止め、それ以上法案説明を続けても無駄だ、と怒ったような表情で私にいったのである。ほんの数時間前にボルマンが、ラマース国務相にも帝国元帥《ライヒ》ゲーリングにも話していない裁可の件に関して、私が彼を誘惑し、裁可させるように仕向けているとヒトラーに内報していたのであった。

ヒトラーはこんな風にして部下たちの勢力争いに巻き込まれたくはないといった。私が、国務相としてのラマースが職務上四か年計画庁の次官の承認を得ていることをヒトラーにいいかけたとき、彼は珍しくも即座に拒絶した。「私は、少なくともボルマンの中に、一人の忠誠なエッケハルト（信頼すべき指導者）を見いだしたことをうれしく思っている」。この言葉は明らかに、ヒトラーをだまそうとした私の意図をあてこすったものだった。

フンクはラマースにこの経過を報告した。また我々は、ロミンテン荒原狩猟地から豪華客車で総統大本営に行く途中のゲーリングにも会った。ゲーリングはいとも不機嫌そうであった。おそらく彼は一方的に話を聞かされ、しかも我々には注意せよといわれていたらしかった。愛すべきフンクの雄弁がゲーリングのかたくなな態度をやわらげ、この法案を詳細に説明することに成功した。その結果、ゲーリングは「四か年計画全権委員としての大ドイツ帝国元帥の権能は不可侵である」という文句を挿入することで完全に了解した。四か年計画の重要な部門の大多数は、どっちみち私の中央計画局の指揮下に置かれていたので、このような制限事項も実際上たいして障害とはならなかった。

了解の印《しるし》としてゲーリングは我々の法案に署名し、ラマースはこれですっかり完了したとテレックスを通じて言明した。数日たった九月二日、ヒトラーもこの法案に喜んで署名した。かくて私は「軍需相」（ＢＵＭ）から「戦時生産相」（ＲＵＫ）になったのである。

ボルマンの陰謀は今回は失敗したのである。私はこの件でヒトラーに特に異議を申し立てたりはしなかった。その代わり、ボルマンが今回の場合、果たしてヒトラーに忠実であったかどうかとの判断は、ヒトラーにまかせることとした。これまでの経験からみても、ボルマンの陰謀を暴露してヒトラーを困惑させるようなことをしなかったことは賢明な処置であった。

私の省の権限拡張に対するすべての反対は、公然、非公然をとわず明らかに疑心暗鬼なボルマンによるものであった。ボルマンから見れば、私は彼の勢力範囲外で行動しており、次第に勢力を増加しつつあると思えたのであろう。そのうえ、私はその任務上、軍首脳部のグデーリアン、ツァイツラー、フロム、ミルヒ、デーニッツらと同志的な接触を持っていた。また私は、ヒトラーの側近の中でも、ボルマンから嫌われているヒトラーの陸軍副官エンゲル大将、空軍副官ベロー大将あるいは国防軍副官シュムント将軍などとも親しかった。そのほかにもボルマンが敵とみなしているヒトラーの主治医カール・ブラント博士とも私は仲がよかった。

ある晩、私がシュムントとシュタインヘーガーを二、三杯飲んでいたとき、彼は、私が陸軍にとって大いなるホープであり、将軍連はゲーリングを酷評しているけれども、私に対しては最大の信頼をおいている、といって、やや激しい口調で、「陸軍はね、シュペーア君、君をバックアップしている。これは信じてもいいぞ」と結んだ。私は、シュムントがなぜこんなおかしなことをいい、何をいわんとしているのかまるで理解できなかった。私は、彼は将軍連と陸軍とを混同しているのだと思った。シュムントは他のだれかれに対しても、やはり同じようなことをいいふらしていたのである。総統大本営は狭い。当然、ボルマンがこんなことを聞きもらすはずがなかった。

同じころ、多分一九四三年の秋だったと思うが、ヒトラーが、とある作戦会議の始まる前に、数人の同僚のいる前で、私とヒムラーに「二人の同輩」という呼びかたであいさつしてきたので私は少しばかり当惑してしまったことがある。ヒトラーが意識的に用いたこの言葉は、当然その不動の権力的地位を考えれば、親衛隊全国指導者ヒムラーには気に入らないものだったろう。ツァイツラーも数週間前に大変うれしそうに私にこういった。

「総統は君のことを大変高くかっている。最近でも総統は、君に最大の望みをかけているといっていた。今やゲーリングにつぐ新しい太陽が昇ったのだ」。私はツァイツラーに、こんなことは他言しないでほしいと頼んだ。しかしヒトラーのこの言葉は、既に大本営の封鎖区域内にいる人々には知れわたっていたし、ボルマンが聞き知っていることも確かだった。ヒトラーの有力な秘書であるボルマンは、この年の夏に私とヒトラーとの仲を不和にしようとしながら、むしろまったく正反対の結果となってしまったことを認めざるを得なかった。

ふだんからヒトラーは、このような目立った発言をしなかっただけに、ボルマンはこれを自分に対する威嚇として深刻に受けとったのだった。私がボルマンの配下にある組織の出身でないだけに、この威嚇は彼にとっては危機の増大と思えたのだった。それ以来ボルマンは、自分の親しい同僚に向かって、シュペーアは党の敵であるとか、ヒトラーの後継者のいすを狙っているとか、盛んにいいふらしていた。

確かに当時のヒトラーは、一体だれを後継者に選んだらよいか迷っているふうであった。ゲーリングの声望は地に落ち、ヘスは自ら辞退し、シーラッハはボルマンの陰謀によって失脚し、ボルマン、ヒムラー、ゲッベルスもヒトラーが考えているような「芸術愛好家的タイプ」とはかけ離れていた。ヒトラーは私の中にどうやら相通じる性格を見いだしていたようであった。

ヒトラーには、私が、短期間のうちに政治的権力の世界で強力な地位を獲得し、ついには軍需相としての指揮権によって軍事部門でも特殊な能力を発揮した天才的芸術家であると映ったのである。ヒトラーの第四の専門分野である外交政策においてのみ、私はいまだ目立った働きをしていなかった。

私は信頼のできる仲間内だけで、ボルマンのことをいつも「垣根用刈り込みバサミを持った男」と呼んでいた。だれをも蹴落とそうとするエネルギー、陰謀、それに残忍性を持っていたからである。これ以来ボルマンは、私の勢力を失墜させようと全力を尽くしたのであった。

この戦争の終わるまで、ボルマンと私の間の闘争は決して決着のつくことがなかった。ヒトラーは、ボルマンを抑制して私が失脚するのを妨げ、時には寵愛をもって特別扱いしてくれたかと思うと、またすぐ私に冷淡な態度をとったりしたのであった。結局ボルマンは、大きな成果をあげている工業組織機構から私を追放することは不可能だったのである。工業組織と私とはあまりにも密接に結びついており、私が失脚すれば工業組織機構自体が崩壊してしまい、従って戦争遂行そのものの危機をも意味していたのであった。

第20章　激化する空襲

対空高射砲

新しい機関の創設、それにともなう成功と称賛につつまれた数か月間の興奮は、間もなく次第に増加してくる困難と最大の心配事に代わったのである。労働力問題や未解決のままの資材問題、あるいはヒトラーの側近連中の陰謀だけが我々の心配の種だったわけではなかった。イギリス空軍による爆撃が生産に及ぼした影響には、一時的ではあったが、ボルマン、ザウケル、あるいは中央計画局の幹部たちも唖然《あぜん》としてしまった。しかし同時にこの空襲は、私の勢力拡張にとってはかえって好都合であった。というのも、我々は、空襲による大損害にもかかわらず、かえって以前より以上の生産をあげていたからである。

この空襲が、戦争を我々の身近なものと感じさせるようになった。我々は焼き払われ荒廃した都市にあって、日々、我々を最高の効率性へと向かわせる戦争を直接体験したのである。住民の抗戦意欲は困難な状況の中でもくじけることはなかった。それどころか、軍需工場を視察して一般労働者と話し合ったとき、むしろ士気は高揚しているという印象さえ受けたのである。全生産額の九パーセントと推定される損失は、より大きな努力によって十分相殺《そうさい》されるものであった。

最大の障害は広範囲にわたる防衛態勢の中にあった。一九四三年、国内あるいは西部戦線では、一〇〇〇〇門もの対空高射砲が空に向けられていた。

それらの対空高射砲は、ロシア戦線で、戦車やほかの地上目標物に向けて投入されることができたはずであろう。故郷の空を防御するこの第二戦線がなかったら、弾薬の面からも我々の戦車に対する防御力もおよそ倍増していたであろう。そのうえこの第二戦線は、一〇万人もの若い兵士をくぎ付けにしていた。また光学工業の三分の一が、対空高射砲台の照準器を作るのに稼働し、電気工学生産のおよそ二分の一は空襲を防ぐためのレーダーや通信設備に向けられていた。その結果、前線部隊における最新式の装備も、ドイツの電気、光学工業の水準の高さにもかかわらず、連合軍に比べてかなり立ち遅れていた。

ゲーリングの幻想

我々が直面した重荷がどのようなものかを初めて経験したのは、一九四二年五月三十日から三十一日にかけての夜、イギリス軍が総力をあげた一〇四六機の爆撃機でケルンを爆撃したときのことであった。

たまたまこのイギリス軍による空襲のあった翌朝、ミルヒと私はゲーリングのところへ呼ばれた。このころゲーリングは、カリンハルではなくフレンキッシェ・シュヴァイツ（フランケン・スイス）にあるフェルデンシュタイン城に住んでいた。不機嫌そうな帝国元帥《ライヒ》は、ケルン爆撃についての報告を本気にしようとはしなかった。「そんなことはありえない！　そんなにたくさんの爆弾を、一晩のうちに落とすなんてできるはずがない」と彼は副官をどなりつけた。「ケルンの大管区指導者に電話をつないでくれ」。我々の面前で、電話によるばかげた会話が続けられた。「君のところの警視総監の報告はまっかな嘘だ！」。大管区指導者グローエは反論しているようにみえた。「私は、帝国元帥《ライヒ》として、報告された数字がまったく大きすぎるといっているんだ。こんなばかげた数字をどうして総統に報告できるんだ！」。大管区指導者は、電話の向こうで明らかに自分の数字に固執しているようだった。「一体君はどんな方法で焼夷弾を数え上げたのだ。その数字はあくまでも推定にすぎないじゃないか。私はもう一度君にいっておく。君のあげた数字はあまりにも誇大すぎる。全部まちがいだ。至急君の数字を訂正しなさい。君は私が嘘をついているとでもいいたいのかね。私は正しい数字の載った報告を要求する。それで済むことだ」

こんなことがあった後でもゲーリングは私たちを、何事もなかったかのように、昔は彼の両親の住居であったその家に案内した。彼はまるで平和時であるかのように、「ここを雄大な城郭風の建築とするために古い廃墟の中庭にある地味なビーダーマイアー風の家を壊さなければならない。さしあたり、堅固な防空壕を建てさせるつもりだ。そのための設計図はもうできあがっている」と説明していた。

三日後、私は総統大本営に行った。ケルン空襲によるショックはまだおさまっていなかった。私はヒトラーに、ゲーリングとグローエとの間で交わされた奇妙な電話について報告した。私は当然、ゲーリングの資料のほうがグローエのよりも正確なものだろうと考えていた。しかし、ヒトラーは自分なりの意見を持っていた。ヒトラーは投入された航空機の膨大な数とその際に投下された爆弾の量について報道した敵側の新聞を提示した。そこに記載された数字は、ケルンの警視総監の報告した数をさらに上まわっていた。ヒトラーはゲーリングの隠蔽《いんぺい》行為にひどく腹を立てていたが、空軍指導部の幕僚連にも一端の責任があるとみなしていた。翌日、ヒトラーはゲーリングと平常通り会談をしたがこの件についてはそれ以上言及しなかった。

ダムへの空襲

既に一九四二年九月二十日に私は、もしフリードリヒスハーフェンの戦車工場が操業停止となったり、また、シュヴァインフルトのボールベアリング工場の生産が停止されたりしたら、きわめて困難な事態に陥るであろうとヒトラーの注意を促しておいた。その結果、ヒトラーはこの二つの都市のために、他より多くの高射砲の配置を指示した。私は早くから指摘していたのだが、敵か我々のいずれかが、広範囲なたいして意味もない平面爆撃をするのではなく、軍需生産の中枢を破壊するような攻撃をしていたならば、この戦争も一九四三年までには、ある程度まで決着がついていたであろう。

一九四三年四月十一日、私はヒトラーに対し、ソヴィエトのエネルギー経済における決定的に重要な攻撃目標を捜し出す任務を、工業界の専門委員会に委託するように提案した。ところが、その四週間後には我々ではなくイギリス空軍が、戦時経済における唯一の神経中枢部的施設を破壊することによって、戦局に決定的な影響を与えるという最初の作戦を実行してきたのである。あたかもモーターからたった一つの部品を取り除いて使用不能にできるように、一九四三年五月十七日、イギリス空軍は、わずか一九機の爆撃機でルール地方のダムを破壊し、わが国の軍需生産を半身不随にせんとしてきたのであった。

五月十七日の夜も明け切らないうちに、私はルール地方のダムのうちでも最大のメーネダムが破壊され決壊したとの報告を受けとった。他の三つのダムについてはまだなんの報告もなかった。明け方近く、我々は上空から破壊状態を視察し、ベルル飛行場に着陸した。破壊されたダムの足下にあった発電所は、その重機械もろともあとかたもなく破壊されつくしていた。

洪水がルール渓谷を水びたしにしてしまった。この洪水は一見大したこともないように見えたが、悲惨な結果をもたらした。工場は操業停止となり、住民の飲料水の供給が困難となった。ルール地方の浄水場の機械も水びたしになり泥に埋もれてしまったのである。私が総統大本営に提出した状況報告は、総統記録に載っているようにヒトラーに深い印象を与えたようだった。ヒトラーはその資料を手もとに置いていた。

　幸いなことに、この空襲のときイギリス軍は、他の三つのダムの破壊には失敗した。もしこのとき全部のダムが破壊されていたら、やがてくる夏を前に、ルール地方への給水はほとんど完全にストップしてしまっていただろう。この地方では一番大きなゾルペ渓谷ダムのど真ん中にも爆弾が命中していた。私はその日のうちにこのダムも視察した。しかし、幸いにも弾痕は水面よりわずか上にあった。もしそれがほんの数センチ低かったならば、亀裂は小さな細い流れから、速い渦まく流れとなり、土砂と岩石を積み上げて作られたダムは引き崩されていたかもしれない。ともかくその夜イギリス軍は、少数の爆撃機を出動させることによってそれまで数千の爆撃機を出動させて達した以上の大戦果をおさめたのであった。今になっても私には理解できないのだが、イギリス軍はたった一つだけ間違いを犯した。すなわち、彼らは力を分散させ、同じ夜に、ルール地方の給水とはまったく関係がない、七〇キロも離れたエーデル谷のダムをも攻撃したことであった。

　この空襲の数日後には、私が大西洋防壁からメーネとエーデルの地域に移動を命じた七〇〇〇人の労働者が、ダムの復旧に働いていた。雨期の始まる直前に、深さ二二メートル、高さ七七メートルのメーネダムの割れ目をふさぐことができた。その結果、晩秋と一九四三年の冬の雨や雪を、翌年夏の需要のために貯水しておくことに成功したのである。我々が復旧作業を行なっているときにも、イギリス軍は第二のチャンスを逸したのである。わずかな爆弾で復旧工事現場のむきだしの設備を破壊し、数個の焼夷弾で木組みを焼きつくすこともできたであろうに。

遅すぎた空軍戦略

この経験を経て私は、再び、なぜわが空軍は、既にわずかになった手段を用いて、その成果が決定的でありうる似たような重点攻撃に飛ばないのかと考えてみた。このイギリス軍の攻撃の二週間後、一九四三年五月末に、私は、攻撃に値する敵側の工業目標と取り組む作戦部を作るべきだと、再度ヒトラーに提案した。ところがヒトラーは、例によって決心をつけかねていた。「私は、君たち産業界の協力者が、航空攻撃目標の設定に助言を与え、空軍参謀本部を納得させる見込みがあるとは思えない。私も数回そのことをイェショネク将軍に注意はしたが。しかしもう一度、彼と話してみたまえ」と確信なげにいった。ヒトラーは明らかに決定的な裁断を下す意図を持っていなかった。彼にはこういった作戦の持つ戦術的意義に対する感覚が欠けていたのである。以前にも、一九三九年から一九四一年にかけて、彼は、イギリス各都市に潜水艦戦を併行させることなく空襲を命じた時、一度チャンスを逃したことは間違いない。たとえば、護送船団を編成して一時的にその能力を活用していたイギリスの港湾を攻撃しなかったのである。今、彼は再び絶好のチャンスを見逃していた。イギリスもまた、こうした失敗をダムへの部分的な攻撃を除いては、軽率にも同じテツを踏んでいたのである。

空軍戦略に関するヒトラーの自信のなさや私の影響力のなさにもかかわらず、私はくじけなかった。六月二十三日、工業界から数人の専門家が攻撃目標を調査するために一つの委員会を形成した。我々の最初の目標はイギリスの石炭産業に向けられた。それらの中心部・所在地・生産力その他のことは完全にイギリスの専門文献に公表されていたのだ。しかし、その提案も二年遅すぎたのである。もはや我々にはこれを攻撃するに十分な空軍力がなかったのである。

攻撃兵器の減少に直面している我々にとっても、まったく有望な目標が見つかった。ロシアの発電所である。これまでの経験によれば、ロシアには系統的に組織された対空防御線がない。そのうえソヴィエトの電気産業は、主要な諸点で西側諸国のそれとは構造的に違っていた。西側では漸進的な経済成長にともない、多数の互いに結合された形で発電所が作られてきたが、ソヴィエトでは少数の場所に、しかも広くひろがった地域の産業コンビナートのど真ん中に、巨大な発電所が作られていた。たとえば、モスクワの全エネルギー需要の大部分は、ボルガ川上流のたった一つの大発電所に依存していた。我々が入手した報告によると、ソヴィエト連邦の首都モスクワには、光学製品および電装品製造に不可欠な部品製造の六〇パーセントまでが集中しているとのことだった。ウラルではいくつかの巨大な発電所を破壊することにより、持続的な鉄鋼生産および戦車・弾薬の製造を麻痺させせえたであろう。またタービン式発電所は、導水管へたった一発の命中弾をうけただけで多量の水を放流し、その破壊力はたくさんの爆弾を投下するよりも大きいはずだった。ソヴィエトの大発電所は、しばしばドイツの会社の援助の下に作られていたので、我々はその正確な資料を入手できた。

十一月二十六日、ゲーリングはルドルフ・マイスター中将指揮下の長距離爆撃機による第六航空軍の強化を命じた。十二月、この部隊はビャリストクに集結した。我々はパイロットに目標を教え込むためにその発電所の木製モデルを作らせた。ヒトラーは、十二月初めに私から報告を受け、ミルヒは彼とは仲の良い新任のギュンター・コルテン空軍参謀総長に我々の計画についての注意を喚起した。二月四日、私はコルテンに「ソヴィエトに対する空軍の作戦行動は、今日もなお有望な見通しがたっている。私はこの作戦（モスクワ―上部ボルガ地域の発電所に対する空襲をさしている）が、ソヴィエト連邦の戦闘力に多大の影響を及ぼすよう切に願っている」との手紙を書いた。成功とは、いつもそういった企てのときのように、偶然な要素によって左右されるものである。私はこの作戦も根本的な転換をもたらすだろうとは信じていなかった。しかし私は、コルテンあてに書いたように、少なくともソヴィエト軍に対するアメリカ軍による補給が数か月たって初めて補うことのできる程度の戦果を期待していた。

またしても我々は二年遅れてしまった。ロシア軍による冬季攻勢は、ドイツ部隊の退却をもたらしたのである。状況は悪化した。困難にぶつかったときによくやるように、ヒトラーは驚くほど近視眼的に、二月の末には、ロシア軍の補給源を断つために「マイスター航空隊」に鉄道線路を破壊するようにとの命令を下したのである。ロシアでは地面が堅く凍りつき、爆弾は表面的な成果しか挙げられない。そのうえ我々の経験によれば、ロシア以上に破壊されやすいドイツの鉄道線路でさえ、しばしば数時間後には復旧されており、鉄道の破壊など無駄であるという私の異議もまったく受け入れられなかった。結果はもちろん「マイスター航空隊」はロシア兵の攻勢活動をなんら妨げることなしに無意味な作戦に使い尽くされてしまったのである。

重点作戦に対するヒトラーのそれ以上の関心は、彼の前に立ちふさがるイギリスに対する報復意欲によって消えさってしまった。「マイスター航空隊」の消滅の後も、我々はこれらの計画に対してまだ十分な爆撃機を持っていたのである。しかしヒトラーは、ロンドンに対する空襲を強化することによって、イギリス人をしてドイツに対する空軍作戦の攻勢を断念させうるという非現実的な希望を抱いていた。それゆえにヒトラーは、一九四三年になってもまだ新しい重爆撃機の開発と生産を要求したのである。重爆撃機によるはるかに効果的な攻撃目標はむしろ東部戦線にあるのだという私の考えは、一九四四年の夏ごろはときおりヒトラーの賛成を得ていたのであったが、結局彼の取り上げるところとはならなかった。ヒトラーも空軍参謀本部も時代遅れの軍事的観点にこだわり、技術工学的観点にもとづいた航空戦を行なう能力にまったく欠けていた。敵側も最初はやはりそうであった。

ハンブルク空襲

私がヒトラーおよび空軍参謀本部に効果的な目標を指摘しようと努力している間に、西側諸国は、七月二十五日から八月二日までの九日間に、ハンブルクにだけでも五回もの大空襲をしかけてきたのであった。この作戦は、あらゆる戦術上の常識に反していたにもかかわらず、惨たんたる結果を招いたのである。最初の空襲で水道管が破壊され、次からの空襲では消防隊の消火作業すらもはや不可能となった。いたるところで出火し、炎は天をも焦がさんばかりであった。道路のアスファルトも燃えはじめ、人々は地下室で窒息するか道路上で真っ黒に焦げていた。この連続的空襲は大地震の惨状に匹敵するものだった。大管区指導者のカウフマンは、テレックスを通じ、ヒトラーにこの町を視察するようにと繰り返し繰り返し頼んできた。それが不成功に終わった時、カウフマンはヒトラーに少なくとも特によく働いた救助隊の何人かを引見してほしいとも提案したが、ヒトラーはこれもまた拒否してしまった。

ハンブルクの惨劇は、ヒトラーやゲーリングが一九四〇年の時点でロンドンに対しても
っていた構想に類似したものであった。当時、内閣官房府での夕食の席で、ヒトラーは酔
うように語っていた。「諸君はロンドンの地図を見たことがあるかね。この町は二〇〇年
前に既に一度あった大火のように、かまどの火からだけで、町全体を焼きつくすことがで
きるほど密集している。ゲーリングは、新しい威力を持つ焼夷弾で、ロンドンの隅から隅
まで火もとを作り出そうとしているのだ。いたるところに火元がある。それも何千という
数なのだ。そこは一面火の海となる。ゲーリングの考え方はまったく正しいのだ。破裂爆
弾は役に立たないが焼夷弾は効果があるのだ。ロンドンを完全に破壊せよ！　ひとたび爆
撃が始まれば消防隊はどうすることもできないだろう！」
　ハンブルクの惨劇は私にとって最大の警告であった。七月二十九日午後に開かれた中央
計画局の会議で、私は「もしこうした空襲が現在の規模で今後とも引き続き行なわれるな
らば、我々が今討議している問題点など三か月後には無意味なものとなってしまう。そう
なれば山の斜面をころがり落ちるようなものだ。そして我々は中央計画局最後の会議を開
くことになるだろう」と述べた。三日後、ヒトラーに、軍需産業はバラバラになっている
と伝え、同時にこういった連続的空襲がさらに六つの大都市に広げられるとすれば、ドイ
ツの軍需産業は完全にストップしてしまうだろうと説明した。彼はこの説明をこれといっ
た反応もなしに聞いていた。「君ならば必ず解決できる！」と彼は簡単にいっただけであ

る。事実彼は正しかった。我々はそれを再び克服したのである。しかし、それもどんなに望んでも一般的な指示しか与えることのできない中央組織の力によるものではなく、直接それに参加した者、つまり労働者自身の必死の努力によるものであった。幸運なことには、このような多量の連続空襲が他の都市にまで波及しなかったことである。この間隙《かんげき》は、我々に彼らの次の空襲にそなえる機会を与えてくれたのである。

次の攻撃はハンブルクの一四日後、八月十七日にやってきた。アメリカ軍の爆撃機隊が初めての戦略爆撃に出陣したのである。この爆撃は、ボールベアリング製造の大工場が集中しているシュヴァインフルトに向けられたが、この工業はどちらにしても我々の軍需生産増強の隘路《あいろ》となっていた。

しかしこの攻撃の第一波で、敵は決定的な失敗を犯してしまった。すなわち、ボールベアリング製造工場に集中する代わりに、三七六機の空飛ぶ要塞《ようさい》の膨大な戦力を分割して、そのうち一四六機が、レーゲンスブルクの航空機組み立て工場に、成果はあったが基本的には意味のない爆撃を加えたのだ。さらに決定的だったのは、イギリス空軍が他の都市に無差別爆撃を行なったことである。

軍需産業にとっても特に重要なボールベアリングの種類の中でも、直径六・四センチから二四センチまでの生産は、この空襲によって三八パーセントも低下した。シュヴァインフルトが危険にさらされているにもかかわらず、我々はボールベアリングの生産の大部分をそこで作らねばならなかった。というのも工場を移転させると、その間三〜四か月は生産を完全に停止させなければならなかったからである。このようなさし迫った状態においこまれて、ベルリン・エルクナー、カンシュタット、シュタイア等からのボールベアリング工場の移転は、よしんばその所在地が敵にわかっているにせよ、まったく不可能なことであった。

戦後一九四六年六月、イギリス空軍の参謀の一人が私に、ボールベアリング工業への空襲がどのような結果を及ぼしたかと質問してきたので私はこれに対し次のように答えた。

一、すべてのボールベアリング工場（シュヴァインフルト、シュタイア、エルクナー、カンシュタット、フランス、イタリア）が同時に爆撃を受けていた場合

二、これらの爆撃が目標物を何ら考慮することもなく、二週間ごとに三、四回繰り返された場合

三、従ってすべての復旧が八週間ごとの大空襲によって再び破壊され、この爆撃が六か月間続けて行なわれた場合

このいずれの場合にも、ドイツの軍需生産は二か月後にかなり低下し、四か月後には完全に停止するのである。

この最初の爆撃による打撃の後、我々は国防軍が修理用に貯蔵していたボールベアリングを使用して、どうやら大きな困難を切り抜けることができた。だが、生産工程で不合格

品となっていたものまでが使用されることとなった。六～八週間かかる検査期間が過ぎた後は、ときどき工場でできたわずかばかりの製品をリュックサックに入れて組み立て工場まで運んだのであろう。当時我々は、敵側が、五つ六つしかない比較的小さな目標物を持続的に破壊することによって、数千の軍需工場を休止させるという戦略をとっているのではないか、と心配しながら話し合ったものである。

ボールベアリング工業

第二の打撃が二か月後に起こった。一九四三年十月十四日、我々が東プロイセンの総統大本営でヒトラーと軍需問題について話し合っていたとき、シャウプがはいってきた。「帝国元帥《ライヒ》が至急に話をしたいそうです。今度は喜ばしいニュースです」。ヒトラーが我々に伝えたところによると、シュヴァインフルトに対する新たな敵の昼間爆撃は防衛側の大勝利に終わり、あたり一面に撃墜されたアメリカの爆撃機が散乱しているということだった。このニュースに不安を感じた私は、自分自身でシュヴァインフルトに電話して確かめたかったので会議を中座した。しかし、すべての連絡網は切断されており、工場は電話に出なかった。警察に頼んでやっとボールベアリング工場の職長と話すのに成功した。ところが、彼がいうには、全工場は徹底的に破壊され、重油タンクは製造工場の大火事の原因となり、損害は第一回目の空襲をはるかに上回っているとのことだった。これで我々は、ボールベアリング生産（直径六・三センチから二四センチまでの製品）の六七パーセントを失うこととなった。

この二回目の大空襲の後、私のとった最初の措置は、エネルギッシュな協力者の一人、ケスラー社長をボールベアリング生産の特別責任者に任命したことだった。在庫品はまったく使い果たされ、スウェーデンやスイスから輸入する努力もごくわずかに成功したのみだった。ともかく、代替可能な部分にはボールベアリングをローラーに代えることによってかろうじて破局を避けえたのであった。ところが、あきれたことには、これ以後しばらく、敵はボールベアリング工業への爆撃を中止してしまったのである。

ところが十二月二十三日、エルクナーの製造工場が再び大被害を受けたのだが、同時にベルリン近辺の広範囲にわたっても空襲を受けたので、我々には、それが主要爆撃目標であったのかどうかは明らかでなかった。一九四四年二月、初めて情勢は変化した。四日間にわたって、シュヴァインフルト、シュタイア、カンシュタット等の各都市が二度ずつの大空襲を受けた。次いでまたエルクナー、シュヴァインフルト、シュタイアが爆撃された。たった六週間でボールベアリングの生産高（直径六・三センチ以上）は二九パーセントにまで低下したのである。

一九四四年四月の初め、ボールベアリング工業への爆撃は再び突然止んだ。こうした首尾一貫しない作戦のために、連合軍はまたもや成果を逃してしまった。二月、三月にかけての空襲のときと同じような勢いで爆撃が続けられていたとしたら、我々はとっくに敗北してしまっていたであろう。一九四三年七月から一九四四年四月にかけて、軍需生産は一七パーセントも増加し、ボールベアリングの不足のために戦車、航空機、その他の器具の製造がストップしたことは一度だってなかったのである。不可能も可能にできるとか、悲観的すぎる予断や危惧をすべきではないというヒトラーのテーゼも、軍需面ではその正しさを証明したかにみえた。

ベルリン空襲の開始

戦後になって初めて私は、敵がなぜ途中で攻撃を断念したかを知ったのである。すなわち、連合軍空軍参謀部では、ヒトラー支配下の権威国家では、最も重要な製造工場などは、危険にさらされた都市などから最大の行動力をもって疎開を完了させるだろうと想定したとのことであった。ハリスは、一九四三年十二月二十日の段階で、ドイツ人は国の存亡にかかわる重要な生産施設（ボールベアリングのような）を分散させるために最大限の努力をしているだろうと信じ込んでいたのである。この点でハリスは、ヒトラー支配下の権威主義的国家の行動力をあまりにも過大評価しすぎたのであった。

シュヴァインフルトへ第一次空襲が行なわれる八か月ほど前、一九四二年十二月十九日に、私は法令にもとづいて全軍需産業に対して次のような命令を下した。「敵側の爆撃は強化されており、我々は軍需産業面で重要な製造工場を移転するための予防措置を至急講じなければならない」。しかし、この命令はあらゆる方面からの抵抗を受けたのである。新大管区指導者たちは、いなかの平和的な静けさが破壊されるのを恐れ、彼らの大管区に新しい生産工場を受け入れることを拒んだし、これら重要な工場の責任者たちもまた、政治的なわずらわしさの中に、あえてわが身をさらそうとはしなかった。かくて、工場の疎開はほとんど何も実現できなかったのである。

一九四三年十月十四日のシュヴァインフルトへの第二次大空襲の後、復旧予定工場の一部をいったん周囲の村々に分散させ、さらに他の一部を東部ドイツのまだ空襲の危険性のない町に移すことが決定された。将来のことを考えたうえでこの「疎開政策」は実施されるはずであったが、各方面からのこの計画に対する抵抗は予想以上に強いものであった。一九四四年一月には、ボールベアリング工場を洞穴に移転することが論議されたこともあった。ところが、一九四四年八月、私の部下は「ボールベアリング生産工場移転のための建造物の完成は困難をきわめている」と私に訴えてきたのであった。

ともかく、イギリス軍は、今や生産技術の中枢部を破壊する代わりに、ベルリンの空襲を開始したのである。一九四三年十一月二十三日、私の執務室での会議の最中、夜の七時三〇分ごろ空襲警報が発せられた。大爆撃機編隊がベルリンに向かっていることが報告された。飛行機がポツダム上空に到達したとき、私は会議を中断して近くの高射砲陣地の塔にいった。私はいつものように陣地の塔から空襲をながめたかったからである。私がまだ塔の上に達しないうちに、至近弾が落ち、塔の厚い壁をグラグラとゆすったので、私は塔の内に退避せざるをえなかった。私の後には、爆風で壁にたたきつけられ負傷した高射砲兵が下に降りようと押し合っていた。二〇分間にわたって爆撃は続けられた。上から見おろすと、一階の広間では、壁から落ちたコンクリートの粉塵がモウモウと立ちこめている中に、密集した人間の集団が見えた。爆撃の雨がやんだ後、私は思いきって陣地に出てみた。私の役所も一つの巨大な火の塊のようだった。私は直ちに車でそこに走った。鉄カブトをかぶり女兵のような姿で、数人の女子職員が書類をかつぎ出そうとしていた。その近くでは時限爆弾がときおり爆発していた。私の執務室にも大きな爆弾の穴があけられていた。

火の手がみるみるうちに広がったので何も持ち出すことができなかった。しかし、すぐ近くの八階建ての陸軍兵器局に火が燃え移ろうとしていたので、我々は、少なくとも高価な特殊電話機だけでも持ち出そうと、生死のきわに立たされたときの異常な行動力をもってそこに押し入り、電話機を地下室の安全な場所に避難させた。ところが翌朝、陸軍兵器局長レープ将軍が私を訪れ、クスクス笑いながら次のように報告した。「私の建物は今朝早くやっと火を食いとめることができたが、残念ながら我々はなんにもできなかった。だれかが、昨夜電話機を全部壁から引きちぎってしまったようだ」

カリンハルの別邸でゲーリングは、私が高射砲陣地を夜訪問したということを聞き、彼はそこに居合わせた幕僚に、私を今後陣地に行かせないようにと命令した。しかし、このころ、将校たちと私との結びつきは、ゲーリングの命令よりもずっと強くなっており、私が陣地を訪問することはゲーリングの命令によっても妨げられることはなかった。

高射砲陣地の塔から見たベルリン空襲の光景は、忘れることのできないものであった。しかし、この光景に見とれているわけにはいかないのだ。絶えず残酷な現実へ立ち返る必要があった。ベルリン市民が「クリスマスツリー」と名づけた照明用パラシュートのイルミネーション、それに引き続く火炎の煙につつまれた爆発の内光、クルクル回転する無数のサーチライトに照らし出された飛行機がそこから逃げようとするときの刺激的な面白さ、対空砲火が命中した一瞬の炎等々、ヨハネの黙示録はすばらしい芝居をみせてくれた。

敵機が去ると、私はすぐに自動車で重要な工場のある地区へおもむいた。我々はたった今破壊されたガラクタで埋まった道を走った。家は燃え、被爆者は焼け跡の前で右往左往していた。持ち出されたわずかな家具や身の回り品が歩道に並べられていた。その光景は、目をさすような煙、スス、炎のさ中でせい惨なものだった。人々は惨事に直面したときよく見せるような、何となく奇妙な、ヒステリックな、うつろな朗らかさを示していた。町の上空にはおよそ六〇〇〇メートルにもおよぶ煙がたちのぼっていた。明るい真っ昼間にもかかわらず、煙はこのぞっとするような光景を夜のような暗さに包んでいたのであった。

私はしばしば、その印象をヒトラーに話そうとした。しかし彼は、私が話しはじめるや否や、いつもさえぎって、「ところでシュペーア君、来月は何台戦車ができ上がるかね?」と聞いてきた。

私の省の建物が破壊された四日後、一九四三年十一月二十六日に、ベルリンに対する再度の大空襲が行なわれ、最も重要なアルケット戦車工場に大火事が起こった。私の協力者ザウルは、まだ無疵《むきず》の直通電話を使って、破壊されたベルリン中央郵便局を通さずに消防署に連絡してもらおうと、総統大本営に電話してきた。このようにしてヒトラーはこの火災のことを聞くにおよび、ベルリン全市およびその周囲にある消防隊に、直ちに炎上している戦車工場へ至急集中出動せよと命じた。

その間に私はアルケットに到着した。工場の大部分は焼けおちていたが、火事はベルリン消防隊の手で既に消し止められていた。ヒトラーの命令で出動し、続々到着する消防隊の隊長たちが私のところに出頭してきた。彼らはブランデンブルク、オラニエンブルク、ポツダムといった遠く離れた町からも来ていた。総統直々の命令であったので、隊長たちは私の言にもかかわらず、他の緊急な火事を消そうともせず、他の地域では火の海が手を下されることもなく燃え広がっていった。工場を取り巻く広大な地域の道路は、何もせずただつっ立っている数多くの消防士であふれていた。

私は私の協力者たちに、この憂慮に耐えない空軍軍備の現状について自覚を促すために、ミルヒと私は一九四三年九月、ミュリッツゼー湖畔にあるレヒリンの空軍実験センターで軍備会議を開いた。ミルヒとその専門家たちは特に今後の敵側の航空機生産について報告した。各機種ごとにグラフによる説明があり、特にアメリカの生産曲線が我々のそれと比較された。将来数倍にも達するであろう四発昼間爆撃機に関する数字は、我々を最も驚かせた。我々が現在まで持ちこたえたのは、結局ほんの序の口にすぎなかったのだ。

果たしてヒトラーやゲーリングがこの数字について報告を受けていただろうかという疑問が起こった。ミルヒは苦り切った様子で、数か月前にゲーリングに敵の軍備について専門家たちと話をさせようとしたが無駄だったと語った。ゲーリングは何も聞こうとしなかったのだ。総統が、すべては宣伝にすぎないといったので、ゲーリングはそれを単純に信じていたのである。私がヒトラーに生産数について注意を喚起しようとした試みも常に失敗した。「何もやってはいけない。すべては単なる意図的な報告にすぎない」。航空省の敗北主義者たちがそれにひっかかってしまうのだ」。こんなふうにして、ヒトラーは一九四二年冬、あらゆる警告を無視したのであった。そして今、我々の町が現実に一つひとつ廃墟になっていくにもかかわらず、彼は態度を変えようとしなかったのである。

戦闘機司令官ガラント

同じころ私は、ゲーリングと戦闘機隊総監ガラント空軍中将とが衝突するのを目撃した。

ガラントはその日、アメリカの爆撃機隊を護衛していた戦闘機数機を、アーヘンの近くで撃墜したとヒトラーに報告した。彼はさらに、もし近いうちにアメリカ軍が戦闘機に大きな補助タンクをつけるようになれば、爆撃機隊はドイツ国内深く侵入飛行できるようになるし、そうなれば、どんな危険がふりかかってくるか、と付け加えた。ヒトラーはこの懸念を早速ゲーリングに伝えた。ガラントが別れのあいさつにやってきたとき、ゲーリングはちょうどロミンテン荒原行きの特別列車に乗り込むところだった。「君は、どうしてアメリカの戦闘機が帝国《ライヒ》領土に侵入したなどと総統に報告しようなんて気になったんだ」とゲーリングは彼を怒鳴りつけた。「元帥閣下、敵はじきにもっと深く侵入してくるでしょう」とガラントはまったく冷静に答えた。ゲーリングはさらに声を荒らげて、「ガラント君！　馬鹿げたことだ。どっからそんな空想が出てくるのだ。完全なペテンだ」。ガラントは首を振り「しかしこれは事実です。元帥閣下」。彼は制帽を斜めにかぶり、長い葉巻を口にくわえて、わざと気楽な態度で続けた。「アメリカの戦闘機がアーヘンの近くで撃墜されています。これは疑いの余地のない事実です」。ゲーリングは頑固に主張した。「そいつは真実じゃない、ガラント君、そんなことは、あり得ないことだ」。ガラントは軽い嘲《あざけ》りの態度で、「アメリカ軍の戦闘機がアーヘンの近くにあるかどうかご自身で確かめたらいかがですか、元帥閣下」

ゲーリングは明らかに話をそらそうとして、「うむ、しかしガラント君、私にもいわせてくれたまえ。私自身も経験を積んだ戦闘機パイロットなんだ。何が可能かを私は知っているると同時に何が不可能かということも知っている。君は思い違いをしていたと認めたまえ」。ガラントは返事の代わりに否定するように首を振ったので、ゲーリングはまたいいはじめた。「すると、彼らがもっと西のほうで撃墜されたということもありうるのだ。彼らの飛行機に弾が命中したときに高く飛んでいたのなら、滑空してかなりの距離を飛ぶこともできるんだ」。ガラントは表情を変えず「東の方へ？　元帥閣下。私が撃ち落とされたら……」「ではガラント君……」とゲーリングはエネルギッシュにこの議論を終えようとし、「上官として命令する。アメリカ軍の戦闘機はアーヘンまで来なかったのだ」。将軍は最後の反論を試みた。「しかし元帥閣下！　彼らはそこにいたんです」。ここでゲーリングは自制を失い、「貴官に上官として命令する。彼らはいなかったのだ。わかったかね。アメリカの戦闘機はいなかったのだ。わかったかね。私がそう総統に報告する」

ゲーリングはガラント将軍をそこに立たせたまま立ち去った。途中で振り返り、もう一度脅かすように、「貴官は職務命令を受領したのだ」。忘れることもできないような微笑でガラント将軍は答えた。「承知しました。元帥閣下」

ゲーリングは基本的には現実に対して必ずしも盲目ではなかった。私は時おり、情勢についての彼の的確な所見を聞いたこともある。彼はあたかも禁治産者のように、最後の瞬間まで他人だけでなく自分自身をも騙《だま》そうと振るまっていた。気まぐれな人扱いや事実に対する図々しい態度が、有名な戦闘機パイロットであった航空省技術局長エルンスト・ウーデット大将を一九四一年に死に追いやった。また一九四三年八月十八日には、ゲーリングの親密な協力者であり、四年以上も空軍参謀総長だったイェショネク元帥が彼の執務室で死んでいるのが発見された。彼も自殺をしたのだ。ミルヒの言によると、彼の机の上には、「ゲーリングだけは自分の埋葬式に来てほしくない」と書かれたメモがあったそうである。それでも、ゲーリングはヒトラーの花環を持って現われた。

常日ごろ私は、現実を認め、妄想を追求しないことは、努力に値する特性だと思っていた。しかし私は戦後刑務所にくるまでの私の生活について考えてみると、いつの場合も幻想から解き放たれてはいなかった。

みるみるうちに広がってくる現実から目をそむけることは、何もナチス政権だけに限ったことではなかった。しかし、通常、現実から離反した者は、周囲の人々から、嘲笑され、批判され、信用を失墜することによって再び更生するのであるが、特に第三帝国内では指導層になると、こういう矯正の方法はなかった。むしろ反対に、あたかも鏡の部屋の中にいるごとく、各人の自己欺瞞が暗黒な外部世界と完全に切り離されたすばらしい夢の世界で、何倍にも拡大されるのだった。この鏡の中では、私には自分の顔だけしか見えなかった。外から注視する者にも何百という私の顔の統一性を妨げることはできなかったのだ。

指導層の現実逃避にも程度の差があった。疑いもなく、ゲッベルスはゲーリングやライよりもはるかに現実的な認識を持っていた。しかし、妄想家であろうと、いわゆる現実主義者であろうと、現実の生活の中にすべての人々が持っている隔たりを思い浮かべると、この相違点も次第に小さくなっていったのだった。

第21章　一九四三年秋のヒトラー

硬直化したヒトラー

ヒトラーの古くからの同志や副官たちは、彼の中にその前年つまり一九四二年に一つの変化が生じたと口をそろえていっていたが、別に驚くに当たらなかった。彼はこの間にスターリングラードで苦杯をなめ、チュニスでは二五万人以上のドイツ軍将兵が降伏し、ドイツ諸都市が大した抵抗もなしに破壊されるのを座視するしかなかったからである。彼が潜水艦隊（Uボート）を大西洋から引き揚げるという海軍の決定を認めたそのとき、彼は自らの戦術の最大の希望の一つを放棄したのであった。ヒトラーが状況の変化を認めたのは間違いないのである。ただ彼は、この状況の変化に対していかにも人間らしい、つまり普通の人間と同じ反応を示したのである。すなわち、幻滅し意気消沈し、次第に悪あがきめいたオプティミズムに陥ったのである。歴史家にとって、その間のヒトラーは冷静な研究の対象になるかもしれない。しかし、私にとって彼はいまなお生の肉体であり、依然として生きた存在であった。

ほぼ一九四二年春から四三年夏にかけて彼はときおり鬱々《うつうつ》としていた。しかし、そのころから彼に目立った変化が生じたのである。絶望的状況におかれても彼はたいてい最後の勝利への確信を示した。私自身は破局的終末を予想しだしたが、この末期にいたっても彼がそんな素振りを一度だって示した記憶はほとんどない。彼は最後の勝利を強いて自分にいいきかせ、ついにはそれをかたくななまでに信じこむようになったのだろうか。いずれにせよ破局が避けがたくなればなるほど、ますます彼は微動だにしなくなったのである。自分の決定が常に正しいことをますます頑強に確信するようになった。

ヒトラーの側近たちは、彼がますます手がつけられなくなるのを、はらはらしながら見守っていた。彼はわざとひとりきりで閉じこもって決断を下した。同時に精神的な弾力性がなくなり、新しい考えを開拓しようという気がほとんどなくなったかのようだった。いわば彼は一度敷いたレールを突っ走るだけで、そこから脱出する力をもはや持ち合わせていなかったのである。

このような硬直化の一番の原因は、優勢な敵の前に、彼がほかにどうしようもなく追いつめられたことにある。一九四三年一月に連合軍はドイツに無条件降伏を勧告した。おそらくヒトラーこそが、この宣言を本気にとった唯一の人間であったろう。ゲッベルス、ゲーリングその他の連中は、口を開けけば、連合軍内の政治的対立をうまく利用しようという甘い考えをもてあそんでいた。また他の連中は、ヒトラーが少なくとも軍事的敗北で失ったものを政治的術策で取り戻すであろうと期待していた。昔日のヒトラーは、オーストリア占領からソ連との不可侵条約締結まで、一見やすやすと新しいトリック、新しい手口を思いついたではないか。しかしその彼が、いまは作戦会議のたびに次第に頻繁に「幻想を抱いてはいけない。退路はないのだ。前進するしかない。背後の橋は落とされているのだ」というようになった。ヒトラー自身が講和交渉の可能性を自らことごとく断わってしまったこの言葉の背後にあるものは、ニュルンベルク裁判で初めて明らかになったのである。

過重負担

ヒトラーの生き方に変化の生じた原因の一つとして、私はそのころ、彼に不慣れな仕事のやり方による不断の緊張過剰があると見ていた。対ソ戦が始まってからというもの、彼は、しばらく仕事をしてはまたしばらくぶらぶらするという従来のやり方に代わって、毎日膨大な仕事を背負いこむようになった。以前は自分に代わってほかのものにやらせるのがうまかったのに、いまや、一つひとつが気になって、次第になんでもかんでも自分が背負いこむようになった。彼は規則正しい労働者のごとくなってしまった。それは彼の本性に反するものであり、それが彼の決断の足を引っ張る結果になった。

むろん既に開戦前からヒトラーは消耗していた。この状態は、決断をしぶったり、様子を察して姿を見せなかったり、あるいは苦しげにひとりごとをいう傾向に表わされていた。そういうときの彼は、一言も口をきかなかったり、ときおり「ヤー」とか「ナイン」とかしかいわなかった。そんなときの彼は、その問題を考えているのか、それともほかの考えに没頭しているのかが人にはわからなかった。しかし以前だったら、こういう疲労状態はいつもそう長くは続かなかったものである。二、三週間オーバーザルツベルクで静養してくると、彼はずっとのびのびとし、再び目が生き生きとし、反応力と決断力がよみがえったものである。

一九四三年にも側近たちは彼にいくども休養を勧めた。すると彼はときおり居場所を変え、数週間か、ときには数か月もオーバーザルツベルクへ出かけた。それでも日課は変わらなかった。ここでも絶えずボルマンがこまごまとした問題の裁決を仰ぎ、山荘または官邸にまでひっきりなしに客がやってきた。大本営にいるときは面会なぞさせてもらえない大管区指導者や大臣たちまでが、彼に会いたいと出向いてきた。それと併行して、毎日、作戦会議が延々と続けられた。というのは、すべての軍幕僚がそのときどきの彼の行き先についていったからである。彼の健康を気づかう我々に、彼はときどきこういった。「君たちは私に休養をとれと気楽にいうが、それはできない相談なんだ。毎日の軍事的決定を、たとえ二四時間でも人にまかせておくわけにいかない」

ヒトラーの軍幕僚たちは、若いころからきびしい毎日に慣れていた。彼らにはヒトラーの過重負担がわからなかったのである。ボルマンも、彼自らヒトラーにやいのやいのといいすぎることにまるで頓着しなかった。しかし、たとえ周囲が気を使ったところで、ヒトラーは、たとえば会社の経営者ならば配慮しなければならないようなこと、すなわち重要な部署に有能な代理人をおくということを怠ったのである。彼は敏腕な宰相でも精力的な国防軍最高司令官でもなく、有能な陸軍総司令官ですらなかった。地位が高まれば高まるほど自由な時間がなければならぬという古くからの鉄則を、彼は絶えず犯していた。以前の彼はそれを守っていたのに。

過重負担と孤立化は、彼に、独特の硬化状態、手のやける優柔不断さ、絶え間ない苛立ちと過敏さをもたらした。私はスポーツマンとしてオーバートレーニングというものの弊害を知っている。その状態になると、能率は落ちるし、不機嫌で怒りっぽくなり、弾力性がなくなる。そして、休み時間なぞとんでもない、もっとどしどしトレーニングしなければといった一つのロボットに化するのである。精神的過重負担もオーバートレーニングと同じような緊張をもたらすことがある。戦局がきびしくなると、私自身も、新鮮かつ機敏な感受性がなくなり、決断がにぶくなり、ものの考え方が機械的になっていくのを自覚せざるをえなかった。

自意識過剰

一九三九年九月三日の夜、ヒトラーが真っ暗やみの官邸をひそかにたって前線へ向かったということは、その後の彼を象徴する一つの前兆であった。彼と国民との関係が変わったのである。数か月に一度ずつ民衆とじかに接触する機会はあったが、そういうときでも民衆の熱狂さや感激性は薄れ、また人を暗示的に操作する彼の力も失われていった。

三〇年代の初めごろの最後の権力闘争のあいだ、ヒトラーは少なくとも戦争後半のころと同じくらい自らを鞭《むち》打って働いた。そのころの彼も、集会の参加者たちに自分のもてる力を注ぎこんでやらなければならなかったが、そうして消耗してへとへとになっても、それ以上に集会は彼に勇気を振るい起こさせたのである。一九三三年から三九年にかけて、その地位ゆえに仕事が楽になったときでさえ、彼は、たとえば、オーバーザルツベルクで毎日熱狂した崇拝者たちの群れが目の前をぞろぞろと進むのを見ると、目に見えて生き生きしてきたものだった。戦争前のいろいろな演説の機会も、ヒトラーの生活にはなくてはならない興奮剤だった。しかしその後の彼は以前より堅苦しく、自意識過剰になってしまったのである。

大本営における彼の行動圏内の人たち、すなわち秘書嬢、医師および副官などの私的な側近は、戦争前のオーバーザルツベルクや総統官邸のそれよりもおそらくもっとつまらない連中だったろう。大本営における彼の周辺には、感受性に富み、感激しやすい人間などは一人もいなかった。私は、ヒトラーとともに建築計画を夢想していたころ既に気づいていたことだが、ヒトラーの日常の取り巻きたちは、彼を、ゲッベルスが祭りあげた半神の地位から、彼の権威が不可謬《ふかびゅう》であったにもかかわらず、人間的なあらゆる欲望と弱さをもつただの人間にしてしまっていた。

軍幕僚たちもヒトラーをだめにする片棒をかついでいた。というのは、大本営のがさつな雰囲気の中では、あらたまった崇拝などは不愉快なものだったからである。それどころか逆に将校たちはとりわけ控え目な人間だった。また彼らがもともとはそうでないとしても、少なくとも彼らは控え目な作法という教育を受けていたのだった。それだけにカイテルとゲーリングのへつらいぶりがよけいに目立ったのである。しかしそこには真実の響きがなく、ヒトラー自身も軍幕僚たちを卑下させるように仕向けたわけではなかった。ここでは事実だけが大切であった。

ヒトラーは、他人が彼の生き方を批判するのを許さなかった。だから側近たちは、気がかりなことが山ほどあっても批判を差し控えた。ヒトラーは、ゲッベルス、ライ、エッサーのような闘争時代以来の若干の同志とのたまに打ち解けた談笑は別として、個人的な会話は一段と避けるようになった。そして私やそのほかのものたちとかわす会話のやりとりは、非個人的な、隔たりのあるものになった。ヒトラーが昔のように自発的に、鮮やかに決断するとか、反対意見に注意深く耳を傾けるとかは、我々があとあとまでその日のことを覚えているくらい、ごくまれになったのである。

針小棒大

シュムントと私は、大本営の息づまるような閉鎖的雰囲気に外界の空気を注入するために、ヒトラーのところへ若い前線将校をつれてこようと考えた。しかしこの試みは失敗した。あるときヒトラーはそんなことに寸暇を割くことをあまり喜ぶふうを見せなかったし、またあるときは、そんなことをするとかえって取り返しのつかないことになることを我々も認めざるを得なかったからである。ある若い戦車隊の将校が、テレクでの突撃のさい部隊がほとんど抵抗を受けなかったにもかかわらず、弾薬欠乏のため前進を中止せざるを得なかったと報告してきたことがある。ヒトラーはひどく興奮して、その日は何度もそのことを繰り返した。「なんということだ！　七・五センチ砲弾が足りないなんて。生産のほうはどうなっているんだ。即刻どんな手段を使ってでも生産をあげろ」。実際には、わが軍の乏しい状況の中でも、弾薬は十分にあったのだが、あまりの急進撃で兵站《へいたん》線が延びすぎて、補給が追いつかないのだった。しかし、ヒトラーはそんなことを納得しようともしなかった。

彼はそういった機会に若い前線将校たちからその他のこまごましたことを聞き出し、そこからすぐ参謀本部の怠慢を最大限に引き出した。本当のところは、大部分の問題が、ヒトラーの命じた進撃テンポと関係していたのである。しかし専門家たちがそのことで彼と議論できなかったのは、彼がそのような進撃につきまとう複雑な機構について、基本的知識をまったく持ち合わせていなかったからである。

ヒトラーは、彼が自ら勲章を授けた将校や兵士たちからも、ずっと疎遠になっていたのである。彼は参謀本部の能力に不信を抱いており、そういう客を迎えた後には必ずいろいろな思いつきや、針小棒大な命令が出てくるのであった。そういったことを一切避けるために、カイテルとシュムントは、できるだけあらかじめ訪問者の口を封じようとした。

夜鍋談議

ヒトラーが大本営で催した夕食会は、そのころには午前二時まで、あるいは末期には三時、四時まで延々と続くようになっていた。彼が床につく時間も次第に明け方になったので、私はいつかこういったことがある。「戦争がこのまま続けば、少なくとも我々は、普通に朝起きる人の普通の勤務時間にやって来て、ヒトラーの夕食を、朝食としていただくことになるな」

いうまでもなく、ヒトラーは不眠症に悩んでいたのだ。彼は早目に床につくと眠れないで困るといっていた。昨夜はなん時間も眠れず明け方近くになってやっと眠れた、などと食事時によく洩《も》らしていた。

食事のお相伴にあずかれたのはごく身近なものだけだった。すなわち侍医、秘書嬢、文官および武官の副官たち、新聞出版部長代理、ヘーヴェル大使、ときおりウィーン生まれの食餌療法の料理人、また訪問客の中でもヒトラーにごく親しいもの、それからご存じボルマンである。私も客としていつでも迎えられた。我々はヒトラーの食堂で、窮屈な肘《ひじ》かけいすに落ち着きなくすわった。このころでもヒトラーは相変わらず、できれば炉端を囲んでの「気のおけぬ」雰囲気を好んでいた。彼は手ずから、紳士ぶって秘書嬢たちに菓子をすすめ、いかにもきどらない家長のごとく、親切に客たちをもてなした。私は彼に同情した。彼らを迎えるために暖かみをふりまく彼の努力はなんともぎこちないものだったのである。

大本営では音楽は禁止されており、我々はおしゃべりするしかなく、それも彼がほとんど一人でしゃべり続けた。既に耳にタコができるくらい聞かされた彼の冗談にもまるで初めて聞くみたいに人は笑い、つらい青年時代または「闘争時代」の彼の昔話にも、初めて聞く話みたいに興味深げに耳を傾けたが、周囲の者たちも自分から進んで会話をにぎやかにするために一肌脱ごうとはあまりしなかった。前線のでき事、政治あるいは指導層批判を避けるのが不文律だった。当然ヒトラーもそういうことを話題にすることはなかった。ボルマンだけが人をけなす特権をもっていた。ときにはエーファ・ブラウンの手紙が、このおしゃべりの中にかんしゃく玉を投げつける役目を果たした。たとえば彼女が役所のひどい頑固さを知らせたときなどである。冬の最中にミュンヘン市民に山でのスキーが禁止されたといってきた。ヒトラーはひどくいきり立ち、役人の愚鈍さに対する彼自身の果てしない空しい戦いについて、とめどもなくしゃべり続けるのだった。最後にボルマンがその件を調査するようにいいつけられた。

話題の程度の低さは、ヒトラーの関心事がどんなに低い次元まで下がったかを物語っている。しかしそういうつまらないことが彼にある意味で緊張を解きほぐすはたらきをし、それがまた、まだ彼自身で指図できる程度の些細《ささい》なことに逃げこんでしまったのである。連合軍が戦況の主導権を握るようになり、彼の軍事的命令がもはや所期の成果をあげ得なくなったとわかってからの彼の無力状態は、こういったことで、たとえ一時なりともわれを忘れさせたのである。

どんな慰みごとに逃避しようとしても、ヒトラーは側近たちの中で自分の立場を意識しないわけにはいかなかった。そういうとき彼はよく昔のことを詠嘆調に回顧するのであった。自分は意志に反して政治家になったのであり、根本的に建築家になりそこなった人間であり、請負師としても半人前なのは、自分が国家的建築主となって初めて自分に見合った注文を出せるくらいのものだったからであるといった愚痴であった。いまやますますつのりつつある自己憐憫《れんびん》の傾向の中で、彼が常々口にしていたところでは、彼はたった一つの願いしかもっていない。「できるだけ早く私はこの灰色の上着をぬぎすてたい。戦争が勝利に終われば、私の一生の課題は果たされたのだし、私はドナウ川の上流のリンツの隠居所に引きこもる。そうすれば、私の後継者はきっと残された諸問題の山をかかえて怒るだろう」。こういう考えをヒトラーは、開戦前のオーバーザルツベルクでの活気にあふれたお茶の時間にも、時折り洩らしたことがあったが、そのころはまだたぶん媚態を帯びたものでしかなかったろう。しかし今の彼はそれを無表情に、普通の口調で、真に迫って断言するのである。

彼が隠居しようとしたリンツの都市計画に対する依然として強い関心は、次第に逃避的な性格を増していった。リンツ市の建築主任ヘルマン・ギースラーは、戦争末期になって、早くプランを提出するようにと頻繁に大本営へ呼び出された。これに反し、かつてはヒトラーにとって非常なウエートを占めていたハンブルク、ベルリン、ニュルンベルク、ミュンヘン諸都市の計画のほうは一向にお呼びがかからなかったのである。「死だけが自分にとっては救いであるかもしれない。自分は今、耐え忍ばなければならない苦しみを思ってそう考えている」と彼は重苦しげにいった。彼がリンツ計画案を検討するたびに、リンツの党施設の一つに予定されていた墓地の設計のことを持ち出したのも、こういった気分を反映しているものである。勝利で戦争が終わったとしても、自分は元帥たちと並べてベルリンの兵士ホールに埋葬されたくはないとはっきりといっていた。

こうしたウクライナ的あるいは東プロイセン的な夜鍋《よなべ》談議で、ヒトラーはしばしばアンバランスな印象を与えた。夜明けの鉛のような気だるさが、我々参会者たちにのしかかった。緊張した会議のあとで、ヒトラーの単調なひとりごとなど目を開けて聞いていられないくらいだったのに、我々がそれに参加したのは、ひたすら礼儀と義務感からだけだった。ある晩、ヒトラーがはいってくる前に、だれかがいった。「モレルは今晩どうしたんだ」。ほかの者がいまいましそうに「やつはここ三晩も来やしない」と答えた。秘書嬢の一人がいった。「あの人だったらずっと寝ないでいられるのに。いつも同じ顔ぶればかり……私も眠りたいわ」。もう一人の秘書嬢も「本当は代わり番こにしなくちゃいけないのにね。何人かはさぼって、いつも同じ者ばかりが残らされるんじゃ割りに合わないわ」といった。この連中のあいだでは、ヒトラーはまだ敬意を表されていたが、それでも彼の後光はとうに消えてしまっていたのである。

住民無視

このころヒトラーは、おそい朝食をとったあと日刊新聞と通信社の情報に目を通した。これが彼の意見を形成するのに決定的な重要性をもっていたのである。同時にそれが彼のその日の気分にも大きな影響を及ぼしたのである。外国ニュースには即座に逐一公式的な批判を加え、それを新聞係のディートリヒ博士か、その代理であるローレンツに、口述筆記させていた。彼はしばしば管轄大臣の権限内にまで、遠慮会釈なく介入して、ゲッベルスやリッベントロップなど責任ある大臣たちにさえあらかじめニュースに対する反応を伝えることすらしなかった。

ついでヘーヴェルが外交問題について具申した。これにはヒトラーは新聞論調より冷静に対処した。あとから考えてみると、ヒトラーにとっては事件そのものよりも新聞の報道ぶりのほうに関心があり、事実より新聞報道の影響のほうをより重視していたような気がする。そのあとで、シャウプが大管区指導者たちからボルマンに提出された昨夜の空襲の報告をもってきた。私はよく空襲を受けた一日、二日後に破壊された諸都市の生産施設を視察していたので、ヒトラーにもたらされた数字は正確なものであると判定できた。また実際に、大管区指導者が被害状況を小さめに報告するなど、まるでばかげたことであった。というのもひどい被害を受けたにもかかわらず、その日常生活や生産を回復することによってこそ、指導者の名声はあがったからである。

これらの報告を受けてヒトラーは、住民の損害や住宅の破壊については、貴重な建物、特に劇場が破壊されたというときほどのショックを受けなかった。既に戦前の「ドイツ諸都市再開発」計画においてそうだったように、彼の関心は第一に都市を代表する建築にあったのである。これに反して、社会的困窮や住民の苦しみなどには無関心だった。だから彼の個人的要望は、まず劇場を再建することにあった。私はこうしたヒトラーのやり方について何度か注意した。その土地の当局者たちもこうした住民無視の命令通りにやるのをいやがった。ヒトラーのほうも、軍事情勢に気を奪われて、作業の進捗状況についていちいちたずねるようなこともなかった。しかし、彼の第二の故郷であるミュンヘンとベルリンに関してだけは、膨大な費用をかけても歌劇場を再建することを強要した。「民衆の気分を引き立てる必要のあるいまだからこそ、劇場再開が必要なのだ」といって反対論をはねつけるとき、彼は状況や雰囲気については本当にはわかっていなかったのである。諸都市の市民たちには、ほかにもたくさんの心配の種があったことも確かである。ヒトラーのこれらの言葉は、彼の根がどれほど「市民的な世界」にあったかを如実に物語るものである。

被害報告を受けているあいだにヒトラーは、無差別爆撃の犯人であるイギリス政府とユダヤ人を口ぎたなくののしるのが普通だった。これを食い止めるにはこっちも大爆撃機隊を作るしかないと、彼はいった。ところが、わがほうには、爆撃戦争を拡大するために十分な航空機も爆薬もないのだという私の反論に、彼の答えはいつもきまっていた。「君はこれまでにも非常に多くのことを可能にしてきた。シュペーア君、君ならこれくらいのことはなんとかするだろう」。あとで考えてみると、我々が相継ぐ空襲にもかかわらず生産をふやしてきたことが、かえってヒトラーをしてドイツ上空での航空戦を真剣に考えさせなかった理由の一つだったのではないだろうかとも思える。だから爆撃機の生産を戦闘機増産へと急転換しようとした私とミルヒの構想もいったん拒否され、それがいれられた時は既に遅かったのである。

「虜囚」の生活

私は、ヒトラーに爆撃された諸都市を視察させようとなんども試みた。ゲッベルスも、手をかえ品をかえ何度かヒトラーを説得してみようとしたがだめだったと、しばしば嘆いていた。ゲッベルスは羨望《せんぼう》まじりにチャーチルのやり方を指摘した。「私だったらああいう視察をどんどん宣伝に利用するだろうに！」。しかしヒトラーはその種の思惑をきまって回避した。ヒトラーは、シュテッティン駅から総統官邸へ、あるいはミュンヘンではプリンツ・レゲンテン通りの彼の住居へ車で行くとき、以前は回り道をするのを好んだのに、今は最短距離をとらせた。私はその車にいくどか同乗したので、途中たまたま通りすぎる巨大な爆撃の廃墟の姿に、彼がどんなに無頓着で、無関心であるかを見せつけられた。せっせと散歩するようにというモレルの切なる助言にも彼はほとんど耳をかさなかった。隣接する東プロイセンの森に数本の道をつけるくらいは、その気になれば朝めし前だったろう。ところがヒトラーはそういう提案を頑固にはねつけたので、せいぜい立ち入り禁止区域I内の一〇〇メートルにみたないちっぽけな円周路が彼の毎日の散歩区域だった。

散歩のときも、ヒトラーの関心はもっぱら彼がこういう機会に訓練しようとした牧羊犬のブロンディにあって、同伴者には見向きもしなかった。ブロンディは捜しものの練習を数回したあと、二メートルの高さのところに組まれた幅約二〇センチ、長さ八メートルの平均台の上を歩かされた。犬は自分に食物をくれる人間を主人と見なすことを、ヒトラーはむろん知っていた。だから彼は、従僕に犬の檻《おり》の戸を開けさせる前に、空腹とうれしさで興奮する犬に、しばし吠《ほ》えさせ、はね回らせていた。私はヒトラーから特別扱いされていたので、ときおりこの餌付《えづ》けのときそばについていることを許されたが、そのあいだほかの者は遠くから見ていなければならなかった。ヒトラーの私生活にとってはこの牧羊犬ブロンディがおそらく一番重要な役割を演じており、彼の最も近い同僚より大事だったのだろう。

しばしばヒトラーは、大本営に嫌いな客がいるときは、ひとりきりで、ブロンディだけを相手に食事をした。むろん私は、たいてい二、三日大本営に滞在したときは、少なくとも一、二度彼から食事に招かれた。大本営の人々は、その会食中に我々が重要な一般的用件や私的な話題を話し合ったと考えていたろう。ところが戦況の全体的見通し、あるいは経済状況についてすら話に出なかったのである。話は下らないこと、せいぜい大まかな生活指数についてぐらいであった。

はじめのうちは彼も、かつて二人で共同してあたったことがら、たとえばドイツ諸都市の未来の姿などの話題に興味を寄せた。戦争が終わったら、未来の帝国を経済的に統合するための大陸横断鉄道網を計画しようなどとしばしば口にした。彼が定めた超広軌鉄道のために、彼は車両の設計や、貨物列車の実効積載量についての詳細な計算をやらせ、そういうことになると彼はいく晩も徹夜して研究した。交通省は、二系統の鉄道軌道を並存させるのは、害あっても利はないという考えだったが、ヒトラーは自分の構想に固執した。彼はそれを彼の帝国の動脈として自動車道路よりも重視していたのである。

日を追ってヒトラーは次第に口数が少なくなった。私に対してはむしろ気ままにふるまい、話よりは、遠くに立っている会食の客たちのほうに気持ちを移そうとしていたといったほうがよいかもしれない。いずれにせよ私には、一九四三年秋以降は共同の昼食が苦痛になってきた。我々は黙ってスープをすすり、次のコースが出るまでの合間はお天気の話などをした。するとヒトラーはそれにひっかけて気象台の無能ぶりをののしり、最後には食いものの質についての話に戻るのだった。彼はおかかえの食餌療法専門料理人に非常に満足しており、その菜食料理の腕をほめていた。ある料理がとびきりうまいと思うと、彼は私にもそれを試食してみるようにと勧めた。そんなときはきまって、次のような心配を付け加えた。「とんでもない話だよ。太鼓腹をかかえて私が歩き回るなんて、そうなったら政治的にはおしまいさ」。それからときどき、もっと食べたいという誘惑に終止符を打つため、彼は召し使いを呼んだ。「これをみんな下げてくれ。うますぎてこまるんだ」。そのほか、彼は肉食好きをいろいろからかったが、かといって私の意見を変えさせようとはしなかった。脂っこい食事の後の「シュタインヘーガー酒」に対してさえ、彼はあえて文句をつけなかった。自分流の菜食にはそんなものは必要ないと彼は同情的にことわったが、ブイヨンが出ると、彼はきまって「死人のお茶」の話をした。カニ料理が出れば、寝床で死んだ老婆がカニを誘い出すために遺族によって小川へ投げこまれた話をし、ウナギが出れば出たでこれは死んだネコを餌にしてつかまえるのが一番よいなどという話をした。

ヒトラーは既に総統官邸における夕食のころから、そういう話を好んでしていた。しかし退却と敗北に直面した現在では、それも特に上機嫌の印と見なければならなかった。さもない時は、たいていは死んだように静まりかえっていたからである。私は、一人の人間がロウソクの火のようにだんだんと消えていくような感じを受けた。

何時間も続く会議中や食事中、ヒトラーは牧羊犬のブロンディにはきめられた隅にすわっているようにと命じた。するとブロンディは不満げにうなりながらもそこにすわった。しかし自分が無視されていないと感ずるや、主人のほうへはい寄って、主人の機嫌を伺うようにしながらも、ついにはヒトラーの膝《ひざ》の上に鼻づらをのせてきた。そしてまた鋭い叱《しっ》咤《た》を受けて隅へ追いやられるのだった。私は、ある程度ものわかった訪問客と同様、この犬と仲良くするのを避けた。しかし時にはそれもそう簡単にはいかなかった。会食中に私の膝に頭を乗せ、主人の菜食よりもうまそうな肉料理をじっと見つめるからである。そういう仕ぐさに気づくと、ヒトラーは犬を叱りつけた。しかし根本的には、シュムントと私が考えていたような意味で、この牧羊犬こそ彼を励ました大本営におけるただ一つの動物だった。しかししょせん犬は口をきかないのだ。

ヒトラーが次第に自分のカラに閉じこもっていく過程は、実はそれとわからないほど徐々に進行した。一九四三年秋以降、彼がしばしば口にした一つの言葉こそ、彼の不幸な孤立化をありありと表わしていた。「シュペーア君、いつか私には二人の友しかいなくなるだろう、ブラウン嬢と私の犬だ」。それは人間を軽蔑している口調だった。それだけに、自分の忠誠心をいい立てたり、侮辱されたとすることは私にはできなかった。これがヒトラーの、表面的に見れば唯一の正しい予言である。しかしそれも彼自身の誇りにはならない。むしろそれは彼の愛人の勇敢さと犬の忠実さだったからだ。

のちに長年月服役しているうちに、私は初めて大きな心理的圧力の下で暮らすということがどういうことかわかった。つまりそうなって初めて、ヒトラーの生活が虜囚《りょしゅう》の生活とよく似ていたことがわかったのである。彼が一九四四年七月に移ることになっており、そのころはまだそれほど地下霊廟《れいびょう》的ではなかった防空壕は、牢獄《ろうごく》のように厚い壁と天井をもっていた。数少ない出入り口を鉄の扉と鎧戸《よろいど》で閉ざされていた。鉄条網の中での散歩も、刑務所の内庭で囚人が運動するときほどの空気も自然も与えはしなかった。

食後、ほぼ午後二時ごろから大作戦会議が始まると、ヒトラーの時間がやってきた。表面的にはその模様は一九四二年春以来変わっていなかった。当時とほとんど同じ顔ぶれの将軍や副官たちが大きな地図用テーブルを囲んだ。ただ違っていたのは、全員がここ一年半のでき事によってぐっとふけこんで、精彩を失って見えたことである。彼らは無関心に、というよりむしろあきらめきった様子で、ヒトラーの決まりきった言葉や命令を聞いた。

時にはさまざまな希望についても論議された。東部（ロシア）戦線での捕虜を尋問した結果、個々の報告によって敵の疲労度に期待がかけられた。ロシア側の損失はドイツ軍の攻撃によって、ドイツ側のそれより著しく大きいと見られた。とるに足りないような戦果も、話しているうちに次第しだいにふくらんで、ついにはそれがヒトラーから見れば、ロシア軍の進撃はドイツ軍によって阻止され、敵におびただしい死傷者を出させたということが異論の余地もなく証明する材料になった。

今後数か月の間に予想される戦況の推移を明らかにするために、ヨードルがヒトラーの前で説明をしようとした。彼はそうすることによってヒトラーが次第に手中に掌握しつつあった国防軍最高司令部幕僚長としての彼本来の任務を果たそうとしたのである。ヨードルは数字をあげた説明に対するヒトラーの不信の念を承知していた。一九四三年末になってもヒトラーは、ソ連の戦争能力を非常に高く評価した国防経済責任者ゲオルク・トーマス将軍の報告を嘲笑していた。ヒトラーは、この報告を受けとるや直ちにトーマスと国防軍最高司令部にこの種の研究の中止を命じ、なおかつしばらくはその報告に腹を立てていた。私のプランニング・スタッフが、一九四四年秋ごろに改めて、戦争指導にあたってその決定に役立たせようという好意から、敵の軍需物資の量についてのレポートをまとめたとき、カイテルが、その資料を国防軍最高司令部に渡すことを禁じてきた。

ヨードルは、自分の意図を実現するにはさまざまな障害を乗り越えなければならないことを知っていた。彼はそこで若い空軍大佐クリスチアンに説明させた。大佐ははじめある作戦会議で一部地域の戦況についてのみ一般的説明をするはずであった。しかし大佐は、ヒトラーの夜のお茶の集まりの一員であるある秘書嬢と結婚しているという、絶大な利点をもっていた。彼の報告は、一般的趨勢《すうせい》として敵がどんな戦術をとるか、そしてそこからわがほうにどういう結果が起こりうるかということを解明するものであった。しかし私は、沈黙を守っているヒトラーにかまわず、大佐が説明した大きなヨーロッパの地図以外に、あわれにも失敗に帰したこの試みについてなんの記憶も残っていない。

相変わらず関係者の否定も反抗もなく、ヒトラーはあらゆる決定を専門的根拠もなく自分で下した。彼は戦況の分析や自分の理念の論理的計算を放棄していた。攻勢計画を成功させるためにあらゆる面から検討し、予想される敵の対抗措置を計算するための研究グループを彼はもっていなかった。大本営の幕僚たちは近代戦に関する十分な知識や機能をもっていた。ヒトラーはただ彼らを活用すればよかったのだ。ヒトラーは確かに部分的な問題について彼らから教えを受けることもあった。しかし個々の知識は彼の頭の中でだけ一つの全体像に結合されたのである。したがって元帥たちや身近の幕僚たちは単なる補佐的機能しか果たしていなかったのである。たいてい問題は事前にヒトラーの決定が下されており、彼らはこれのニュアンスを変えることぐらいしかできなかったのである。そのうえヒトラーは、一九四二―四三年の東部戦線の経過から、彼自身のためにも得ようと思えば得ることができた貴重な経験をも排除してしまった。

机上演習

とてつもなく重い責任を背負わされている大本営では、上からの命令によって決定されること――それは同時に気楽であり、口実にもなったのだが――くらい結構なことはない。大本営にいると絶えず良心の葛藤《かっとう》にさいなまれなければならないにもかかわらず、大本営関係者のうちのだれ一人としてそれを逃れるために前線勤務を志願したいということをほとんど聞いたことがなかった。これは私にとっては今日でも理解できない現象の一つであった。結局、いろいろ批判はするけれども、我々のうちのほとんどだれ一人として、自分の意見に固執するものはいなかったのである。実際に戦い死者のでる前線において、ヒトラーの決定がどんな意味を持っていたかは、大本営の鈍化した世界にいる我々の関知せざるところであった。たとえば、ある部隊が、敵に包囲されることだって、それを避けようとすればできたのに、みすみすそうなってしまったのも、ヒトラーが参謀本部の撤退提案をそのたびに握りつぶしてしまったからである。

国家元首であるヒトラーに、定期的に前線へおもむくよう進言できるものはだれもいなかった。しかし細部まで自ら決定を下していた陸軍総司令官として、ヒトラーにはそうする義務があったのだ。もし身体の具合でも悪いのならば、代理の者を決めなければならないし、生命の安全までが気になるなら、陸軍総司令官たる資格はないはずである。

少しでも前線を視察してみれば、彼にもまた幕僚たちにも、これほどの死傷者を出させる根本的欠陥がどこにあるかは苦もなくわかったことであろう。しかしヒトラーや彼の幕僚たちは机上演習で指揮ができると信じていたのだ。彼らにはロシアの冬とその道路状況や、そこでの兵隊の苦労がわからなかった。兵隊たちには宿営もなく、装備も不足し、塹《ざん》壕《ごう》の中で疲れきって凍えながら暮らさなければならず、その戦闘力はとうに壊滅していた。ところが作戦会議では、これらの部隊はまだ完全に無傷なものとみなされ、作戦行動に投入された。消耗し切って、武器弾薬もない師団をヒトラーは地図の上であっちこっちへ動かし、しかもまったく時間的見通しを無視していたのである。ヒトラーは即座に突撃するように命じたので、部隊がまとまった戦闘力を発揮しないうちに、先遣隊は敵の火中に飛びこんでしまった。こうして部隊は敵の前面に出され、粉砕され、壊滅していったのである。

大本営の通信機構は当時としては最新のものであった。それはあらゆる重要な戦場と直接通話できるようになっていた。しかしこの電話、無線、テレックスの機能をヒトラーは過大評価していた。おかげで、昔の戦争とはちがって、前線の指揮官たちは独自の作戦行動をとるチャンスを奪われてしまったのである。というのもヒトラーが彼らの各持ち場に介入したからである。この通信設備によって全戦場の各師団は作戦室のヒトラーのテーブルから直接指揮され、戦局がむずかしくなればなるほど、現実と作戦室での幻想との隔たりは大きくなるいっぽうであった。

墓穴を掘る

「軍事指導とは主として悟性と粘り強さと鉄のごとき神経の問題である」とヒトラーはいい、自分はそれらの特性を将軍たちよりもはるかに備えていると信じていたのである。むろん彼も、一九四一—四二年冬の破局のあとでは、今後はもっと困難な状況に直面することもあろうが、そのときこそ自分がいかに不屈であり、自分の神経がどんなに立派であるかがわかるだろう、と繰り返し予言していた。

この言葉はなみ居る将校たちを面と向かって罵倒したも同然であった。しかしヒトラーが彼を取り巻く参謀本部の将校たちに面と向かって、「おまえたちはだらしがない。すぐに撤退したがるし、獲得した地域を理由もなく放棄しようとする」と侮辱的な言葉を浴びせることも珍しくなかった。「参謀本部がこんな臆病者たちばかりだったら、戦争は絶対に始められはしなかったろう。おまえたちときたら、いつでも戦争なんて止めようといいだし、わがほうの戦力は弱すぎるからだなどとぬかすことだろう。これまでの戦果も、もし自分の功でないとしたら、いったいだれの手柄だというのだ！」。ヒトラーは、かつての軍事的成功の数々や、これらの作戦に乗り出すさいの参謀本部の否定的態度――その間に起こった状況から見ればこれはグロテスクなことだが――などを繰り返しあげつらった。そういうときの彼はまるで正気を失い、真っ赤になって、早口の大声でどなりつけることもあった。「おまえたちはどうしようもない臆病者だし、嘘つきどもだ。参謀本部の教育は嘘と欺瞞《ぎまん》にみちている。ツァイツラー、これらの申し立てはみんなでたらめだ。おまえもだまされているのだ。私のいうことを信じたまえ。私に撤退を同意させるために、わざと戦況を不利に見せているのだ」。ヒトラーが命じたことはむろん戦線を死守することであった。そしてむろんその姿勢も数日または数週間後にはソ連軍に蹴散らされた。するとまたヒトラーには新しい発作が起き、再び将校たちがののしられ、しばしば兵士たちに対しても侮辱的な言葉が浴びせられた。「第一次大戦当時の兵士たちはもっとずっと強かった。ヴェルダンやソンム河畔で彼らはどんなに頑張ったことだろう。今の兵士たちときたら、あんな目にあったら逃げ出すだろう」。辱《はずか》しめられた将校たちのいく人かが七月二十日の暗殺計画に加わった。ヒトラーは自ら墓穴を掘っていたのだ。以前の彼は繊細な分別をもっていた。相手がちがえばそれぞれに応じて、それぞれに適した印象深い言葉をかけてやる才能も持っていた。今はそうした分別も失われ、むちゃくちゃであった。彼のおしゃべりは際限もなく広がった。それはあたかも囚人が自分の告発者に向かってさえ危険な秘密をばらしてしまうあの多弁さに似ていた。ヒトラーはまさに拘禁症状を呈していたのであった。

自分の命令が常に正しかったことを後世に証明するために、ヒトラーは既に一九四二年の晩秋ごろからは、国会の正規の速記者を呼び、作戦会議に列席させて、一言一句を書きとらせていた。

ときおりヒトラーは、矛盾にみちた解決法を見つけたときでも、こう付け加えた。「これも記録したかね。そう、後世の人は私の正しさを認めるだろう。この陸軍参謀本部の木偶《でく》人形たちは信じまいが」。部隊が退却せざるをえなかったときですら、ヒトラーは勝ち誇ったようにいった。「私は三日前にこれこれしかじかと命令しなかったかね。それがまた実行されなかった。君たちは私の命令を実行しないでおいて、ロシア軍がどうしたの、こうしたのと逃げ口上をいっている。ロシア軍が実行をはばんだなどというのはデタラメだ」。ヒトラーは、作戦の失敗が、自分で命令した戦線の分散によるものであることを認めようとはしなかった。

思いがけずこの「狂乱のるつぼ」に押し込められた速記者たちも、多分まだ数か月前までは、ゲッベルスが吹きこんだヒトラーの天才的な理想像を抱いていたのであろうが、今こそ彼らは現実を見せつけられたのである。彼らがどんなに青ざめた顔で速記をとっていたか、また休み時間にはどんなに鬱々として大本営内を往来していたかを、私は今でもはっきりと思い出すことができる。私には、彼らはこの悲劇を間近に目撃するために派遣された国民の代表であるように思われた。

イタリア・ファシズムの崩壊

ヒトラーは、スラブ劣等人種論にとらわれて対ソ戦を始めた当時は、これを「砂遊び」などと呼んでいたのに、今や、戦争が長びけば長びくほど、次第にヒトラーはロシア人に敬意を抱くようになった。敗けてもなお屈しないロシア人の頑強さが、ヒトラーに強い印象を与えたのである。彼が特に忍耐という合い言葉を用いるとき、彼はその点でスターリンを全面的に称賛した。すなわち、一九四一年冬、モスクワが風前の灯であったときと、いま彼がおかれた状況とが似ているように思われたからである。当時、勝利の確信が高まったとき、彼はよく冗談まじりに、ロシアに勝ったら、むろんドイツの監督下ではあるが、スターリンにロシアの管理をまかせるのが一番よいだろう、なぜなら彼はロシア人を扱うのに最良の人物だからといっていた。そもそも彼は、スターリンを自分の仲間のように思っていた。スターリンの息子が捕虜になったとき、特に丁重に取り扱うよう命じたのもおそらくこの尊敬の念のしからしめたものであろう。

ヒトラーは東部戦線では勇猛果敢な敵を相手にしているという確信を持っていたのに対し、西側連合軍に対する西部戦線は十分な戦闘力もなかったという先入観を、ついに戦争の最後の日まで変えなかった。アフリカとイタリアで敗北したときでさえ、彼らにひとたび猛反抗を加えれば総反撃できるという信念を変えることはなかった。彼の意見では西側諸国のデモクラシーが国民を虚弱にしているというのである。一九四四年夏になっても、彼は、西部戦線では短時日にすべての失地を取り戻せると繰り返し言っていた。その確信は西側の政治家についての彼の見方からきていた。彼にいわせれば、作戦会議で彼がしばしば断言したことだが、チャーチルは大酒飲みの無能なデマゴーグであり、ローズヴェルトは小児麻痺《まひ》でなく、梅毒性の麻痺にかかっており、したがって低能なのだということであった。ここにも彼の晩年の特徴であった現実からの逃避癖がみられる。

ラステンブルクの立ち入り禁止区域Iの中にはティーハウスが建っていた。ここの設備は本営のつつましさとくらべるときわだって快適なものであった。ここで人々は折りにふれて悩みを語り合い、将軍たちがヒトラーとの会談の開始を待った。しかしヒトラー自身はこの建物を避け、国防軍最高司令部の将軍や参謀将校と出会うのを嫌った。ところが、一九四三年七月二十五日にイタリアのファシズムが音もなく崩壊し、バドリオ政府が樹立された後のある日、ヒトラーはここに、カイテル、ヨードル、ボルマンなどおよそ一〇人ほどの文武の首脳たちを午後のお茶に招いた。ヨードルが出し抜けにいった。「全ファシズムがまったくシャボン玉みたいに破裂してしまった」。しばし恐ろしいほどの沈黙が続いた。その間ヨードルは、顔を真っ赤にして、見るも無残なほどおびえきっていた。

数週間後、フィリップ・フォン・ヘッセン王子が大本営に招かれた。彼はヒトラーが常に敬意をもって扱った家来の一人であった。フィリップは彼にしばしば利用され、とりわけ帝国の初期の数年間、イタリアのファシスト首脳との接触の仲立ちをした。そのほかヒトラーが貴重な芸術品を買うときにも手を貸していた。イタリアからそうした貴重な芸術品を輸入できたのも、王子とイタリア王家との親密な関係があったからこそである。

数日たって王子が大本営を辞去しようとしたとき、ヒトラーは彼に対して、大本営から離れてはならないといった。ヒトラーはその後も最大級の丁重さで彼を遇し、食事にも招いたが、以前は「由緒ある王子」とつとめてつきあいたがっていたヒトラーの周囲の者たちは、今ではやはれものにさわるように彼を避けた。九月九日、王子とイタリア国王の娘であるその妃は、ヒトラーの命令によって強制収容所へ送りこまれたのである。

数週間後、ヒトラーは、フィリップ王子がイタリア王家と内通していることをずっと以前から知っていたと自慢した。彼は王子を監視し、その電話を盗聴するように命じていた。

その結果、王子が妃に暗号数字を送っていたことが確認されたのである。にもかかわらずヒトラーはそのまま王子をつとめて歓待した。これが自分の戦術の一つだと、彼は密偵の成功に笑みを浮かべて語った。

王子と妃の逮捕は、同じような状態でヒトラーの近くにいるすべての人々に、自分たちも完全に彼の手中に陥っていたことを思い起こさせた。ヒトラーは自分たちの一人一人に弁護の機会も与えずに、王子と同じような運命をたどらせるために、表向きは下手に出て、実は四方八方から陰険に手をうっているのではないかという恐怖心が、知らず知らずのうちに広がっていった。

第22章　離反のはじまり

ヨーロッパ生産計画構想

軍需生産高の上昇に伴い私の地位も強まり、それは一九四三年の秋まで続いた。我々がドイツの工業的蓄積をほとんど使い果たしてしまった後で、私はわが国の勢力下にある他のヨーロッパ諸国の潜在工業力をドイツのために利用しようとしたのである。当初ヒトラーは、ヨーロッパの工業生産力を十分に育成利用することをためらっていた。ヒトラーの考えによると、東部占領地域は将来、非工業化される予定であった。というのもヒトラーは、工業は共産主義を醸成し、好ましくないインテリ層を形成すると、考えていたのである。しかし、その状況はすべての占領地において、ヒトラーの想像よりも激しいということがわかったのである。

フランスは被占領工業諸国の中では最も重要性を占めていた。一九四三年の秋までは、フランスの工業生産力はわが国にとってほとんど役立てられていなかった。ザウケルの強制的な労働者徴用は、フランスでは利益より以上の弊害を引き起こしていたのである。なぜならば、フランスの労働者は、強制労働を免れんとして、わが国にとって多量の軍需品を生産している工場から逃亡していたからである。一九四三年五月に、私はこの件で初めてザウケルに不平を述べた。一九四三年七月、私はわが国のためにもフランスで生産している企業を、少なくともザウケルの干渉から守ろうということを、パリのある会議で提案した。

私とその協力者とは、ドイツにある同種の工場を軍需生産に転用するため、フランスやベルギー、オランダにおいて衣服、繊維製品、家具などをドイツの一般市民向けに大量生産させるという考えをもっていた。私は、九月の初め、ドイツの全生産を担当することになった直後に、フランスの生産大臣ビシュロンをベルリンに招いた。パリのソルボンヌ大学の教授であるビシュロンは、有能でエネルギッシュな人物という評判であった。

外務省との間に若干のトラブルがあったが、私は彼を国賓として待遇することに成功した。その結果、ビシュロンはベルリンの政府迎賓館に泊まることになったのである。彼が到着する五日前に、私はヨーロッパの生産計画構想についてヒトラーの同意を得ていたし、その際フランスが他の諸国と同等の権利を持つべきだということもヒトラーに再確認させた。ただしヒトラーも私も、ドイツが生産計画において決定権を持たなければならないという前提には立っていた。

一九四三年九月十七日、私はビシュロンを出迎えたが、彼とはすぐ個人的に非常に親しくなった。我々は二人とも若かったし、自分たちのための未来を持っていると思っていた。それゆえ、現代を支配する世界大戦の世代の誤りをいくつか是正させることを約束し合ったのである。私は、一つの共同生産機構を作るために、ヨーロッパには国境線など必要ないということにでもなれば、ヒトラーのフランス破壊計画を後日取り止めさせるつもりだった。結局私も、我々が活動していた幻想的な夢の世界であるユートピアに溶け込んでいったのである。

交渉の最後の日に、ビシュロンが二人だけの会談を申し出てきた。「フランスの労働力をドイツに輸送する問題をあなたと協議することは、ザウケルからの勧告でラヴァル首相に禁止されているが」と前置きして話しはじめたのである。彼は私とその問題を協議するつもりなのであろうか。まったくその通りだった。ビシュロンは、私に自分の心配を表明した。彼の話を聞いて私は、フランスの工業から労働力を徴用しなければ彼を助けることになるのかと聞いてみた。「もしそれが可能ならば、我々が取り決めた計画も含めてすべての問題が解決する。しかし、もしそうなればフランスからドイツへの労働力派遣はほとんどなくなってしまう。私はこのことを率直に申し上げなければならない」と、彼はホッとしたようにいったのである。私もまったく同感であった。そうすることによってのみ、フランスの工業生産から我々の目的にかなった生産力を引き出すことができると私は考えた。我々は権限以上のことをしてしまったのである。ビシュロンはラヴァルの指示を無視してしまったのであり、私はザウケルを否定したのである。我々は、結局何の裏付けもないままに広範な協定を結んでしまったのである。

引き続いて我々は会議に出席した。そこでは両国の協定で残された問題点を両国の法律家が長々と討論していた。おそらくまだ何時間も続きかねないようであったが、それは一体何のためであったのであろうか。完璧な条文を作ったところで、善意にもとづく協力に代わりうるはずがなかった。そこで私は、私たち二人の合意で協定を締結したことにしてはどうかと提案し、この不愉快な法律家の交渉を中断させたのである。双方の法律家たちは明らかに嫌悪の情を示した。もしフランスの工業がわが国にとって何の価値もなくなり、ヒトラーがその破壊を命じたとしても、私がフランス工業を保護するように配慮することで、ともかく私たちの形式を伴わない協定を締結したのである。

我々の生産計画は、両国に利益をもたらしたのである。私は軍需生産力を高めることができたし、フランスは、戦時中にもかかわらず平和生産を再開できることに感謝していた。フランス駐屯軍司令官とともに、私はフランス全土にわたって特定工場（ドイツの徴用免除指定を受けた工場）を封鎖し、工場には私の権限にもとづき、私のサイン入りの掲示を出し、工場で働く全労働者をザウケルの干渉から守ったのである。そのうえ、フランスの基幹産業もまた強化されねばならなかったし、輸送も保証されねばならず、食物も確保されねばならなかったのである。結局、すべての主要企業が、そして最後には総計一万の企業がザウケルの干渉から守られたのである。

ビシュロンと私は、週末を私の友人アルノ・ブレーカーの山荘で過ごした。次の週の初め、私は締結された協定をザウケルの部下に伝え、フランス人労働者をフランスの企業に戻すように要請した。既にフランス人労働者は「ドイツの軍需産業への割り当て量」として算入ずみであったのであるが。

一〇日後私は総統大本営へ行ったが、それはザウケルを出し抜いてヒトラーに報告するためであった。というのも、これまでの体験によれば、人より先にヒトラーに報告したものが有利だと考えたからである。事実ヒトラーは満足して、私の結んだ協定に同意し、騒乱やストライキによって起こりうる操業停止の危険さえも避け得られるものだと公言した。これでフランスでのザウケル計画は、ほとんど失敗したようなものであった。それまでは毎月五万人もの労働者がドイツに送りこまれていたが、今やたった五〇〇〇人に縮小されたのであった。二、三か月後の一九四四年三月一日、ザウケルは腹を立てて次のように報告してきた。「私のフランス事務所からは『ここではすべてが終わった。このうえここで働くのは無意味だ』といってきているし、ビシュロン大臣はシュペーア大臣と協定を結んだと全フランスに告示している。ラヴァルまでが、『もうドイツには人を送らない』と私に言明してきた」。その後間もなくく、私はオランダ、ベルギー、イタリアに対しても同じ原則を適用したのである。

シュペーア・ヒムラー連合

一九四三年八月二十日、ハインリヒ・ヒムラーが帝国《ライヒ》内務大臣に任命された。それまでの彼は、「国家の中の国家」といわれたありとあらゆるものを含む親衛隊の指導者ではあったが、警察長官としての彼は、不思議なことに国務大臣フリックの部下であった。

ボルマンの管轄下にある大管区指導者の権限は、国家権力の分散化を招いていた。大管区指導者には二種類あった。つまり、一九三三年以前からの古い大管区指導者には、行政機構を処理する能力がまったくなく、これに対し、年とともにボルマンの派閥から新しい大管区指導者層が登場してきた。彼らは若く、ほとんどは法律家として養成された行政官であり、国家の中での党の影響力を組織的に強化する能力を持っていた。

ヒトラーが促進した重複的な組織の一つとして、ボルマンは党役職者の資格において大管区指導者の長であったが、内務大臣が、帝国《ライヒ》防衛委員会委員長という政府内の資格において、彼らの直接の上司だったのである。弱体なフリックの下では、ボルマンにとってこの規定もそう危険ではなかった。しかし世間では、ヒムラーが内務大臣として登場してきたことは、ボルマンにとって手ごわい敵役《かたき》の出現であると推測していた。私もまた同じように考え、ヒムラーの実力に期待をかけた。とりわけ私は、ヒムラーがボルマンに対抗して、次第に崩壊しつつある国家行政の統一性を建て直すのではないかと期待していた。ヒムラーは私に、国家行政に服従しない大管区指導者たちの責任を追及することを約束していた。

一九四三年十月六日、私は全国指導者および大管区指導者の前で演説した。私の演説は今後の方向転換を示唆するものであった。私の演説の目的は、帝国の政治的指導者に対し、ありのまま情勢を認識させることであり、早急に大ロケットが投入できるなどという希望を捨てさせることであって、我々が何を生産すべきかを敵側が教えてくれていることを明らかにすることであった。すなわち、部分的にはまだ平時のままであった経済構造を、最終的には戦時に対応させねばならないし、消費財産業に従事する六〇〇万人の労働者のうち一五〇〇万人を軍需生産面に移管しなくてはならないし、今後消費財生産はフランスで行なわれることになるであろう、というのが演説の内容だった。私は、このような規則こそ、戦後のフランスのために有利な基盤を作るであろうと言明した。「我々がもし戦争に勝とうと思うならば、まず率先して犠牲を払わねばならないと考える」と、私は石のように沈黙して傾聴している聴衆を前に表明したのである。

私は、多少率直すぎるくらいに演説しているうちに、大管区指導者たちをいっそう強く刺激してしまったのである。「次のことを承知しておいて頂きたい。つまり、個々の大管区が従来行なってきた消費財生産部門の生産停止の方法ではもうダメなのだ。各大管区が一四日以内に私の要請に従わない場合には、私は自ら生産停止の実施に乗りだすつもりである。私は、いかなる犠牲を払ってでも国家の権威を貫徹するつもりだということをあなた方に宣言する。私は既に親衛隊全国指導者であるヒムラーと話をした。私は、この措置を実行しない大管区に対しては、それ相応の措置をするつもりである」。私はきびしい方針を打ち出したのだが、最後の二つの言葉が大管区指導者たちをすっかり興奮させてしまった。私の演説が終わるやいなや、大管区指導者の何人かが激しく私に抗議してきた。彼らは、最古参の一人であるビュルケルに率いられ、声高く、表情もあらわに出して、私が強制収容所をちらつかせて脅迫したと非難したのであった。私は、少なくとも誤解をさけるためだけにも、もう一度演説させてくれとボルマンに頼んだ。しかし、ボルマンはこれを拒絶して、「その必要はまったくない、なぜならば誤解なぞないではないか」と一見親しげに述べたのである。

この演説のあった夜、大管区指導者の中には酔っぱらって、大本営行きの夜行特別列車にひとりで乗れないものが多かった。翌朝、早速私はヒトラーに、政治的協力者たちに酒を慎むように話してくれと頼んだのである。しかし、例によってヒトラーは古くからの仲間の感情を大切にしていた。いっぽうでボルマンは、大管区指導者と私との対決をヒトラーに報告していたのである。ヒトラーは、すべての大管区指導者が激怒していることを私に伝えてくれなかったのである。その結果、ボルマンは、私に対するヒトラーの信望を失墜させることにさしあたって成功したことがすぐに判明した。しかもボルマンはそれだけではやめなかった。私自身がそのための誘因を彼に与えたのであった。それ以後私はヒトラーの信任をあてにすることができなくなったのである。

以後政府指令を貫徹する、というヒムラーの同意の正体がいかなるものであるかが明らかになってきた。私は大管区指導者たちとの対決のいきさつについての詳細な資料をヒムラーに送ったのだが、彼は即座にその資料をボルマンに送ったのである。数週間たって、その回答が最近やっと到着したということを、シュトゥッカート次官が当惑げに私に伝えてくれるまで、私はそんなこととはついぞ知らなかったのである。つまりすべての問題が大管区指導者たちによって再検討され、私の指令は誤っており、彼らの反対こそまったく正当であったということが結論づけられたのである。ヒムラーもこの決定を承認した。私が期待した国家権威の強化も、シュペーア・ヒムラー連合も失敗に帰したのである。なぜこの意図が挫折《ざせつ》しなくてはならなかったかということが数か月後になってやっと私にはわかったのである。ニーダーシュレジエン州大管区指導者ハンケから聞いたところによると、事実、ヒムラーは若干の大管区指導者のやり方に対する攻撃を企てたのである。しかしヒムラーは彼らに対して、大管区の親衛隊司令官を通して命令するという侮辱に等しいことをしたのである。やがて彼は、大管区指導者たちが党中央部でボルマンの強力なバックアップを受けているということを意外にも早く知ったのである。というのも、数日後には既にボルマンが、このようなヒムラーの干渉を禁止するようにヒトラーの承認を受けていたのだ。決定的な場合になるとヒトラーは、一九二〇年代からともに歩んできた協力者たちとの間にある忠誠関係を最終的には第一番とするのであった。ヒムラーや親衛隊でさえこのセンチメンタルな仲間意識を破ることができなかったのである。この行動が失敗した後では、親衛隊指導者ヒムラーも大管区に対して国家権力を用いることをきっぱりと断念してしまった。ヒムラーの意思に反して「帝国《ライヒ》防衛委員会委員長」はベルリンの会議へ呼ばれなかった。ヒムラーはその後、さしたる政治的重要性を持たない大都市の市長や州政府長官を集めて、自分に同調させることで満足していた。どっちみち今まで「君」「ぼく」の調子で話していたボルマンとヒムラーはまた仲のよい友人となったのだ。私の演説は興味ある事態を白日のもとにさらしたのだが、同時に力関係を再認識させ、私の地位をくつがえしてしまったのである。

狂信の復活

ここ数か月間に、政府の権力を貫徹させようとする私の第三回目の試みも失敗したのである。私はもはや押し迫ったジレンマからきっぱりと逃れたかった。ところが、演説後五日目に、またまた私は全被爆都市の再建計画をヒトラーから委任されたのである。私は一つの分野における全権委任を受けたのだ。これは、ボルマンをはじめとする私の敵対者にとっては、戦争問題以上に身近なものであった。既に彼らの一部は、自分たちの将来の最も重要な役割は都市の再建にあると考えていた。今度の総統令は、彼らが再び私の従属下におかれるのではないかという印象を与えたのであった。

同時に私は、大管区指導者のイデオロギー的過激性からくる危険性とも立ち向かうこととなったのである。つまり、都市の破壊は、それが修復可能な場合でも、歴史的建物を取り壊す口実を彼らに与えたのであった。たとえば、私が激しい空襲の後で、ある大管区指導者とエッセンの廃墟を視察したときに、彼は、どっちみち空襲の被害を受けたのだから、エッセンの大寺院も完全に取り壊してしまうべきだし、この町の近代化にとっても単なる邪魔ものにすぎないといっていた。ある時、マンハイム市長が、焼失したマンハイム城と国立劇場の取り壊しを阻止してくれと、私に助力を求めてきた。焼失した城が当地の大管区指導者の希望により取り壊されるといううわさが、シュトゥットガルトから私の耳にはいってきた。

理由はどの場合も同じであった。すなわち、「城も教会もなくしてしまえ。我々は戦後我々自身の記念建築物を作るのだ」というものであった。この言葉には、党実力者の歴史に対する劣等感が現われていたが、むしろそれ以上に、大管区指導者の一人が取り壊し命令の理由として私に述べたことがきわめて象徴的であった。すなわち、「過去の城や教会は国土を見おろし威圧する反動の堅城であり、我々の革命の妨げになる」。党の初期に主張されながら、権力との妥協と和解の中で次第に失われていった狂信さが、ここに再度現われてきたのである。

私は、ドイツ諸都市の歴史的遺産の保護と理性的な再建もきわめて重要であると考えていたが、一九四三年十一月と十二月、自ら全国の大管区指導者に次のような手紙を送ったのである。すなわち、高度の芸術的理想だけではなく、経済性を、つまり、交通難による都市の窒息を解決する大規模な交通計画、住宅の工業的な生産、古い町の環境整備、そして都心に商業中心地を置くというものであり、これは戦前の私の計画とも本質的な相違はなかった。壮麗な記念碑的建造物はもはや問題ではなかった。そんなものに対して私は興味を失っており、この計画構想の基本線について十分に私と話し合ったヒトラーもまた同様であった。

ニコポリ陥落

十一月の初め、ソ連軍がマンガン鉱の中心地であるニコポリに接近した。この時点である事件が起こった。この事件は故意に虚偽をいえと戦闘機隊総監に命令したゲーリングと同様、ヒトラーの不可思議な一面を示している。

一九四三年十一月の初め、陸軍参謀総長ツァイツラーが、たった今、ヒトラーと激しい議論をしたということを電話してきた。ヒトラーは、近辺にあり自由にできるすべての師団をニコポリの防衛に向けるよう主張したというのである。マンガンがなくてはごく近いうちに戦争に敗れてしまう、また軍需生産を三か月後には中止せざるをえなくなる、なぜならシュペーアは在庫品を持っていないからだ、と興奮していったというのだ。ツァイツラーは、再びスターリングラードの悲劇を繰り返さないためにも、部隊を集中するのではなく今こそ退却を開始すべきであるといって、私に火急の助力を依頼してきたのである。

この電話を受けてすぐ、私はマンガン鉱山の地域の情勢を分析するために、鉄工業界の専門家レヒリングとローラントと会談した。もちろんマンガン鉱は鉄鋼生産過程にとって最も重要な添加物の一つであった。しかし、どっちみち南ロシアのマンガン鉱山は失われてしまったということが、ツァイツラーの電話の後でじきに明らかとなった。しかしこの会談では驚くほど楽観的な結論を引き出した。十一月十一日、私はテレックスでツァイツラーとヒトラーに、次のように報告したのである。「現在の方針でいけば、マンガン貯蔵量は、十一か月から十二か月分は確保されうる。ドイツ鉄鋼生産は、ニコポリを失っても、他の方式を導入すればマンガンの貯蔵量を他の合金部門に負担をかけることなく十八か月分は引き延ばすことができると保証する」。同時に私は、ヒトラーが大防衛作戦によって守ろうとしている隣接するクリヴィー・リフを失ったとしても、ドイツの鉄鋼生産は持続できるということも確認した。

二日後、総統大本営に行ったところ、ヒトラーは私に対してきわめて不機嫌そうにいった。「なぜ君はマンガン鉱の状況に関する建白書を参謀総長に出したのかね」。私は満足げなヒトラーを予期してきただけに、当惑して次のようにいっただけであった。「しかし総統、それは良い報告です」。ヒトラーはまるで耳を貸さず次のようにいった。「君は参謀総長に建白書を出すようなことをしてはならない。何かを望むならば、私にそれを送ってくれたまえ。君のお陰で私はにっちもさっちもいかなくなってしまったのだ。私は、ニコポリ防衛のために自由にできるすべての力を集中させるよう、ちょうど命令したばかりだった。私には軍隊を戦わせる理由がある。ところがツァイツラーが君の建白書を持って来た。私はまるで嘘をついたようだ。今ニコポリが失われるとしたら、責任はすべて君にある。私は今後いっさい、君が他人に何らかの建白書を提出することを禁止する。わかったかね。私は断じて禁止する」と彼は叫んだのである。

にもかかわらず、私の建白書は効果があった。なぜならその後しばらくヒトラーはマンガン鉱山をめぐる戦いのことを主張しなくなったのである。かくてニコポリは一九四四年二月十八日に初めて失われてしまった。

この日ヒトラーに渡した第二の建白書の中で、私はすべての合金用金属の貯蔵量を調査させた結果を報告した。「バルカン半島、トルコ、ニコポリ、フィンランド、北ノルウェーから輸入することを考えるべきである」と述べて、この地域の損失の可能性を計算に入れるよう注意深く暗示しておいたのである。次の表が調査の要約である。

	国内現在高	国内増加	消費	充足限界
マンガン	一四〇〇〇〇トン	八一〇〇トン	一五五〇〇トン	一九か月分
ニッケル	六〇〇〇トン	一九〇トン	七五〇トン	一〇か月分
クロム	二一〇〇〇トン	―	三七五一トン	五・六か月分
タングステン	一三三〇トン	―	一六〇トン	一〇・六か月分
モリブデン	四二五トン	五・五トン	六九・五トン	七・八か月分
ケイ素	一七九〇〇トン	四二〇〇トン	七〇〇〇トン	六・四か月分

建白書は、この表に説明を加えたものであった。「最も貯蔵量の少ないのはクロムであり、そのクロムがなくては、高度に発達した軍需生産は続行しえないという点が非常に重要である。バルカン半島からトルコまで陥落すれば、クロムのストックは現在のところ五・六か月分しか確保されておらず、これは全兵器部門、すなわち航空機、戦車、乗用車、破《は》甲榴弾《こうりゅうだん》、潜水艦、およびほとんどの大砲の生産は三か月しかもたず、粗ブロックの在庫を消費してもせいぜい二か月ほど延びるにすぎないだろう。なぜなら、その間に供給に投入されている在庫量が使い果たされてしまうからである」

つまり、バルカンを失えば、およそ一〇か月もたたず戦争は終わらざるをえないということである。ヒトラーは、ニコポリでなくバルカンこそ戦争の死活を握っているのだという私の意見を、無言で聞いていた。彼は不機嫌そうに私から目をそらし、私の協力者ザウルのほうを向いて、新しい戦車計画を討議しはじめた。

かつて一九四三年の夏まで、ヒトラーは毎月の初めに私に電話をさせて、最新の生産報告をさせ、あらかじめ用意されたリストに書きこんでいたものである。当時、私はその数字を前もって準備した順序で報告した。ヒトラーはいつも次のように感嘆して答えた。「非常に良い。まったくすばらしい。ほんとうに一一〇台のティーガーかね。君が公約した数より多いじゃないか。来月は何台のティーガーができるのかね。現在は、戦車が一台でも多いことが必要なのだ」。そして彼は、ときどき情勢を簡潔に指摘してこの電話をきった。「我々はきょうハリコフを占領した。うまくいっているよ。電話してくれたことに感謝する。奥さんはまだオーバーザルツベルクにいるのかい。それでは奥さんによろしく」。彼はまた、私の「総統万歳《ハイル・マイン・フェラー》」というあいさつに対して、ときどき「ハイル・シュペーア」と返したのである。このようなあいさつはゲーリング、ゲッベルスおよび他の腹心にもたまにしか向けられない栄誉を意味したのであり、またその響きの中には、公式に使用されている「総統万歳」に対する軽い皮肉もこめられていたのである。このようなとき私は、自分の業績がほめられたのだと受けとったのであり、この親密さのもつ庶民的な要素には気づかなかった。私がヒトラーに対して初めのころ感じていた魅力や、私的交際における親密さは既にずっと以前からなくなっており、建築家というユニークな地位にあり、組織の一員となっていたにもかかわらず、ヒトラーのこのような言葉は相変わらず魔力的な力を持っていたのである。結局、よく考えてみれば、あらゆる陰謀や権力闘争も、ヒトラーのこのような言葉を目標としており、あるいはその言葉が裏づけていたのである。我々一人ひとりの地位もまたそれによって左右されていたのである。

次第しだいに、ヒトラーとの電話による会話は少なくなっていった。いずれにせよ、一九四三年の秋ごろからヒトラーは、月例報告を私の部下ザウルを通じてやらせるようになったのである。ヒトラーが私に委任したものを私から取り上げる権利を彼に認めていたので、私はあえてそれに対する特別な防衛策もとらなかった。おまけにボルマンは、昔からの党同志であるザウルやドルシュとも非常に親密であったので、私は自分の役所の中ですら次第に動揺を感じはじめた。

そこで私は、自分の省の一〇人の局長に、それぞれ工業界の代表者をすえることによって自分の地位を確実なものにしようとした。しかしドルシュやザウルは、自分たちの管轄領域内ではそれを妨げる術《すべ》をよく心得ていた。ドルシュの指導で省内に反対派が形成されつつある兆候が強まってきたとき、私は一九四三年十二月二十一日、一種の「クーデター」を行ない、私の建築計画当初からの二人の信用できる人物を人事局、組織局の局長に任命し、かつ従来独立していた「トット機関」をその下に従属させた。

失意の旅へ

翌日私は、ここ数か月の個人的な失望感や、陰謀に取り囲まれた重苦しい気苦労から逃れて、ドイツ勢力圏の中でも最も遠く寂しい場所である北ラップランドへと出発した。ヒトラーは、一九四一年と一九四二年には、ノルウェー、フィンランド、ロシア等を飛行するのはきわめて危険であり、また私が彼にとっては何ものにも代えがたい人物であるなどといって、私がそっちのほうを旅行することを禁じていたのであるが、今度はためらうことなく同意してくれた。

夜明け近く、私専用の新しい四発エンジンのフォッケ＝ヴルフ式コンドル機で出発した。この機には予備の燃料タンクを取り付けてあるので、特に長い距離を旅行することができた。バイオリン奏者のジークフリート・ボリースと、戦後カーラナクの名で有名になったアマチュア手品師も同行した。なぜなら、私は自分が演説する代わりに、北方の兵士と「トット機関」の労働者たちにクリスマスの楽しみを用意してやろうと思ったからである。低空飛行なので、フィンランドの湖水群が連なって見えた。そこは私の青春時代の憧れの地であり、妻と私で携帯ボートとテントで歩き回りたいと思っていたところであった。

翌二十三日、我々はオープンカーで六〇〇キロも北へ走り、北氷洋の小さな港町ペツァモに到着した。景色はアルプスのように単調なものであったが、水平線のかなた、太陽によって引き起こされる黄色から赤色への光の変化が、すべての中間色を含めて現実とは思えないほど美しかった。ペツァモでは、労働者、兵士、将校たちと何か所かでクリスマスのお祝いをした。それに引き続いて毎晩いろいろな宿舎で、たくさんのお祝いが行なわれた。

次の夜、我々は北氷洋の最前線で指揮を執る将軍の丸太小屋で一夜を明かし、翌朝、ムルマンスクから八〇キロ離れた最北端の最も住みにくい地フィッシャー半島の前進基地を訪れた。ひしひしと迫る静寂の中で、暗緑色の光が、霧と雪のとばりをよぎって、一木もない死んで凍結してしまったような風景の上に落ちていたのである。我々はスキーをつけ、ヘングル将軍の案内でゆっくりと前進基地に向かって進んだ。ある陣地では、ソ連軍の地下壕に対するドイツの一五〇メートル歩兵砲の効果を実験してくれた。それは私が初めて経験するような激しい「試射」であった。かつて私は、グリ＝ネ岬の重砲台の一つを視察したおり、そこの司令官は目標として対岸のドーバーの名をあげたけれども、本当はただ海に向けて射撃させただけであったということを、後になって私に説明してくれたことがある。ところがここでは、実際にソヴィエト軍の地下壕の角材が一発の命中弾により空中に飛び散ったのである。その直後、私のすぐ横にいた一人の上等兵が音もなく崩れ落ちたのである。ソヴィエト軍の狙撃《そげき》兵が、防弾板ののぞき穴からその上等兵の頭に弾丸を命中させたのであった。驚くべきことに、私が戦争の現実を見せつけられたのはこれが初めてであった。それまでの私は、試射場で歩兵砲を見たとしても、せいぜいただ有用な道具としてぐらいしかみていなかったのだが、私がこれまで理論的に見てきたこの道具が今や突然人間を殺す道具に転じたのである。

この視察旅行の間に、兵隊も将校も一致して歩兵用軽兵器の補給不足を嘆いているのを知った。特に有効な自動拳銃を欲しがっていた。兵士たちは分捕《ぶんど》ったソヴィエト製のもので間に合わせていたのである。

この非難はまさに、ヒトラーに対して向けられるべきであった。第一次大戦に従軍した元歩兵であるヒトラーは、今なお自分が熟知した小銃に固執していた。一九四二年の夏ごろ、当時開発された自動拳銃の導入という我々の提案を拒否して、ヒトラーは小銃のほうが歩兵の目的にかなったものであると決定を下したのである。しかしその後の塹壕《ざんごう》体験から、私がいま実地に見たように、その当時ヒトラーを驚かした重兵器と戦車を非常に強く前面に押しだしたので、歩兵武器の開発と完成はおろそかにされてきたのであった。

視察から戻ったとき、私は直ちにこの手ぬかりを修正しようとした。陸軍参謀本部と国内軍司令官とは、一九四四年一月の初めに精密な歩兵計画案を準備した。軍事専門家をもって自任するヒトラーは、六か月もたってやっとこれに同意したのである。ところがそれ以来ヒトラーは、この計画が期日通りに進展しないときには我々を非難するようになったのである。九か月もたたないうちに、この重要分野でのかなりの増産をあげ、とりわけ自動拳銃（突撃銃44）は、従来の最低生産量の二〇倍にも達したのである。やろうと思えば既に二年前にこれくらいの生産増加を達成できていたであろうのに。というのは、当時、重兵器の生産以外には使用できなかった生産力を、自動拳銃の生産に利用することも可能であったからである。

翌日、私は今回のクリスマス旅行の本来の目的であり、わがドイツで唯一のニッケル生産地であるコロショキのニッケル工場を視察した。そこにはまだ輸送されていない鉱石が山腹いっぱいにあった。というのは、すべての輸送手段が爆撃に備えられた発電所の工事に集中されていたからである。私は工事の緊急順位を変更し、ストックされているニッケルの輸送能率を高めたのである。

イナリ湖から遠く離れた原始林の真ん中の空地では、巧みに積み上げられた木材の火を囲んで、ラップランド人とドイツ人のきこりが集まり、ジークフリート・ボリースがバッハの二短調の組曲から有名なシャコンヌを演奏してその夜の集まりが開始された。その後で我々は、夜中数時間もかけて、スキーでラップランド人の幕営地を訪れた。しかし、零下三〇度とオーロラの下にもロマンチックなテント生活はなかった。というのも、風向きが変わり、二つのテントは煙が充満してしまったのだ。たまらず屋外へ逃げ出し、トナカイの皮でできた寝袋にくるまってやっと午前三時になって眠りについたのである。おかげで朝私は膝《ひざ》に急激な痛みを感じるようになってしまった。

労働力問題をめぐって

数日後、私は再びヒトラーの大本営へ戻った。ボルマンの提議により、ヒトラーが大会議を招集したのであり、そこには最重要な大臣が出席し、一九四四年の労働計画を決定し、ザウケルが私に対する苦情を主張することになっていた。この前日、私はラマースを座長として会議を開き、我々だけで意見の相違点を解決しようとヒトラーに提案していたのである。この提案を受けたヒトラーは、激しくののしるような態度になり、会議出席者に対してこのような影響を与えてはならないと冷淡な調子でいった。彼は先入観を持ちたくなかったのであろう。彼は自分で決定を下したかったのであろう。

この後で私は、専門家たちをつれてヒムラーのところへ出向いたが、そこには私の要望によってカイテル元帥も来ていた。私はザウケルによる西部占領地域からの労働者大量徴用の再開を妨げるために、少なくとも彼らと共同の戦術をとり決めたかったのである。というのは、軍司令官の上官としてのカイテル、並びに占領地域での警察秩序の責任者としてのヒムラーが、労働者の大量徴用によるパルチザンの行動の強化のほうを恐れていたからである。そこで我々は、ザウケルの新しい行動に対しては必要な執行機関を持たないということ、あるいは、その結果秩序が乱されるおそれもあるということを会議で説明すべきであるという点で一致していたのである。私はこれにより大量徴用を決定的にやめさせ、予備軍と女子を活用させるという目的を果たそうと考えたのである。

しかし一見したところ、ボルマンを通じてのヒトラーは、私を通じてのヒトラーやカイテルと同様、この問題に対して既に用意をしていたのである。あいさつのときからヒトラーは、その冷淡さと無礼な態度によって自分は不機嫌であるということを、全会議出席者に暗示したのである。ヒトラーをよく知っているものは、このようなときには、正当な結論が出るかどうか疑わしかったので、決定を求めるようなことは避けたものである。私もまたこの日は私の最大の関心事を書類カバンの中にしまっておいて、彼に対しては無害な質問だけをするつもりであった。しかし私は、開始された討議のテーマをもはや回避することはできなくなった。ヒトラーは腹を立てて私の言葉をさえぎった。「シュペーア君、この会議の結論を先取りするようなことをしてはならない。私がこの会議の議長であり、そして何が起こるかを最後に決定するのは私であり、君ではないのだ。覚えておきたまえ」。不機嫌そうに腹を立てているヒトラーに対してはだれも反対できなかったのである。私の同盟者であるカイテルやヒムラーまで自分の意見を述べなかった。それどころか彼らは、全力をあげてザウケルの計画を支持するであろうと熱心にヒトラーに確約した。

ヒトラーは一九四四年の労働者需要について、出席している各担当大臣に質問し、その要求の一つひとつを綿密に書きつけ、自分でその数字を合計して、ザウケルのほうを向いていった。「同志ザウケル、君は今年四〇〇万人の労働者を調達できるか。どうだね」。ザウケルは胸を張って答えた。「もちろんです、総統。私はそれを必ず実行すると約束します。しかしそのためには、私は再び占領地域での行動の自由を必要とします」。私は、この四〇〇万人の大部分はまだドイツ国内で動員することが可能であると思うとの異議を唱えたが、ヒトラーは鋭くさえぎった。「労働力問題について責任を持つのは君か、それとも同志ザウケルか」。すべての反論を締め出すような口調で、ヒトラーはカイテルとヒムラーに対して、労働者調達計画をさらに推進させることを各機関に指示するよう命令した。カイテルはいつも「かしこまりました、総統」とだけいい、ヒムラーは黙ったままであった。この議論は我々の敗北であった。私はまだ何かを救おうと思って、ザウケルに、彼が西欧諸国から労働力を徴用しても指定工場での労働需要を保証することができるかとたずねたのである。彼は困難は生じないだろうと大ぼらを吹いたのである。そこで私は、各国の指定工場の需要を満たした後で初めて、労働者をドイツに連れてくるという優先権をザウケルに義務づけようとした。ザウケルは手を振ってこれを確約した。しかしヒトラーがすぐ割り込んできた。「シュペーア君、君はいまさら何を望もうというのか。同志ザウケルが君になにを確約するのかね。フランス工業に対する君の心配はもうなくなったはずだ」。これ以上議論することは、ザウケルの地位をいっそう強めるだけであろう。

会議は終わり、ヒトラーはまた再び愛想がよくなり、私とも親しげに若干の会話を交わしたのである。ところが、結局ザウケルの大量徴用は実現しなかったのである。といっても、私が自分のフランス事務所を通して、国防軍当局の助力により彼の計画を妨害させたこととはあまり関係がなかった。占領地域での権威喪失、拡大したマキ（地下抵抗運動）、これ以上やっかいなことをふやしたくないという占領地行政官の不満の増加等が、ザウケルの計画の遂行を妨げたのである。

総統大本営での会議は、私にとって個人的な影響を残すこととなった。私に対するヒトラーの態度は、私が既に彼の寵愛を失ったことを天下に示していた。ザウケルと私との対決での勝利者はボルマンであった。それ以後、私の工業界からの協力者に対しても、最初はコソコソと、間もなく公然と攻撃が開始された。私は頻繁に、党の事務局では中傷から彼らを守り、親衛隊保安部に対しても彼らを弁護してやらなければならなかったのである。

ゲーリングの誕生日

贅《ぜい》をつくした帝国のお偉方の最後の集まりもまた私の心配を取り除いてはくれなかった。それは、ゲーリングがカリンハルで催した一九四四年一月十二日の彼の誕生祝賀会であった。参加者はみんな、ゲーリングが期待しているような高価なプレゼント、たとえばオランダ産の葉巻き、バルカン産の金ののべ棒、貴重な絵画や彫像などを持っていった。ゲーリングはブレーカー作の大理石のヒトラーの大半身像が欲しいと私にいってきてあった。ごたごたと飾り立てられた誕生日の贈り物用のテーブルが、大きな図書室の中に置かれてあった。ゲーリングはそれをお偉方たちに示した。そのうえ彼は、お抱えの建築技師が誕生日を祝って作った建築設計図を広げてみせたのである。それによると、城のようなゲーリングの今の邸宅が、さらに二倍以上に大きくなるようになっていた。

豪華な食堂の食卓では、白い服を着たボーイたちが現在の状況に応じてあまりぜいたくでもない食事を給仕した。フンクが例年通り、そしてこれが最後であるかのように誕生日の祝辞を述べた。フンクは声高にゲーリングの有能さと性質と品位とをほめたたえ、彼を「最も偉大なるドイツ人の一人」として、彼のために乾杯の音頭をとったのである。フンクの感激したこの言葉は、異様なほど現状と好対照を見せていたのである。すなわち、帝国のさし迫った没落を背景にして、幽霊のそれのような祝宴が繰り広げられていたのである。

食事後、客たちはおのおの広い部屋へ分散していった。ミルヒと私は、この贅沢のための金がどこから出たのかと話し合った。つい先日も、ゲーリングの旧友で第一次大戦当時の有名な戦闘機パイロットであったレールツァーから、彼のところへイタリアのヤミ市場の品物を積んだ貨車が送られてきたことがある。ミルヒは、その中身の婦人用靴下、石鹸、あるいはその他の珍しい品物をヤミで売らせることができるというのである。国内のヤミ値段を統一するために値段表まで添えられてあり、相当な利益が計算され、ミルヒ自身も相当の利益配分をうけるはずであった。しかしミルヒは、その品物を役所の職員に分配してしまったが、少し後にミルヒは、ゲーリングが多数の物品をヤミで売ってしまったということを聞いた。そのあとすぐ、ゲーリングのためにこの仕事を手伝った航空省の主計長プラーゲマンは、ミルヒのところから離れ、ゲーリングの直属となった。

私はゲーリングの誕生日をめぐって次のような個人的な体験をもっている。私はプロイセンの枢密院議員として年六〇〇ライヒスマルクの給与を受けていたが、毎年ゲーリングの誕生日が近づくと一通の手紙を受け取ったのである。それには、私の同意もなしに私の給料のうちのかなりの額を、枢密院からのゲーリング誕生日プレゼント用として天引きしていると書かれてあった。

同じようなことが、航空省の機密費についても行なわれていた。その中から巨大な金額がゲーリングの銀行口座に振り込まれた。その金額でどんな絵画を買うかをゲーリング自身が決定したのである。

こんなことをしてもゲーリングの誕生日用の巨額の経費のほんのわずかが補塡《ほてん》されるにすぎないことは明白であった。このほかに、工業界から相当の献金があったのであろう。ゲーリングから、彼のお気に入りの一人が我々の組織の一つから失礼な取り扱いを受けたといって電話してきたとき、どこかに金の出所があるということをミルヒと私は偶然に確認することとなった。

私が少し前にラップランドで目撃したことと、こうした堕落した密室のような雰囲気とはきわめて異様な対照をなしていた。ヒトラーと私とのあいまいな関係は、私が自分で認識していた以上に私を苦しめていたようだ。ほとんど休みのない二年間の緊張が、今や表に現われてきた。私は三八年間の生活で肉体的にまったく消耗しきってしまっていた。膝の痛みが絶え間なく感じられるようになった。あるいは、すべてが逃避だったのであろうか。

一九四四年一月十八日、私はとうとう入院する羽目になった。

第Ⅲ部

第23章　病気そして動揺

入院

親衛隊中将で、ヨーロッパ・スポーツ界では膝《ひざ》関節の専門家として知られたゲープハルト教授が、赤十字社のホーヘンリュッヘン病院長をしていたが、その病院がベルリンの北一〇〇キロの森の中の湖のほとりにあった。何も知らずに私は、ヒムラーの数少ない親友の一人であるこの医者の手に自分を委ねることとなった。二か月以上も一軒離れて建てられた質素な病室で過ごしたのである。私は仕事を続けたかったので、病院のほかの部屋には私の女秘書たちをおき、役所との直通電話も設置したのである。

第三帝国では、大臣が病気になるということは、憂うべき困難をもたらすものであった。ヒトラーは、健康状態が良くないとの理由で頻繁に大物を解任したからである。政界では、もしもヒトラーの部下の一人が病気になると、みんな敏感になったものだった。私はとにかく本物の病気であったが、できるだけ活動的でいるほうが得策であると思ったのである。

私はヒトラーと同様、適当な代理人をもっていなかった。また私は私の機関を手放すこともできなかった。私の側近の者が私に休養を与えようといくら努力しても、病床での会議、電話、口述筆記が真夜中まで続けられた。

私が病院に到着するやいなや、新任のボーア人事局長が憤激して電話をかけてきた。ドルシュが事務室の鍵のかかった書類戸棚を直ちにトット機関本部に移送するように命令してきたというのだ。私は、戸棚をいままでの場所へ置いておくようにと命令した。数日たってボーアは、数人のベルリンの大管区指導者代理が家具荷造り人をつれて現われ、戸棚も中身も党の所有物であるから、これを移送する任務を受けてきたといっていると報告してきた。ボーアにはもはやどうすることもできなかった。私はゲッベルスの最も親密な部下の一人であるナウマンに電話連絡して、やっとこの行動を延期させることに成功した。しかし戸棚は封印された。もちろんその扉だけだったので私は裏側のネジをはずし中の書類を抜かせておいた。それは、私の古くからの協力者たちの何人かに関する書類であって、うっかり見つかればはなはだ危険なものであった。彼らはほとんど反党的な態度のために告発されており、一部の者に対してはゲシュタポ（秘密国家警察）の監視がつけられていた。私は、党が私の役所内に腹心の者、フランツ・クサーヴァー・ドルシュを送り込んでいることを知ったのである。私はその事実よりもむしろその人物のほうが驚きであった。

秋以来、私は自分の役所のある役人を昇進させようと試みていた。しかし彼は近ごろ役所内に作られたあるグループにとって好ましくない人物であった。私の最初の人事部長は、私が彼に昇進稟議書《りんぎ》の提出を強制するまでは、ありとあらゆる逃げ口上をもって引き延ばしていた。病気になる少し前、私はボルマンから不快なそっけない拒絶を受け取ったのである。

さて、我々は、この極秘戸棚の書類の中からボルマンあての手紙の草案を発見したのである。それで明らかになったのだが、これは以前の人事部長ハーゼマンとドルシュとによって発議され作成されたものであり、私あてのボルマンの書簡の中でそのまま書かれてあったものだった。私は病床からゲッベルスに電話をかけた。彼がベルリン大管区指導者なので、ベルリン党委員はすべて彼の指揮下にあった。彼は私の古い協力者のフレンクがこの地位を引き受けることに、即座に賛成した。「もう一つの政府が仕事をしているというまったくけしからぬ状態である。今日では各大臣は党の同志である。我々が大臣を信用するか、それとも彼が地位を捨てなければならないかのどちらかだ」。しかし、私の省内でゲシュタポがだれを連絡員にしているかは、ついに私にはわからなかった。

病気の間私の地位を保持しようという私の努力は、次第にむずかしいものになってきた。ボルマンの次官であるクロプファーに、党の諸機関がその限界を厳守するよう頼まなければならなかった。なかでも私は、工業家たちには困難を与えないように切に頼んだのだった。大管区経済顧問は、私が病気になった直後に、私の任務の核心にあたる機能を自分のものにしたのである。私は、フンクとヒムラーが派遣した彼の協力者オーレンドルフに対して、工業界の自己責任制のために、より積極的に協力してボルマンの部下の大管区経済顧問に抗して、私を支持するように頼んだのである。ザウケルもまた、私の不在中を利用して、全国アピールにおいて「軍需生産に従事している男子は、総力をあげて増産を！」と呼びかけたのであった。私は、私の不在を利用して反対の動きをしている敵の策動についての私の懸念を伝え、助力を請うために、ヒトラーに手紙を書いたのであった。四日間もかかってタイプライターで二三枚も書いたということが、私を襲っていた神経過敏症を表わしていた。私は、ザウケルの越権行為、ボルマンの大管区経済顧問についての不平を述べ、私の管轄範囲と任務の位置づけ等の諸問題について、私の絶対的命令権限の確認を願ったのであった。つまり、私の要請は、私がかつてポーゼンの演説で強く要求して大管区指導者たちを憤激させたあの要請を再度繰り返したものにすぎなかった。さらに私は、「企業管理者に法規、規則、訓戒、助言等を与える多数の官庁」を私の下に集中させることによってのみ、総生産の計画的統制が可能であると書き添えたのである。

四日後、私はまたしてもヒトラーに手紙を書いた。その中で私は、ヒトラーと私との関係にはふさわしくない率直さで、私の背後で私の命令を妨害する省内の徒党があることを報告した。私はだまされていたのであり、ドルシュを頭《かしら》とするトットの旧部下の特定の小グループが私に対する信義を破っており、それゆえにドルシュを私の信頼している人物と代えざるを得ないと考えていると書いたのである。

私があらかじめヒトラーに伺いもたてないで、彼のお気に入りの解任を通告したこの最後の手紙は、およそ賢明なものではなかった。というのも私は、適当な時期に巧みな方法でヒトラーに人事問題についてほのめかすというこの政権の原則に違反したのであった。その代わりに私は、忠誠に背反し、部下というあいまいな性格で彼とはっきりと対決することになったのであった。そのうえ自分の手紙の写しをボルマンにまで送ったということは、愚かであり、あるいは挑戦的であったのだ。私はそれによってヒトラーを取り巻く権謀術策の中での熟練した戦術家のもつすべての経験をも否定したのである。私にこうした態度をとらせたのは、孤立した状態が誘発した一種の反抗的な態度であろう。

病気が、あらゆることを決定する権力の中心であるヒトラーから、あまりにも私を引き離してしまったのだ。彼は、私の提案、要求、苦情などすべてに対して否定も肯定もしなかった。私は空《くう》に向かって話しかけていたのである。ヒトラーは私には何の回答も与えてくれなかった。私はもはやヒトラーお気に入りの大臣、また有望な後継者の一人ではなくなったのである。数週間の入院とボルマンの若干の陰謀が私を締め出してしまったのである。自分のところに長い間顔を出さない者を排除するという、ヒトラーがときおりみせる性格が、ここでも一役買っていたのは確かである。しばらくして、その本人が再び彼の身辺に現われると、様子はまた一変するのであった。病気の間に私を失望させ、人間的に私をヒトラーから引き離してしまったこの種の経験を、私はたびたび味わうことになったのである。しかし、その当時、私は自分の新しい境遇を怒ったり、懐疑的になったりもしなかった。健康を害したことで、私は疲労と諦めを感じていたのである。

私は、ヒトラーが二〇年代以来の党同志であるドルシュを排除するつもりなどないことを、人づてに聞いたのである。この数週間、ヒトラーは親しげな調子でドルシュと話したり、私にあてつけるように彼を特別扱いにして、私に対する彼の立場を強めたのである。ゲーリング、ボルマン、ヒムラーにはこうした変化がわかっており、彼らはこれを大臣としての私の権威を取り除くために利用したのであった。確かに各人は、自分自身のためにそれぞれ別の動機から、またそのことについてお互いに連絡をとることはしなかった。ドルシュの解任については、もはや考えることもできなくなった。

危機に立って

二〇日間も、私はギプスで足を固定したまま仰向けに寝たきりだった。怒りと失望が私の心をさいなんだのだ。初めて立ち上がったときは、数時間もすると背中と胸部に激しい痛みを感じた。血痰《けったん》が出て肺栓塞《せんそく》の兆候を示していた。しかし、ゲープハルト教授は筋肉リューマチと診断し、私の胸部を密毒（フォラピン、リューマチの薬）でマッサージして、サルファ薬、キニーネ、麻酔薬等を私に服用させた。二日後、私は二回目の激しい発作にみまわれた。私の病状は悪化するいっぽうであったが、ゲープハルト教授は依然として筋肉リューマチという診断を下していた。ここに及んで私の妻がブラント博士に急報したので、彼はその夜のうちに、ベルリン大学の内科医でありザウアーブルッフの同僚であるフリードリヒ・コッホ教授をホーエンリュッヘンに派遣してくれた。ヒトラーの侍医であり、同時に「衛生と健康に関する全権委任者」であるブラント博士は、私の診療に関する全責任を特にコッホに委ねて、同時に、ゲープハルトに対してはいかなる医学的な処置をすることも禁止した。コッホ教授はブラント博士の命令で私のすぐ近くに部屋をとったが、さしあたりいっときも私のそばを離れることができなかった。

三日間の私の病状は、コッホの報告書にもあるように「きわめて危険であり、極度の呼吸困難に陥り、顔色悪く、脈拍も速く、熱があり、苦しそうな咳《せき》をし、血痰があった。病状は経過から判断すると梗塞《こうそく》である」。医師団は、最悪の場合をも考慮しなければならないと私の妻に覚悟させた。それとは逆に、この過渡的状況が私にはまったく幸福な病中爽快感を与えてくれた。この小さな部屋がすばらしい広間にみえ、三週間も見なれたみすぼらしい木製の戸棚も華麗に彫刻された高級な木材をはめこんだ豪華な品物であるかのように思えた。私は一生のうちでこれほどはればれとして、気分が良いことはなかった。

私がいくらか回復したとき、私の友人ローベルト・フランクが、コッホ教授とこっそり話したことについて私に話してくれた。彼の話の内容は、きわめて危険にみちたものと思われた。つまり、私が危篤状態にあったとき、ゲープハルトが小手術を彼に求めたそうである。しかし、この手術は内科医の意見によると、私の生命を脅かす危険すらあったそうである。コッホ教授は、はじめのうちゲープハルトの意図がわからなかったのであるが、手術を拒絶した後の彼の言い草は、コッホ教授を試そうとしたものであったそうである。

コッホ教授が政治犯強制収容所に送り込まれる恐れがあったので、フランクはそんなことはさせないと私に誓ってくれたが、彼自身すら場合によると確実にゲシュタポといざこざを引き起こしていたのである。私は沈黙を守らなければならなかった。私自身もヒトラーをほとんど信用することができなかった。彼の反応が目に見えるようだった。怒りの発作を起こし、そんなことはあり得ないといって手近のボタンを押し、ボルマンを呼びつけ、ヒムラーに誹謗《ひぼう》者の逮捕を命令したことであろう。

当時おきた一つの事件を、私は今日考えられているような単なるうわさ話とは受け取れなかった。ヒムラーは、党仲間の間では残忍なほど冷たく首尾一貫した人間であると評判であった。だれも本気で彼と対立しようとはしなかった。そのうえ彼の目の前にはまたとないチャンスがあった。ちょっとした余病を併発しても私は助からない状態にあったのだ。その事件は後継者争いに関するものであった。たとえ、この陰謀が失敗し、次の陰謀が行なわれうるほど私の地位が弱まったとしても、私の地位は依然として、今なお強力であるということを暗示していた。

戦後、シュパンダウ刑務所で、初めてフンクがある事件の詳細を語ってくれたが、一九四四年当時には、彼はそのことについてあえて曖昧《あいまい》な話し方しかしなかったのだ。一九四三年の秋ごろ、ゼップ・ディートリヒの武装親衛隊の幕僚部で宴会が開かれたが、それにはゲープハルトのほかに、フンクの長年の副官で友人でもあるホルスト・ヴァルター、およびディートリヒの副官が出席していた。この親衛隊幹部の会でゲープハルトは、ヒムラーの意見によると、シュペーアは危険人物であり、消さねばならないと説明したというのである。

自分の健康状態から考えれば好ましいものではなかったが、私は、気味の悪いこの病院から早く退院する必要があると考えるようになった。二月十九日、私は急いで新しい療養地を捜させた。ゲープハルトは、最初医者としての立場からこれに反対した。私が三月の初めに起き上がったころも、彼は私の退院を妨害しようとしたのであったが、それから約一〇日後にアメリカの第八航空軍の大空襲が、近接の病院を爆撃しはじめたとき、ゲープハルトはその空襲が私に向けられたものであると信じたようで、突然私の移動について考えを変えたのであった。三月十七日、私はとうとうこの圧迫的な場所を去ることができたのである。

戦争終了直前になって、私はコッホに当時一体何が起こったのかとたずねた。しかし、その時も彼は私に、私の問題でゲープハルトと激しく争い、ゲープハルトが、自分は単なる医者ではなく「政治的な医者」でもあるのだといい、さらにその当時ゲープハルトは、私をできるだけ長く自分の病院に閉じ込めておこうとした、と語ってくれただけであった。

ありふれた誕生祝い

一九四四年二月二十三日、ミルヒが病気見舞いにやって来た。アメリカ第八、第十五航空軍がドイツの航空機産業に集中爆撃を加えてきた。ミルヒがいうには、来月のドイツの航空機生産は前月比三分の一になるということであった。彼は文書形式の提案を持ってきて次のようなことをいった。いわゆるルール幕僚部がルール地方での空襲被害を防止するのに成功したように、二つの省が共同して、軍備の直面する困難を克服するために「戦闘機幕僚部」を設置すべきだというのである。このようなときには、おそらくどっちつかずの答えをするほうが賢明であると思ったが、私は追いつめられた空軍を助けるために、少なくともすべてのことを試みてみようとその案に賛成した。ミルヒと私にとっては、この戦闘機幕僚部が、空軍の軍備と私の省との融合への第一歩であるということが明らかであったのである。

病床から私は、まず手はじめにゲーリングと電話で話し合ったが、彼は共同作業に関する我々の提案を承認しようとはしなかった。私が彼の権限を侵害しているというのである。そこで私はヒトラーに電話した。彼は、一応この考えはいいといったのであるが、我々が大管区指導者ハンケを戦闘機幕僚部の長官として予定しているというと、彼は否定的にかつ冷淡になってしまった。ヒトラーは電話で次のように答えた。「私はザウケルを徴用労働の責任者としたときに大きな過ちを犯した。できもしない決定をすることだけが大管区指導者としての彼の地位にふさわしいのだ。彼は現在、始終交渉をしなくてはならないし、また妥協もしなくてはならないのだ。もうこのような任務には大管区指導者を使うまい」。ヒトラーは次第に怒ったようになり、さらに次のようにいった。「ザウケルの例は、すべての大管区指導者の権威を失墜させるような結果を招いただけである。私はザウルにこの任務を委任する」。こういうとヒトラーは突然電話を切ってしまった。彼は短期間のうちに、私の人事政策に対して二度までも干渉したことになる。電話のときのヒトラーの声は冷たく、そっけないものだった。おそらく別の問題で彼は機嫌をそこねていたのであろう。しかしミルヒもまた、私が病気の間に勢力を強めたザウルをひいきにしていたので、私は無条件にヒトラーの命令に同意せざるを得なかった。

数多い知人やだれそれの誕生日や病気のことをシャウプ副官から知らされたときに、ヒトラーが、人によって区別していることを私は以前から知っていた。彼が「花と手紙」というと、これはきまり文句で、ただ彼が署名するだけの手紙を意味しており、この場合、花の選択は副官にまかされていた。彼が自分の手で数語書き加えるならば、それは名誉あるものだと見なされた。さらに彼が特別に心をかけている場合には、彼はシャウプにカードとペンを持ってこさせ、自分で二、三行書き、さらにどんな花を届けたらよいかを、そのときどきの相手に応じて決めたのであった。かつての私は、映画スターや歌手と並んで、最も顕著に特別扱いを受けた一人であった。だから、危篤状態を脱した直後に、タイプライターで書かれたごくありふれた手紙を添えた花の鉢が届けられたときには、私はもはやヒトラー政府の最も重要な構成員の一人であったにもかかわらず、実際の序列では最下層におかれてしまったことをはっきりと認識した。病人であったことが必要以上に敏感に反応したのでもあったろう。ヒトラーは私の安否を問うために二、三度電話をかけてきたが、そのときも彼は、私の病気を自業自得だといった。彼は、「なぜ君はあんな場所でスキーをしなけりゃならなかったのだ。私は、そんなことは狂気の沙汰だといつもいっていたではないか。足にあんな長い板をつけて！　そんな板なんかすぐ薪にしてしまえ」と彼は電話を冗談で終わらせようと、いつものように不器用な表現で付け加えたのである。

見舞いに現われたヒトラー

内科医のコッホ教授は、私の病気にとってはオーバーザルツベルクの高地の空気はよくないといっていた。しかし、ザルツブルクの近くのヒトラー迎賓館クレスハイム宮の庭園の中には、領主司教がバロック時代の名匠フィッシャー・フォン・エルラッハに造らせた魅惑的にカーブした園亭、クレーブラッツ館があり、この建物が、三月十八日、私の滞在用に供せられたのである。本館のほうには、数日前からハンガリーのホルティ摂政が到着していた。交渉の結果、この二四時間後、ヒトラーにとって最後に残った外国、ハンガリー侵入が開始されたのである。私が到着した夜、ヒトラーは討議の合間に私を見舞いにあらわれた。

私は一〇週間も彼に会っていなかったので、彼の人並み以上に広がった鼻、蒼白な顔色、人を近づけないような顔が、長い付きあいにもかかわらず、何か奇異な感じを与えた。つまり、私が彼との間に距離をおき、彼を自然のままに見はじめたという最初の兆候であった。およそ三か月間も、私は彼の個人的な影響を受けてはいなかったが、彼の侮辱と軽視にはさらされていたのである。数年間に及ぶ熱狂、そして疲れ果てた末私は初めて彼の側近としてのいままでの生活について振り返ってみた。以前にはヒトラーの二、三の言葉や身振りが私をスランプから解放してくれ、私の中から異常なほどのエネルギーを作り出してくれたものだが、いまの私は、ヒトラーの親しげな様子にもかかわらず、依然として疲労と消耗を感じていた。私は、できるだけ早く妻と子供たちを連れてメラーンに行き、そこでしばらく休養し、再び活力を得たいと思っていた。何のために活力をたくわえるのかは私にはわからなかったが。というのも、もはや私は目標を持っていなかったからである。

しかし、誹謗《ひぼう》や敵意をもって私を最終的に排斥しようとする動きがあることを、クレスハイムでの五日間に知ったとき、私の自己主張の意志が再び湧きあがってきたのである。

翌日、ゲーリングが電話で私の誕生日のお祝いをいってきたので、私はこの機会に私の健康状態は非常に良いと軽く誇張して報告した。ゲーリングは気の毒そうな調子ではなく、むしろ上機嫌に「まあ聞きたまえ。君がいっていることはまったくおかしいよ。ゲープハルト教授は、君が重い心臓病だと昨日報告してきた。回復する見込みはないといっているよ。多分君はこのことをまったく知らないだろう」と話し続けて、私のこれまでの業績をほめたたえることによって、さし迫っている私の更迭《こうてつ》をほのめかしたのである。私はレントゲン検査でも心電図でも異常がないといい返した。ゲーリングは、私が明らかに嘘を知らされているのだといって反論し、そのうえ私の説明を聞こうともしなかった。事実は、ゲープハルトがゲーリングに虚偽の報告をしていたのであった。

ヒトラーもまた、私の妻が同席していた私的な集まりのときに、重々しい調子で「シュペーアはもうだめだ」と説明した。彼もまた、私を働くことのできない残骸であると表現したゲープハルトの報告を受けていたのである。

おそらくヒトラーは、二人に共通の建築の夢、そしてその夢も私の不治の心臓病のために実現できなくなると考えていたのであろう。彼は最初の建築技師で、若くして死んだトロースト教授のことを思い出したのであろう。いずれにせよ、ヒトラーは下僕に大きな花束を持たせてきて、その同じ日に改めてクレスハイムに現われ私をびっくりさせたのである。それは彼としては珍しい行動であった。しかし、彼が立ち去った数時間後にヒムラーが私を訪ねてきて、ゲープハルトが親衛隊中将として私の安全に対する責任を、医者として私の健康に対する責任を負うように、ヒトラーから委任されたと公式に伝えてきたのであった。その結果、コッホ博士は締め出されてしまったのである。私の警護のためにゲープハルトが派遣した親衛隊警備隊は、彼の指揮下にあった。

ヒトラーは、あたかも私の病気中に生じた疎遠さを感じているかのように、三月二十三日に最後にもう一度別れのあいさつのために現われた。私とヒトラーとの関係は、何度も昔のような親しさが示されたにもかかわらず、微妙にニュアンスが違ってきた。建築家として、また大臣としての私の業績が、数週間の離反を埋めるに十分な重要さをもたなかったにせよ、私が彼の身近な人であったという思い出をその再会を通して新たにしようとしたことは、私にはいつまでもショックとして残っていた。ヒトラーのように過重の負担を背負い、極度に拘束されている人間は、当然自分の側近の者以外の部下をないがしろにするということを、私はもちろん知っていた。しかしここ数週間の彼の態度を見ていると、私がいかに彼の部下の側近の中でも影のうすい存在になっているか、またいかに彼が理性と客観を自分の決断の基礎として重視していなかったかということを私に示していた。おそらく彼は私の冷やかさを感じとっていたからか、あるいはおそらく私をなぐさめるためにか、自分の健康もすぐれず、じきに視力も失われる確実な兆候が現われている、と元気なくいったのである。ブラント教授が私の心臓は良好状態であるとの説明をするであろうとの私の言葉も、ヒトラーは黙って聞いていた。

私の後継者をめぐって

メラーンの町の高台にはゴイアン城があった。ここで私は、閣僚時代でも最も楽しい六週間を家族と共に過ごした。ゲープハルトは遠く下のほうの谷に宿舎をもっていたが、私の日程について彼に与えられた権限をほとんど利用しなかった。

私がメラーンに滞在している間に、ゲーリングは私に聞いたり報告したりもしないで、異常な行動力をあらわして私の部下のドルシュとザウルの二人をヒトラーのところの会議に連れて行った。彼は、ここ数年来の数多くの失敗の後で、自分にとって危険でない私の部下を、私を犠牲にしても強化して、もう一度ヒトラーに次ぐ第二の人物として再起しようと、この機会を利用したのであった。さらに彼は、私が近いうちに退任するとのうわさを流し、この数週間の間に、ゲーリングと親しかったマインドル総裁に関する党の意向について、オーバードナウ州の大管区指導者アイグルーバーにたずねたこともあった。その理由として彼は、マインドルを私の後任としてヒトラーに紹介するつもりだといったそうである。多くの官職を兼ねる党全国指導者ライも同様に自分の権利を主張した。つまり、シュペーアが職を退くならば、自分がその仕事を引き継ぐし、自分はこれをきっとやりとげると、頼まれもしないのに乗り出してきた。

ボルマンとヒムラーは、その間に私の他の局長たちをひどく中傷してヒトラーをして彼らを罷免《ひめん》させようとした。ただ間接的に——ヒトラーが私に知らせる必要性を感じなかったので——部下の局長の中の三人、リーベル、ヴェーガー、シーバーに対してヒトラーが非常に腹を立てており、その三人は近々辞職するであろうという話を聞いたのである。数週間という期間は、ヒトラーにとってクレスハイムの日々を忘れさせるに十分であった。病気中の私に好意を示してくれた政府の高官は、フロム、ツァイツラー、グデーリアン、ミルヒ、デーニッツ、および経済大臣フンクだけだった。

数か月来、ヒトラーは、爆撃戦による被害から逃れるために、工業設備を洞穴や大防空壕に移転させることを要望していた。私はそれに対して、いくら時間をかけて仕事をしたところで、軍需産業を地下に埋めたりコンクリートの下に持ちこむことなどできないし、またそうすることによって空襲を防ぐことはできないであろうと答えた。そのうえ、我々にとって好都合なことに、敵は軍需産業が広く散在するデルタ地帯を攻撃しなければならないが、このデルタ地帯を防衛し、基幹産業を狭い谷間に移転させさえすれば、敵はさして重要でない地点を攻撃せざるをえないし、被害を最小限に食い止めることができるであろうというのが私の考えであった。その際私が基幹産業と考えていたものは、化学、石炭、発電所などであった。こうすれば、おそらくイギリスやアメリカに対し、一九四四年春の時点で、短期間にこれらの生産部門の一つを完全に破壊し、生産品の防衛もさせないという戦略を幻想化してしまうことも可能であっただろう。

四月十四日、ゲーリングは主導権を握り、ドルシュを自分のところに招いた。彼は、ヒトラーの要求した大防空壕の建設はトット機関によってのみ可能であると、意味ありげに述べた。ドルシュは、このような施設は国内にあるから、占領地域を担当しているこの組織の業務ではないと返答した。ともかく彼は直ちに、フランスのために計画したものとはいえ、既に完成している設計図を提出した。その日の夕方、ドルシュはヒトラーに呼ばれた。「私は将来、このような大建設事業は国内においてもあなただけにやってもらうようにするつもりだ」とヒトラーはいったのである。早くも翌日には、ドルシュは若干の有望な候補地を提案して、さらに一つが一〇万平方メートルもある六か所の大防空壕施設のための行政的、技術的に要求される必要・前提条件を説明し、一九四四年十一月までにこの防空壕を完成させると確約した。ドルシュはヒトラーの気ままな発令の一つによって彼に直属し、大防空壕を緊急に建築することとなり、すべての建設計画に自由気ままに干渉しうるようになった。にもかかわらず、六か所の巨大防空壕が約束期日の六か月間では完成もしないし、使用も不可能であろうと予言することはさしてむずかしくなかった。過ちというものはきわめて素朴なものである限りは、正しさを認識することもたいして困難ではないのである。

そのころまでヒトラーは、私の権限を縮小したすべての措置について私に通告する必要性を認めていなかった。私が四月十九日、ヒトラーあてに、下された決定の正しさを明らかに疑ったような手紙を書き、さらに一連の手紙や上申書を書いたことも、傷つけられた自意識や侮辱された感情がそうさせたのであろう。この手紙や上申書の中で、客観的な意見の相違の下に隠されてはいるが、ここ数年来ヒトラーの魔力によって混乱せしめられた認識から次第に脱却して、自己意識が形成されつつあることが示されていた。私はこの手紙の中で、遠大な建設計画を今始めるというのは、まさに幻想的であると述べた。つまり「ただ努力によってのみ、ドイツ国内の労働人口と外国人労働者の宿舎、軍需工場の復旧という最も本源的な要求に応えることができるのである。私は遠大な視野で建造に着手するという選択をするのではなく、来月のドイツの軍需生産を維持するための必要前提条件を確保するために、現在行なわれている軍需工場の建設を中止せざるを得ないと考える」

また客観的な見解の相違点の記述に関連して、私はヒトラーが正しい態度をとらなかったと非難した。「私は常にあなたの建築技師として、私の部下を自主的に働かせようという原則を実行してきました。しかし私はこの原則を貫くなかでときには非常な失望を体験したのです。なぜならだれでもが公の場でこのように目立つことに耐えられるわけではないのです。あるいは何人かは自分が十分な名声を得てしまうと、私に対して忠実でなくなったからです」。ヒトラーは、この文章から私がドルシュのことを指していることを難なく推測できたはずである。非難をこめて私は続けた。「しかし、こんなことがあっても、私はこの原則を断固としてさらに遂行する決心であります。私の見解によれば、この原則は、自分の地位が高ければ高いほど、支配と実行のためには必要な唯一のものなのです。さらに建設産業と軍需産業は、まさに現在の段階では不可分の総体であること、ドルシュは、引き続いて占領地域内の建設担当者としてあくまで残ること、ドイツ本国では、トットの旧部下のヴィリ・ヘンネに担当させること、この両人は、誠実な部下のヴァルター・ブルクマンの指揮の下でそれぞれの任務を行なうべきである」。ヒトラーはこれを拒否した。そしてブルクマンは、それから五週間後の一九四四年五月二十六日、私の前任者トットと同じように原因不明の飛行機事故で命を失ったのである。

辞職願い

ヒトラーは、この手紙を自分の誕生日の前夜に私の古い同僚のフレンクから手渡されたのである。私は、もし私の意見に賛成できない場合には、私を退職させてくれという請願をその手紙に添えたのであった。この場合の最良の情報源であるヒトラーの女性秘書ヨハンナ・ヴォルフから私が聞いたところでは、ヒトラーは私の手紙について極度に不機嫌な態度をとり「シュペーアに対しても、やはり国是というものがあるということを認識させなければいけないのではないか！」といったそうである。

六週間前、私がヒトラー自身の命令で爆撃による被害撤去のために、ベルリンの高官連中のための防空壕の建設を一時的に中止したときにも同じことがいわれた。彼は、私が命令を勝手に解釈しているのではないかという印象を受けたのであろう。いずれにせよ私に対する彼の不満はこうした非難を利用したのである。その当時ヒトラーは、「総統の命令はすべてのドイツ人によって遂行されねばならない」「絶対に、それを無造作に破棄したり、中止したり、停止したりしてはならない」ということを私の健康のことも考えずに、私に確実に通告するようにボルマンに委任した。ヒトラーは同時に次のようにいって脅迫した。「総統命令に違反した行為があるときは、その責任ある官吏は即刻国家警察によって逮捕し、強制収容所へ引き渡させる」

私が――再び間接的に――ヒトラーの反応についての報告を受けたとき、ゲーリングがオーバーザルツベルクから私に電話をかけてきた。つまり彼は、私に退職の意思のあることを聞き、閣僚が自分の職務からいつ退いてよいかを決定するのは総統自身にしかできないということをヒトラーの委任によって通告するというのである。電話は激しい調子で半時間ほど続いた。その結果、次のような妥協で一応話をまとめた。つまり「辞任する代わりに私は病気を長びかせ、暗黙のうちに大臣としては消えていく」というものである。ゲーリングはまったく感激していった。「なんとすばらしい解決方法だ。それではそうしよう。それには総統も同意するであろう」。ヒトラーは、面倒な場合にはいつも対決を避けようと努めていたので、あえて私を呼びつけてまで、私を解任しようとはしなかった。一年後にもまた、明白な不和が生じたときも、またもや彼は同様の臆病さから私の解任を強行しようとしなかった。今日、振り返ってみると、辞任せざるをえないまでにヒトラーを怒らせることも可能であっただろう。しかし彼の身近な側近にとどまったのは、いずれにせよ、自由意思でそうしたのである。

何が自分の動機であったにせよ、ともかく自分が引退するという考えは気にいった。アメリカ第十五航空軍の爆撃機がドイツの工業目標を攻撃するために、ほとんど毎日イタリアの基地からアルプスを越えて飛び立って行くのを見るたびに、私は南の青い空の中に戦争終了の先触れを見るおもいであった。どこをみても迎撃する戦闘機は一機もなかったし、高射砲の砲声さえも聞こえなかった。この完全なる無抵抗状態こそどんな報告よりも印象的であった。戦線退却のときに失った武器の補充は、これまでも絶えず成功していたにせよ、この空襲に直面しては、その補充は間もなく追いつかなくなるだろうと私は悲観的な見方をしたのである。ゲーリングが与えてくれたチャンスを利用し、次第にはっきりとしてきた破局に向かって、責任ある地位にいるのではなくて、静かに消えて行く以外に私に何ができたであろうか。当時の私には、ヒトラーとその政権の終結を早めるために、協力を拒否することによって退職するという考えは、意見の対立があったにもかかわらず思い浮かばなかったし、今日、同じような状況におかれたとしても、私はそうはしなかったであろう。

逃避しようという私の考えは、四月二十日の午後、私の最も親しい協力者であるローラントの訪問によって妨げられてしまった。というのは、工業界が私の退職の意向を聞いて、彼が私にそれを思い留まらせるために来たのであった。ローラントはいった。「あなたは、今日まであなたに従ってきた工業界を、新しい後任者に引き渡してはなりません。彼らがどんな人間であるかは、よくおわかりではないですか。我々の今後の活動計画は、どのようにして戦後必要な工業資本を保持しうるかということが決定的なのです。このためにもあなたは現職に留まらなければならないのです」。私の記憶によれば、ローラントが、絶望した最高指導部によって、むちゃくちゃな破壊が命じられる危険性があると警告したとき、初めて「焦土」という幻覚が私の眼前に姿を現わしたのだ。この日私は、ヒトラーとは関係なく、国土と国民にかかわりのあることが生じてくることを感じ取ったのである。それは、さしあたりまだぼんやりとしたものであったが、幻のごとく感じられた責任感であったのであろう。

それから数時間たった夜中の一時ごろ、ミルヒ元帥、ザウル、フレンク博士らが私のところにやってきた。彼らは午後遅く出発して、オーバーザルツベルクから直接やってきたのである。ミルヒは、ヒトラーからの伝言を依頼されていた。その中でヒトラーは、自分が私をいかに高く評価しているか、私との関係は不変なものである、ということを伝えさせたのである。それはあたかも恋の告白のように聞こえたのであるが、二、三年後にミルヒから聞いたところによると、すべてミルヒの強い要請によって、この伝言が作られたとのことである。

数週間前ならば、私はこのように特別扱いされることに感激し、同時に幸福感に満ちた気持ちになっていただろう。ところがそのときは、ヒトラーの言葉に対して「いや、私はいや気がさしているのです。私はもうかかわりを持ちたくないのです」といった。ミルヒ、ザウル、フレンクが私に思いとどまるように迫った。しばらく私は抵抗した。しかし私は、ヒトラーの態度は愚かしく、信じるに値しないと思ったけれども、ローラントから新たに私の責任感を目ざめさせられた後では、大臣の職務を放棄する気にはなれなかった。数時間後にやっと私は、ドルシュが再び私の直属の部下となり、現在の状態を元に戻すという条件で承諾したのであった。大防空壕の問題に関しては、私は譲歩するつもりだったが、それはもはや重要なことではなかった。翌日ヒトラーは、私が夜のうちに作成しておいた文書に署名したのであるが、その中には、非常緊急の段階ならびに私の権限の下で、ドルシュが防空壕を建設するという私の要請も含まれていた。

再びオーバーザルツベルクへ

自分があまりにも早まった決断をしたということが、三日後になってはっきりとわかった。その結果、私は、改めてヒトラーに手紙を書く決心をした。というのは、今回のこの措置によると、自分はあまりありがたくない立場に追い込まれていることが明白になったからである。私が、大防空壕建設の際、資材と労働力の面でドルシュを援助したとしても、政府の関係当局が、各計画を妨害しているという苦情を受け取った。私はそれに対していいわけをしなければならないという、ありがたくない役目だけを押しつけられたのである。とはいうものの、また、私がドルシュの要求に応じないときには、苦情申し入れと弁明書が我々の間で交換されなければならない。それゆえに、大防空壕の建設によって完成が危ぶまれている他の建設事業の責任も、ドルシュに与えたほうが論理的には首尾が一貫していると書いたのである。さらに、すべての状況を考えると、全建設部門を軍需生産から分離することが最善であると結論したのである。つまり、私の提案は、ヒトラー直属の建設総監にドルシュを任命するという内容のものであった。それ以外の措置は、ドルシュに対する私の複雑な人的関係のために、きわめて困難であろう。

ここで私はこの手紙を打ち切った。というのは、私は休養滞在を即刻中止して、オーバーザルツベルクのヒトラーを訪問する決心をしたからである。そこでまた支障が生じてきた。ゲープハルトが、ヒトラーから与えられた全権を引き合いに出して健康上の懸念をいだしたのである。コッホ教授は、既に二、三日前に、私の飛行を許可してくれていたのであるが。ゲープハルトは、ヒムラーに電話してみたところ、私がヒトラーと会談をする前に、彼を訪問するという条件で、私の飛行に同意したと説明した。

ヒムラーは、こうした状況の下で、安堵を与えるような率直さで、建設部門を軍需省から分離し、それをドルシュに委任するということは、ゲーリングが同席したヒトラーとの会議で、かなり以前に決定されていたものだと語った。そして、その後ヒムラーは、今後は面倒なことは起こさぬよう私に要求したのである。彼がいっていることすべてがまったく越権的であった。だが、それも私の意図と合致していたので、会談は終始友好的に続けられた。

私がオーバーザルツベルクの自分の家に着くやいなや、ヒトラーの副官がきて、皆と一緒のお茶の時間に出席するようにと要請してきた。私は職務上の案件について彼と話したかった。というのは、お茶の時間のなごやかな空気は、我々の間に集積したわだかまりをほぐすことだろうが、私はそうなることを避けたかった。そこで私はこの招待を断わった。ヒトラーは、私のこの珍しい態度にも理解を示し、その後すぐに私の山荘訪問の日時が決められた。

ヒトラーは制帽をかぶり、手には手袋をはめ、私を迎えるために山荘の入り口で待っていた。そして私を公式の賓客のように自分の居間に案内した。ヒトラーのこうした態度の裏にあるものが私には理解できなかったので、私は強い印象を受けたのであった。このときから、彼の極度に精神分裂症的な行為が強まってきたのである。いっぽうで、彼は私を引き立たせ、私にとっては大きな意味をもつ特別な好意を私に示しながら、他方では、次第にドイツ国民にとって災いとでもいうべき作用も現われてきつつあるのに気づきはじめたのである。そして、昔のやり方が今なお効果をもち、ヒトラーの人間を扱う能力はいまだに発揮されていたのに、ヒトラーに対して無条件に忠誠をつくすことは、だんだんむずかしくなってきた。我々の会談のときでも、二人とも不思議なほどしっくりいかなくなった。彼は私を獲得しようとしたのであった。建設部門を私の権限からドルシュに委任したらという私の提案は、ヒトラーに拒否されてしまった。「私はいかなる場合でもそれを分離しない。建設を委任できるような人物はいない。残念なことに、トット博士は死んでしまった。シュペーア君、君は私にとって建築がどんな意味を持っているかを知っている。理解してほしい。私は、君の建設分野で正しいと思う処置にはすべて同意する」

これではヒトラーが、数日前にヒムラーやゲーリングの前で、ドルシュが建設任務に予定されていると決定したことと矛盾するのである。彼がいつもそうしていたように、たった今、彼が勝手気ままに述べた意見も、結局ドルシュの感情を無視したものであった。このような恣意《しい》的な考えは、ヒトラーの計り知れないほど深い人間軽視を、きわめて端的に物語っている。いつも私は、彼の気持ちは、決して永続するものでなく変化することを計算に入れねばならなかった。だから私は、長期的視野に立って決断を下す必要がある、とヒトラーに答えたのだった。「同じ問題をもう一度討議することは、私にとって不可能です」と私はいった。ヒトラーは確約していった。「私の決定は最後的なものである。私はこの決定を変えようとは思わない」。引き続いて彼は、私の部下の三人の局長に対する非難も一蹴した。私はその三人の免職については既に覚悟をしていたのだが。

会談を終えるとヒトラーは、私をクロークに連れて行き、帽子と手袋を取り、私を出口に案内する様子だった。ヒトラーのこうした態度は、あまりにも形式的に思えたので、私は軽い調子で空軍副官のベローと二階で会う約束になっているといってこれを断わった。その夜私は、以前のように、ヒトラー、エーファ・ブラウン等、彼の側近たちに取り囲まれて炉辺に輪をつくってすわり、どうでもよさそうなことをペチャクチャと話し合っていた。ボルマンがレコードをかけようといい出し、ヴァーグナーのアリアがかけられたが、すぐに「こうもり」にかわった。

ここ数日間の変化、そして緊張とあせりの後で、私はその夜、満足感を抱いた。あらゆる困難と不和が取り除かれたかのように思われた。この数週間の不安感は私を強く圧迫した。私は、好意と称賛なしに働くことはできなかったが、しかし今となっては、ゲーリング、ボルマン、ヒムラーが私に対して行なった権力闘争において、勝利者となったと感じた。間違いなく私を失墜させたと確信していた彼らは非常に失望していた。どんな芝居がそこで行なわれ、そして自分自身が不本意でもその一役をかっていたということを、果たしてヒトラーが認識していただろうかと、私は自分自身に問いかけてみた。

私をこの団欒《だんらん》の中に引き戻した動機を分析してみると、意外にも一度獲得した権力の座を保持しようという望みが、確かに重要な理由であった。私には——そのことについて思い違いをまったくしなかったにもかかわらず——ヒトラーの政権に参加したときに、彼の部下として、彼の人気、栄光、偉大さの中から何かを得ようとすることに何か価値があるように思えたのである。私が建築技師として招請されたことは、ヒトラーに依存しない自己意識を私に許容したと、一九四二年までは感じていたが、しかし、その間に、純粋権力を行使し、人々を使用し、重要問題についての決定を下し、一〇億もの人間を意のままにするということが私を魅惑し、そして陶酔させた。すべてを放棄しようと決心していたにもかかわらず、指導層の持つ陶酔感を断念するのは、なかなか困難なことであったろう。最近の情報の結果はっきりとしてきた私の留保条件も、工業界のアピールと、依然として強力なヒトラーの暗示によって取り除かれてしまった。我々の関係は飛躍し、忠誠は変わりやすく、その忠誠ももはや以前のものとはまったく別のものであると私には感じられた。しかし、なにはさておき、私はヒトラーのグループに戻ったのである。そして私は満足であった。

ヒトラーからの独立

二日後、私はもう一度ドルシュを連れてヒトラーのところへ行き、私の建設部門の新任指導者として彼を紹介した。ヒトラーは、この変転に対しても期待した通りの反応を示した。「シュペーア君、君の省でどのような措置をとろうと私は一切をまかせる。だれを任命するかは、君の権限である。もちろん私はドルシュを認める。しかし、建築の責任はすべて君にある」とヒトラーはいった。私にはそれが勝利であると思えた。しかし、一時の勝利はたいした価値をもつものでないということを私は学んでいた。一夜明ければすべてが変わっているということもあるのだった。

私は、新しい状況について、きわめて冷やかにゲーリングに報告した。私が、四か年計画の建築関係において、ドルシュを私の代理に任命しようと決心したとき、私はゲーリングを無視したのである。そこで「あなたが、ドルシュ局長に対して持っている信頼にもとづいて、直ちに同意することと思います」と少なからず皮肉な調子で手紙を書いたのである。ゲーリングはいくらか腹を立てた様子で答えた。「全面的に同意します。ドルシュは、既にすべての建設施設を空軍に従属させたではないですか」

ヒムラーは何の反応も示さなかった。彼は、このような場合には、よく、とらえどころのないような反応を示したのである。しかし、ボルマンの風向きは、二年を経過して初めて私のほうへ変わりはじめた。彼は、私が注目すべき成果を獲得して、自分が苦労を重ねた過去数か月のあらゆる陰謀も失敗したと理解したのである。彼は、このような状況をも無視してまで、私に対する怨恨《えんこん》を持ち続けるほど意志の強い人間ではなかった。私が目立つほどに彼を無視したために、彼は絶好の機会をつかんで、つまり、皆でティーハウスに向かって散歩しているときに、異例な誠実さをもって、私に対する陰謀に自分は参加しなかったと断言した。彼を信じることは、私にとって困難であったけれども、あるいは彼のいうことも真実かもしれない。とにかく彼は、陰謀の行なわれたことを確認したのである。

その後彼は、オーバーザルツベルクの彼の家に、ラマースと私を招いた。真夜中すぎて、彼は突然しつこく我々に酒を勧めてきて、ラマースと私に対して「君」と呼び合う親友になろうと申し出た。翌日、ラマースはこの問題にこだわっていたが、私はボルマンのこの申し出をきっぱりと無視した。ボルマンはそのすぐ後で私の態度に対し報復することもできたのだったが、彼は私のこの乱暴な態度にも怒りもせずに、ますます好意を表わしてくるのであった。いずれにせよ、私に対してヒトラーが明らかに好意的である限りのはなしであった。

一九四四年五月の中ごろ、ハンブルク造船所を訪問したとき、大管区指導者カウフマンは、私の大管区指導者への演説に対する不満が半年以上たったいまでも続いていると、こっそりと報告してきた。ほとんどすべての大管区指導者が私を嫌っている。ボルマンはこの態度を支持し鼓舞している。カウフマンは、このほうから私を脅かす危険を警告してくれたのである。

この指摘はきわめて重要であったので、私は次のヒトラーとの会談で、このことについて彼の注意を促すつもりだった。ヒトラーはその際に、ちょっとした態度で改めて私を特別扱いし、山荘の二階の板を張った彼の書斎に私を初めて招いたのであるが、彼はふだんこの部屋で、非常に個人的または内密の会議をするのが常だった。ほとんど親友のような非常に親密な口調で、彼は大管区指導者が私に反対して持ち出すと思われるものはすべて回避するようにと忠告してくれた。「君は、自分の第二の未来を困難にするであろうから、絶対に大管区指導者たちの勢力を見損なってはならない。ほとんどの大管区指導者の性格上の欠点をボルマンは知っている。彼らの多くは単純ないのしし武者であり、少し荒っぽいが忠実に身を捧げている連中である。彼らのあるがままを理解しなくてはならない」

ヒトラーの忠告は以上のようなものであった。ヒトラーが、私に対する行動を、ボルマンによって規制させるつもりがまったくないことがこの態度からも明らかであった。「私はもちろん苦情を受けた。しかし、この問題は、私にとって片づいたものである」と彼はいった。この結果、この面からのボルマンの攻撃も失敗したのである。

ヒトラーは、帝国最高の勲章をヒムラーに与えるという彼の意図を告げ、同時に私が敬意を表わされないということの了解を求めたときに、ヒトラーの中で矛盾する感情が、さらに混沌とした中に落ち込んでいったのであろう。なぜならば、親衛隊全国指導者ヒムラーはきわめて特別の功績を立てたからだ、と彼はまるでわびるかのように付け加えたのである。私は、戦争が終わったら、建築家としての私の業績に対しては同等に、貴重な芸術や科学の勲章を受けることをむしろ期待する、というようなことを上機嫌に答えたのである。ヒトラーがヒムラーを優先したことに対して、私がどう思っているかを、ともかく彼は心配しているようだった。

この日、次のようなことが私を不安にした。それは、理論主義一点張りの党機構の中で、私を異質的なものとして取り上げたイギリスの「オブザーバー」紙の記事（一九四四年四月九日付け）を、ボルマンがヒトラーに提出するということを聞いたからである。彼を出し抜くために、私はこの記事をユーモアたっぷりに翻訳し、ヒトラーに提出した。するとヒトラーは、ぎこちなく眼鏡をかけて読みはじめた。つまり、その内容は以下の通りである。「シュペーアは、今日、ある意味において、ヒトラー、ヒムラー、ゲーリング、ゲッベルスあるいは将軍たち以上に重要な人物である。これらの人物はみな、実際に巨大な動力機械を動かし、そこから最高の生産能率を引き出しているこの人物の共演者にほかならない。彼の中には管理革命の典型がみられる。シュペーアは、人目を引く絵のように美しいナチスの一人ではない。彼が、形式的な政治見解以外の何かを持っているかどうかは知られていない。彼は、仕事と栄達とが与えられる限り、他のどんな政党にでも入党するであろう。彼はきわ立った方法で成功した平均的人間であり、身なり正しく、作法もこころえ、背徳的でない。彼の妻と六人の子どもの生活様式は、きわめて中産階級的である。典型的にドイツ的、あるいは典型的にナチ的であるという点においては、彼は他のドイツの指導者よりも劣るのである。彼は、すべての戦争遂行国において次第に重要になってゆくタイプを象徴しているのである。純粋な技術家、階級にとらわれない、旧習から脱した輝かしい男なのだ。彼は、自己の技術的かつ組織的な能力によって世界を開こうとする以外、ほかの目標を知らない。まさに心理的、精神的な負担から解放され、造作なく、我々の時代のこの驚くばかりの技術的、組織的機構を取り扱う能力が、今日のように、このあまり重要でない型の人物を前進させたのだ。これからが彼の時代なのだ。ヒトラーの時代、そしてヒムラーの時代から我々は逃れうるのであるが、シュペーアの時代、つまり何がこの個人に起ころうとも、長く我々と関係があるであろう」。ヒトラーは、この記事を落ち着き払って読み通し、その紙を折りたたんで、黙って、しかも丁重に私に返したのである。

その後の何週間、何か月の間に、ヒトラーと私の間にある隔たりが、次第に明白に自覚されてきた。それは絶えず大きくなっていくのだった。一度落ちかけた権威を再び元通りにすることほど困難なことはないのである。ヒトラーに初めて反抗したことによって、私は思考と行為において、ヒトラーから独立していった。ヒトラーは、私の反抗に直面して不機嫌になるよりはむしろ当惑げに、特別に好意的な身振りで対応したのであった。そのうえ彼は、ヒムラー、ゲーリング、ボルマンの前で既に決定したにもかかわらず、彼の意図を断念したのであった。私もまた譲歩したというのも、決定的な矛盾によってヒトラーのところでは困難な企図でも遂行され得たという体験が、私にとって価値あるものだったからである。

ともかくこれらの体験自体が、この支配体制のもつ基本的に曖昧《あいまい》な性格についての最初の疑いをもたらしたものだった。指導層が、国民に要求した耐乏を、自ら実践する気持ちを少しも持たなかったということや、思慮もなく人間の価値を支配し、日常月並みの陰謀にふけり、それによって自分の道徳的な下劣さをおおい隠したということに、私は憤慨していた。私が次第に離れていったのは、これらすべてのものが作用したからであろう。私は躊躇しながらも、次第に遠ざかりはじめた。それまでの私の生活、仕事、拘束から、そしてすべてのことを引き起こした無思想性からの訣別だったのである。

第24章　三重の敗戦

技術戦争

一九四四年五月八日、私は、再び仕事に取りかかるためにベルリンに戻った。その四日後の五月十二日という日を、私は生涯忘れることができない。この日、技術戦争なるものが決定的となったのである。これ以前には、多大の損害があったにしても、ほぼ国防軍の需要に応じるだけの兵器を生産することが可能だった。ところが、アメリカ第八航空軍九三五機の昼間爆撃機によるドイツ中央部および東部にある重油工場に対する空襲によって、航空戦争の新しい時代が画されたのである。それはドイツ軍需産業の終焉を意味するものであった。

翌日我々は、空襲をうけたロイナ工場の専門家たちと、ずたずたに引き裂かれ、ひどく曲がったパイプ装置が散乱する工場を視察した。化学工場というものが、爆撃にはきわめて敏感で、損害を受けやすいということが完全に実証されていた。生産を再開する見込みは、当面、たちそうもなかった。月産五八五〇トンの生産能力も、この空襲後は四八二〇トンに低下した。しかし我々は生産の三か月分に相応する五七万四〇〇〇トンの飛行燃料の予備の貯えを持っており、これは日産能力の低下を一九か月間補うことができるものだった。

攻撃結果を視察した後、一九四四年五月十九日、私はオーバーザルツベルクに飛び、カイテル立ち会いのもとにヒトラーに会い、今後予想される破局のことを話した。「敵は我々の一番の弱点をついて攻めてきたのです。いま手を打たなければ、貴重な燃料生産は、あっという間になくなってしまいます。望みといえば、敵側の空軍参謀本部も、我々のところと同様に無計画に考える連中でありますように、ということだけです」。しかし、ヒトラーにいつも好かれようと努めているカイテルは、軽くあしらうように、予備軍でこの困難を十分に乗り越えることができるといい、そしてヒトラーがよく使う言葉で結んだ。「これまでにも、いかに数多くの困難な状況を克服してきたことだろうか。我々はこの状態も切り抜けますぞ、総統!」

しかし、ヒトラーは、とてもカイテルほどの楽天家にはなれなかったらしく、ゲーリング、カイテル、ミルヒらが、クラウフ、プライガー、ビューテフィッシュ、E・R・フィッシャー等の企業家、さらにケールらの計画・原料局長を集めて、この事態について話し合うよう命じた。これに対してゲーリングが、燃料工業の代表者たちを呼ぶことには反対し、こうした重大なテーマは、我々の間だけで考えるべきだと主張したが、ヒトラーは、あくまでも話し合いの参加者の顔ぶれを変えようとはしなかった。

四日後、我々全員は、ヒトラーの山荘の寒々としたロビーに集まり、居間で会談中のヒトラーを待っていた。私は前もって燃料工業関係者にはありのままの真実をヒトラーに語るように頼んでおいたが、ゲーリングが会議の始まる直前に、企業家たちに悲観的な発言は自重するようにと圧力をかけた。ヒトラーの非難がもっぱら自分に向けられることを恐れていたのだ。

前の会議に出席していた高級将校たちが足早に我々のそばを通っていった。すぐその後で、副官が我々をヒトラーのところに案内してくれた。ヒトラーは一人一人と握手をしたが、あいさつは短くうつろなものだった。我々に席をすすめて、ここに我々を招いたのは、先日の爆撃の結果についての報告をうるためであると告げた。彼はまず工業関係者に意見を求めた。そこで彼らは、冷静な計算家として、爆撃が再び組織的になされようものなら、形勢はまったく不利であるときびしく証言した。最初、ヒトラーは、「諸君は必ずやりとげる」とか、「今までも深刻な状況はあったのだ」とか、いつものおきまりの文句をはさんで、悲観的な発言を中断しようとした。カイテル、ゲーリングは、例によってすぐさまヒトラーのこうした言葉に調子を合わせて、ヒトラーの将来は絶対安全だと強調し、我々の陳述の印象を弱めようとしたのである。特にカイテルは、またもや自分の燃料貯蔵量のことに舞い戻って、それぱかりを強調した。しかし工業関係者たちは、ヒトラーの取り巻き連中に比べれば、ずっと骨があった。彼らの事実の資料と、比較数字の裏付けにもとづいて、ためらうことなくヒトラーに勧告した。突然、ヒトラーは彼らに向かって元気づけるような調子で、この事態を冷静に分析してくれ、といった。ヒトラーが、気にいらない真実にもあえて耳を傾けようとしたのはこれが初めてのことだったろう。ベールの奥で、ばかげた楽観主義者に囲まれ、腐り切ったおべっかの中にいるのには、すっかり飽きてしまったようにみえた。実際、この会合の経過を彼自身要約し「私の意見によると、わずかばかりの工場で、軍備に絶対不可欠な基礎資材が生産されているのだから、特に燃料、ブーナ（合成ゴム）、窒素等の工場が戦争遂行上、特に敏感な盲点である」といった。はじめのうちヒトラーは無関心でうわの空のような感じであったが、間もなく、集中的で冷静な洞察力のある人物であるかの印象を与えたのであった。二、三か月後、あの破局がやってきたときには、彼はもはや自分の洞察力を本気にしようとは思わなかったのであろう。それなのにゲーリングは、我々がロビーに戻ってくると、過度に悲観的な無駄なことをいってヒトラーを心配させた、と非難した。

ヒトラーの客たちは、一杯やろうというので、ベルヒテスガーデナー・ホーフに車を走らせた。山荘は、ヒトラーにとっては、単に会議の場に過ぎなかった。彼は主人としての義務感など何も持っていなかったのである。会議の出席者たちが出て行くと、今度は二階の部屋から側近グループが顔を出してきた。ヒトラーはステッキ、帽子、黒マントという装いになっていた。要するに、日課としているティーハウスまでの散歩にでかけるというわけだった。そこではコーヒーと菓子が出た。炉の火が赤々と燃え、不調和なざわざわとした話し声が聞こえた。ヒトラーは心配事から解放されて、最も親しみやすい世界に身を置こうとしていたのであろう。結局、どんなに強く彼がそういう世界を必要としていたかということである。忍び寄る危機については、私にさえ一言も述べようとしなかった彼であった。

航空燃料の危機

一六日間の火の出るような復旧修理工事で、やっと以前の生産高に戻ったと思ったのもつかの間、第二波の爆撃が、一九四四年五月二十八、二十九日にかけて襲ってきた。今度はアメリカ第八航空軍の重爆撃機四〇〇機で、二倍の機数で行なった第一波爆撃のときよりも、ずっと大きな破壊をもたらしたのであった。同時に、アメリカ第十五航空軍が、ルーマニアのプロエシュティ近くの油田の最重要な精製所を爆撃した。その結果、生産は半分にまで低下してしまった。要するに、オーバーザルツベルクでの我々の悲観的な発言が、五日後に完全に立証されたわけであり、ゲーリングの気休めの言葉を完全に打ち負かした格好になった。ヒトラーの一つひとつの言葉を集めてみるとゲーリングへの信頼はどん底にまで落ちてしまったというところであった。

しばらくして、私がゲーリングの弱みを利用したのも、必ずしも意識的なものではなかった。戦闘機生産における我々の成果にもとづいて、我々がヒトラーに空軍軍備全般を私の省に移管するよう提案したのには十分な理由が備わっていた。しかしそれよりも、私が病気をしている間に、ゲーリングが報復的態度をとったということのほうが私を刺激したのである。七月四日、あい変わらずオーバーザルツベルクから戦車の指揮をとっていたヒトラーに、私は「帝国元帥《ライヒ》に働きかけて、彼が自発的に私を指名し、空軍軍備を私の省に組み入れる提案を出させるようにしてほしい」と頼んだ。ヒトラーはこのゲーリングへの私の挑戦を何の反対もせずに受け入れ、それどころか、私の戦術がゲーリングの気位と威信を決して傷つけないように計算されていたことを、十分に理解してくれた。ヒトラーは幾分激しい調子でこう付け加えていった。「空軍軍備は君の省に組み入れられるべきだ。議論の余地はない。直ちに帝国元帥《ライヒ》を呼んで私の意図を伝えよう。君は彼と業務引き継ぎの詳細について十分打ち合わせたまえ」

二、三か月前からヒトラーは、昔からの忠臣に面と向かって自分の意見を述べるのを恐れているようだった。前年末に、ヒトラーは、ロミンテン荒原に滞在中のゲーリングのところに行き、私がすっかり忘れていたような、彼にとってあまり大したことでない不愉快なことについて話すように私に命じたことがあった。そのときには、ゲーリングは私の役目をかぎつけていたのだろう。私が訪ねていくと、いつもの習慣とはうって変わって、最上の賓客をもてなすような調子で馬車の準備をさせて、一時間ほど広々とした狩猟地を巡回し、ぺちゃくちゃと間断なくしゃべり続けたのである。おかげで私は、結局頼まれてきた用件を一言もいえずに、目的を果たせぬままにヒトラーのもとに戻る羽目となってしまった。ヒトラーはそんな回避的な私の態度に対しても、もちろん理解を示してはくれた。

再び訪ねたとき、ゲーリングも例の老練な情愛に訴えて逃げるようなことはしなかった。我々はオーバーザルツベルクにある彼の家の書斎で話し合いをしたが、彼は既に十分承知していた。ヒトラーがその前に彼に話してあったのだ。彼は激しい調子で、ヒトラーの朝令暮改的態度を非難した。「二週間前には、あなたから建設部門を取り上げるといって何もかもはっきりしていたのに、ちょっとあなたと話をしたと思ったらすべてまた元通りだ。いつだってそうなんだ。総統の決断はすぐ変わる。そういう人間なんだ。彼がその気になれば、すぐにでもあなたに空軍軍備をまかせることができるんだ」。既にあきらめているようなふうにゲーリングはいった。しかしゲーリングは、少しもわかっていなかったのである。ヒトラーは、ごく最近、私の仕事の領分があまりにも広すぎるということを考えていたのである。

この寵愛《ちょうあい》と失寵の突然の急転を典型的なものと感じ、その中に私の将来にとっても最大の危険を見てとってはいたものの、率直にいって私には、この交代劇が必ずしも不公正なものとは思えなかった。しかし私は、ゲーリングに故意に屈辱を与えることを避け、ヒトラーが直々に発令するかわりに、ゲーリング自身が空軍軍備の責任を私の省に委ねるということで、ゲーリングと合意に達した。

しかし空軍軍備の引き継ぎなどは、敵空軍の優勢によりドイツ国内で起こっているできごとに比べれば、たいして重要でもなかった。敵空軍は戦力の一部を侵略援護に集中した反面、二週間ほど休んだ後、新たに始まった爆撃で多数の燃料工場を破壊した。六月二十二日には、航空燃料生産の九〇パーセントがストップしてしまった。それにもかかわらず、まだ一日六三二トンが生産されていた。爆撃が弱まると、七月十七日には再び二三〇七トンに達し、本来の生産高の四〇パーセントまで回復したのだった。しかし四日後の七月二十一日には、日産一二〇トンとなり、これは終わりも同然で九八パーセントまでの燃料生産がストップしてしまったのである。

敵側がロイナの大化学工場の一部操業を見逃した形になったので、その間七月の末には、航空燃料生産は六〇九トンにまで回復した。本来の生産高の十分の一にまで追いついたことだけでも、我々は成功だと思った。しかし猛爆撃で化学工場のパイプ組織がかなりやられていた。直撃弾の被害だけでなく近辺に落ちた爆弾の震動によって一帯の設備に穴があいてしまう始末で、修理はほとんど不可能であった。それでも八月には以前の一〇パーセント、九月には五・五パーセント、十月にはまた一〇パーセントに生産が回復した。一九四四年九月になると、我々も驚いたのだが、日産一六三三トンと二八パーセントにまで上昇した。一九四四年七月二十二日の記録文書では「国防軍当局の報告は巧みに粉飾されており、深刻な事態がまったく認識されないというおそれを大臣に与えるものである」とある。この結果、六日後ヒトラーに燃料問題に関する上申を行なった。これは六月三十日に提出した第一回目のものと、部分的には重複していた。二つの文書とも、七月、八月に予想される爆撃で航空燃料とその他の燃料貯蔵量の大部分が消費されてしまうであろうし、そして、どうやっても防ぎようのない、悲劇的な結果に導く間隙《かんげき》ができてしまうだろうということを明示していた。

同時に、私はヒトラーにこうした結果を避けられるような、もしくはこの事態を長びかせることができるような方策を提案した。そのための最も重要な手段として、私はまず爆撃による破壊に対して総力を動員しうるというヒトラーの全権行使を強く要請した。さらに、私はヒトラーに、大成功を収めた弾薬製造責任者エトムント・ガイレンベルクに対して、燃料増産のため断固として資材を徴発し軍需品・兵器の製造に干渉し、かつ専門家を引き抜きうるなどの権限を与えることを提案したが、ヒトラーはこれを拒否した。「もし、私がこの全権を与えようものなら、戦車の数がすぐさま減ってしまうだろう。そんなことは断じて認められん！」。我々がいつも深刻な事態について十分話し、わかってきたにもかかわらず、ヒトラーはいまだに事態の重大さを十分には理解していなかったのである。

これまでにも彼に説明してきたのだが、戦車なんて、もし十分に燃料がなければ何の役にもたたないものなのだ。ヒトラーは私が戦車の増産を確約し、そのうえザウルが私の確約を保証して初めてこれに署名した。二か月後、水素工場の再建に一五万人の労働者が動員されていた。一九四四年の晩秋には、この数は三五万人にも達した。

上申書を書きながら私は、指導層が事態をまるで理解していないのに驚かされた。私の下にある計画局には、毎日の損失、操業休止、操業再開までの見通し等についての報告が届いているが、しかしその報告は、敵の攻撃を阻止、縮小させうるという前提で作られていた。一九四四年七月二十八日、私は上申書の中で直接ヒトラーに「戦闘機の相当量を本国に割り当てるよう」嘆願した。「至急、国内の水素工場を戦闘機によって防衛し、八月か九月には少なくとも一部の工場の操業開始を可能にするほうが得策ではないか。これまでのやり方だと、九月、十月には国内でも前線でも燃料不足から敗北の道をたどるほかはない!」と、繰り返しヒトラーにその問題について陳情したのであった。五月末のオーバーザルツベルクの会議の後でヒトラーは、戦闘機の生産が高まってきたので、国土防衛のための空軍を組織しようというガラントの計画に傾倒していた。ゲーリング自身もカリンハルの大会議の席上、出席していた燃料工業関係者が事態好転の希望のないことをまたも強調した後で、この帝国《ライヒ》航空軍を決して前線には割愛しない、と厳粛に宣言したのであった。しかし、敵側の侵攻が開始されるや、ヒトラーとゲーリングはその帝国《ライヒ》航空軍をフランスに配置してしまった。もっともこれは何週間もしないうちに、たいして効果も上げないまま大損害を受けて、七月の末になってヒトラーとゲーリングは、再び二〇〇〇機の戦闘機部隊を国土防衛用に配備することとなった。この航空機部隊は九月には発足するはずだった。しかしまたもや認識不足がこの措置を失敗に導くこととなった。

一九四四年十二月一日、私はある軍備会議の席上で、いままでのことを思い浮かべながら述べた。「我々がここではっきりと知らなければならないことは、敵側で経済的攻略を考えている人々は、ドイツの経済状態について若干は知っており、ドイツ側の爆撃に比べると、賢明な計画を持っているということである。我々にとって運がいいことには、敵側はこの計画をやっとこの半年の間に、いや九か月の間に実現したということであり、これまでは事実、敵側の立場からいっても、ばかなことばかりやっていたことである」。私は既に二年前の一九四二年十二月九日に、アメリカの「戦時経済局」の研究報告が「多数の工業にわずかの破壊を与えるよりも、本当に不可欠な工業に徹底的な破壊を与えたほうがよい。成果は相互に高まってくる。ひとたびとり上げた計画は断固遂行されなければならない」といっているのを知らなかった。認識は正しかったが、実行は不完全であった。

侵攻の開始

一九四二年八月、ヒトラーは海軍軍令部での会談中、侵攻の成功は比較的大きな港を占有することを前提とするという意見を述べたことがあった。敵がどこかの海岸に上陸した場合、ドイツ戦闘力の報復攻撃に抵抗するため次々と後続部隊を上陸させる必要があるが、そのためには港が大きな価値をもってくる。フランス、ベルギー、オランダの長い海岸線のために、ぎっしりと連なって相互に防衛するようなトーチカを設けることは、ドイツ建設工業の能力を遥かに上回るものであった。そのうえ、それだけの数のトーチカに必要な兵隊もなかったので、比較的大きな港にだけトーチカを作り、海岸線には広い間隔をとって監視壕を作らせることとなった。一万五〇〇〇以上の小さなトーチカが構築された。万一、攻撃であたり一面が火の海となったときは、まず兵士を援護することになっていた。ヒトラーは攻撃された場合、兵士たちは野外にあるべきだ、防衛された位置にいることは、戦争に必要な勇気や個人的な敢闘精神をなくしてしまう、という考えをもっていた。ヒトラーは防衛施設の細目にわたって考えていた。ほとんど夜間に、彼自身で個々のトーチカの設計をしたのであった。その設計図は精密に描かれ、あえて自賛することもいとわないで、その設計図が前線の兵士の要求する点をすべて理想的に満たすものであると強調した。結局、工兵大将にもほとんど修正を加えさせずに、それが実施に移されることとなった。

この仕事のために費やされた費用は三七億マルクで、二年たらずの緊急建設期間に、一三三〇万二〇〇〇立方メートルのコンクリートが使われた。このほかに、一二〇万トンの鉄が軍備生産の資材からさかれたのであった。この施設も、敵の最初の上陸後たった二週間、敵側のユニークな天才的アイデアによってまったく無駄となったのである。というのは、侵攻軍は、港湾用設備を持参してアロマンシュ＝レ＝バンとオマハの近くの海岸に精密な計画にもとづいて、陸揚げ用桟橋と兵器や食糧、増援軍上陸を確保するための設備を作らせたからである。これによって、すべての防衛計画も無駄なものとなってしまった。

一九四三年末、ヒトラーによって西部沿岸防衛査察総監に任命されたロンメルは先見の明を持っていた。任務後直ちにヒトラーと東プロイセンの大本営で会談した。長時間、二人だけで話し合った後、ヒトラーは私が待っている防空壕に元帥を案内してきた。「我々は敵の上陸を水ぎわで撃破しなければならない。そのためには港を囲むトーチカは不適当だ。ごくありふれた効果的な防御線と障害物を港全体に張りめぐらして、敵の上陸を妨げられれば、我々の抵抗作戦は必ず成功する！」。ロンメルがヒトラーに率直にこう打ち明けたので議論はまた活発になったように見受けられた。さらにロンメルは言葉少なく断固としていい切った。「しかし、それが成功しないとすると、大西洋岸の防塞は敵の侵攻の餌食《えじき》になる。トリポリとチュニスでは、つい最近、集中爆撃を受け、最良のわが部隊さえも戦意を失った。もしも、あなたが今のやり方を中止しない限り、すべての防衛措置は無効となってしまうでしょう」。ロンメルは礼儀正しかったが、淡々としていた。彼は目立つほどに「私の総統」という呼びかけを避けていた。ヒトラーは、彼を専門家として評価し、敵の侵攻を反撃するエキスパートとみていたのである。それゆえに、ヒトラーはロンメルの批判をそのまま受け入れていた。しかし、話が連続爆撃のことになると、ヒトラーは待っていたように「いや実は元帥、きょうは、ちょうど君に見せたいものがある」といって、我々を八・八センチ高射砲の周囲を装甲した一台の実験車のところに案内した。兵士たちが砲撃装置と爆撃の際の横ぶれ防止の安全装置を実験してみせた。「この数か月でこれを何台供給できるかね、ザウル君！」。ザウルは数百台と約束した。「見てくれ。この装甲高射砲があれば我々の軍団に対する集中爆撃など軽くけ散らせるよ」。ロンメルはそんな素人《しろうと》っぽい、くだらない話に反論するなんてご免こうむる、というところだろうか。いずれにせよ、軽蔑的な、ほんの同情を示すかのような微笑をたたえていた。ヒトラーは、思っていたほどの反応が得られないと感じて、ごく短く別れのあいさつをして、今のことについては一言も触れず、不機嫌な様子で私とザウルを供に防空壕のほうに行った。それからしばらくたって敵が侵攻した。ゼップ・ディートリヒが私に、ヒトラーの精鋭軍団も爆撃によって士気沮喪《そそう》したと報告してきた。生き残った兵士たちは、精神の均衡を失って無気力となり、負傷しない者まで数日間は戦闘意欲を打ち砕かれてしまっていた。

新兵器V1

六月六日、私は山荘にいた。朝一〇時ごろ、ヒトラーの陸軍副官の一人が、今朝早く敵の侵攻が開始されたと報告してきた。「総統を起こしたのか？」と聞くと、彼は首を横に振って「いいえ、総統が朝食をすまされてから報告するつもりです」といった。というのも、再三ヒトラーは、「もし敵がドイツの軍隊を、本来の予想された上陸地点から誘い出すような陽動作戦を仕かけてきたとしても、決して自分を起こしてはならない。もし状況判断を間違えば大変なことになるからだ」といっていたからである。二、三時間後、山荘の広間で状況に関する検討がなされ、ヒトラーは、敵が彼を迷わそうとしているのだという先入観から、「忘れているわけではないだろうな。我々の持っている情報によると、上陸地点もその日時もすべてはっきりと予告されているのだ。今回の侵攻も本当の侵攻が始まったというわけではなかろう」と強調した。この情報も、単に本当の侵略地点から彼の目をそらさせ、決定を早まらせようとして、敵側スパイが流したものだ、とヒトラーは主張するのであった。そしてこの正しい情報に迷わされて、彼はノルマンディー海岸こそ敵の侵攻地点であるという自分の正しい見解をも否定してしまったのである。

既に何週間も前から、親衛隊や国防軍、あるいは外務省のそれぞれの情報機関から侵入時点、場所についてもたらされた情報は、それぞれ食い違っていたので、ヒトラーは他の多くの問題と同様に、専門家にさえむずかしい問題と取り組む羽目に陥った。どの情報が的確か、どの情報機関により信頼が置けるのか、どの機関がより深く敵側に食い込んでいるか等を比較検討することであった。彼は各情報機関の無能力を嘲笑し非難した。「いったいどの特務機関が連合国から金をもらっているのかね？　おまけにこいつらは故意に混乱した情報を提供してくれるだけだ。こんな連中をパリへなどやらせるな。絶対に食い止めなければならない。こんなことでは、我々の参謀本部は弱体化するいっぽうだ！」

昼ごろになってやっとその日の緊急問題に決着がつけられた。結局、ヒトラーは各師団の移動を保留して、フランスにいる総司令部予備隊が英、米両国に対する橋頭堡《きょうとうほ》として配置されることとなった。ヒトラーは、この師団を戦闘にそなえて休養させておこうという西方総軍司令官ルントシュテット元帥の要望をしぶしぶ採用したのである。こうして決定が長引いたために、二個装甲師団が六月六日から七日にかけての夜には、もはや前進することすら困難となっていた。日中は敵の爆撃機に前進をはばまれ、敵と交戦する前に既に人的にも物的にも多大の損害をこうむっていたのである。

戦争の成り行きに重大な転機となったこの日も、必ずしも衰退一途をたどったというわけではなかった。劇的な大詰めを迎えてヒトラーは落ち着きを保とうとしていた。幕僚たちもヒトラーの落ち着きぶりをみならっていた。神経過敏に憂慮を示すという日ごろの調子とは違っていたようだった。

その後の何週間も、ヒトラーは必ず陽動的侵攻作戦が行なわれるであろうという自分の考えに固執していた。彼の考えによると本当の侵攻はまったく別の場所、つまり部隊がいない別の地点で行なわれるであろうというのである。海軍までが、今の地点では大規模な上陸作戦は行ないえないであろうという見方をしていた。ヒトラーは、近いうちにカレー地方に決定的な攻撃があるだろうと予想していた。それは、あたかも敵に自分の思い通りにしてくれるように要求するといった調子だった。というのも、彼は一九四二年以来、敵の上陸艦隊の壊滅を目的として、厚さ一メートルのコンクリート製の防塞に最大の艦砲を装備していたからであった。ヒトラーが、カレー付近に駐屯中の第十五軍団をノルマンディー戦線に派遣しなかった理由がここにあった。

ドーバー海峡への攻撃を予測させた理由はもう一つあった。ここには五五か所の基地があり、そこから毎日数百発の爆弾がロンドンに向けて発射されることになっていた。ヒトラーは、この発射基地がまず敵の攻撃目標にされると想定していたのである。どういうわけか彼は、連合軍がノルマンディーから上陸し、フランスのこの地方を占領しうるという想定を認めようとしなかったのである。むしろ激しい戦闘によって敵の橋頭堡をせばめることができると計算していたのであった。

ヒトラーと我々とは、新兵器V1によって敵側に恐怖を引き起こし、混乱と麻痺《まひ》を起こしうると期待していた。我々は新兵器を過大評価しすぎていた。私はこのロケットにはスピードが不足していることを懸念していたので、雲が低く敵に発見されにくいときを選んで発射したほうがよいと、ヒトラーに進言した。しかし彼はこの進言を無視したのである。六月十二日、ヒトラーの早まった命令で、最初のV1号ロケットが発射されたとき、機構上の欠陥からわずか一〇基が発射されたにすぎず、しかもロンドンに到着したのはたった五基だけというお粗末な結果となったのである。ヒトラーは、自分でそれを命令したのも忘れて、設計が不備であったといって技術者たちに文句をつけた。作戦会議では、ゲーリングは彼のライバルであるミルヒに責任を転嫁した。彼は完全に失敗に終わったこのロケットの製造を直ちに中止させるつもりでいた。

しかしV1号ロケットのもたらした大きな被害を報道したロンドンの新聞を、新聞出版部長がヒトラーのところへもってきたとき、ヒトラーの気持ちは急に変わって、逆にその生産増加を求めてきたのであった。ゲーリングもまた、彼の空軍の大偉業によってこそ達成され、促進されるであろうと宣言して、前日にその罪をなすりつけたミルヒについてはもはや何もいわなかった。

自己暗示

敵の侵攻前のヒトラーは、敵が上陸を開始したら、すぐにもフランスで自ら陣頭指揮にあたると強調していた。この目的のためにばく大な費用が注ぎこまれ、何百キロメートルにわたる電話ケーブルが敷設され、多量のコンクリートを用い、高価な内部設備を持つ二つの大本営が、トット機関の手によって作られたのであった。宿舎の位置と規模はヒトラーが自分自身で決めた。フランスを失ったそのころの彼は、少なくともこの大本営の一つが、ドイツの西部国境に接して建てられ、将来の防塞施設の一部として役立つだろうと主張して、この巨額の出費を正当化した。六月十七日、彼は、ソワッソンとランの間にあるW2と呼ばれる大本営を訪れ、同日オーバーザルツベルクに戻った。彼は不機嫌だった。「ロンメルは精神的にまいってしまい、悲観主義者になってしまった。今日では楽観主義者こそやりとげることができるのだ」。こんな発言があったからには、ロンメルの失脚は時間の問題だった。ヒトラーはなおも、橋頭堡に対面してつくった守備陣地は絶対に不落であると考えていた。その晩、彼は私に、「W2大本営は、パルチザンで満ちているフランスのど真ん中にあるから不安だ」といった。

侵攻軍の最初の攻撃の成功とほとんど同じころ、一九四四年六月二十二日、ソ連軍の大攻勢も開始され、たちまちドイツは六五の師団を失った。ソ連軍の夏季攻勢も防ぐことができなかった。三方面の戦線、すなわち西と東、そして空とで撃破されても、ヒトラー自身は、まぎれもなく何週間かは冷静さと驚くべき忍耐力を示していた。おそらくはゲッベルスや他の同志と同様に、ときには敗北をも経験したこれまでの長い権力闘争が彼を鍛え上げたものであろう。いわゆる闘争時代《カンプ》の経験が、同志たちに対してどんなわずかな懸念をも抱かせるのは不得策だとヒトラーに教えたものであろう。側近の人々は、彼が窮地に陥っても平静さを失わないのを称賛した。どんなに多くの目が自分に注がれているか、そして、もしちょっとでも自分が冷静さを失ったとしたら、どんな事態が生じるかを、彼自身はっきりと知っていたのであった。彼には、老化、病気、モレルの診療、そして絶え間なく増大する負担にもかかわらず、自ら闘いとった強じんな意志力があった。彼の意志は奔放で何ごとにも落胆せず、疲れることを知らない六歳の子供のそれのように荒けずりであった。しかし、尊敬を強要する点では、いささかこっけいであった。

絶え間ない敗北の時代にあって、勝利の確信を持ち続けるという卓越した精神を、彼のエネルギーだけで説明することはできない。我々がシュパンダウ刑務所にいたときに、フンクが私にそっといったことがある。ヒトラーは、自分が嘘をついても人は信じているから、健康状態についても医者を欺くことすらできるつもりでいた。これはゲッベルス式の宣伝の原則だとフンクはいっていた。ヒトラーの強情な態度も、まさに最後の勝利を自分自身に信じこませていたところからきていたといえるであろう。ある意味で、ヒトラーは自分自身を崇拝していた。鏡を見つめては、そこに、自分自身の姿だけではなく神の摂理による自分自身の使命すら見いだしていたのであった。彼にとって強いて信仰といえるものは、自己暗示による自己強化ということであった。なるほど彼は、難局に直面すれば、自分の運命的意識性をもってそれと対決したのであった。もちろん、彼は軍事上の問題も冷静に処理していた。しかし、彼自身は、その軍事上の問題を信念の領域に移しかえ、敗北に直面しても、きたるべき成功という神の摂理を信じていたのである。

彼は情勢に見込みがないと思われたときでも、どたん場になれば運が向いてくるであろうという期待を捨てなかった。病気がちのときでも、彼のこの不動の信仰は彼の救いとなった。彼は典型的な信心深い人間であった。しかしながら、その信仰心を自分自身への信仰へと倒錯していたのだった。

工業家に向けた演説

ヒトラーの信仰的なまでの信念は、側近のものにも影響を及ぼしていた。私もまた意識の片隅では確かにすべては終わりに向かっているという気持ちを持ちながら、自分の任務の分野に限っては、しばしば事態回復の可能性について語った。避けがたい敗北を予測しながらも、こういう確信がまったく別個に存在したのであった。

一九四四年六月二十四日、各方面での破局的状況の下に、リンツで開かれた作戦会議で、私は事態回復の可能性について演説した。今、当時の記録を読みかえしてみると、「極度の緊張こそが成功をもたらすのである」と真剣になって述べているなど、そのむこうみずな態度に驚かされる。原稿もなしに演説したので、独特の興奮が私の魂を奪ったのであろう。私は、現実を直視すれば幻想にすぎないような希望まで述べたのである。私は、ヒトラーに次々とメモを送り、迫りくる危機について報告するほど現実主義的でもなかった。こうした相矛盾する行為をとったことこそ一種の精神錯乱症状のあらわれであり、これは私だけでなく他の側近たちも似たようなものであった。かくて、我々は避けがたい破局と対決することとなった。

私は演説の最後に、再び、ヒトラーに対するにせよ、あるいは協力者に対するにせよ、個人的な忠誠心など以上に重要な責任感について述べた。それはただ、拘束力のない陳腐な文句にすぎなかった。しかし私は次のような意味で述べたのであった。「わがドイツ民族が我々を存続させうるように、我々もまた義務を遂行しなければならない」。これこそ工業界の代表たちが聞きたいと思っていた言葉であった。私は初めて上部層が当然とらねばならない義務について公言したのである。これはローラントが四月に私のところへきて訴えたことであり、私の中でもこの考えは次第に強まっていたものであった。その実現のために、私は働き甲斐のある使命感をもちはじめていたのであった。

けれども私は工業界の指導者たちを納得させることができなかった。私の発言の後、何日間か、私は各方面から絶望の声を聞いた。一〇日前にヒトラーは自ら工業界に直接訴えることを約束してくれた。彼の演説によって、慰めようのないこの気持ちがいくらかでも緩和されるよう、いまではより切実な気持ちで期待していたのであった。

戦前、ヒトラーの命令で、山荘の近くにボルマンの手でホテルが建てられていた。あまたのオーバーザルツベルクへの訪問者たちを休息させ、またヒトラーの近辺で宿泊させる目的であった。その「プラッターホーフ」の喫茶室に、六月十六日、軍需工場関係者が一〇〇人ほど集まった。リンツでの会議では、私は彼らの不満が、党勢力の経済生活面までの干渉にあることをつきとめていた。党首脳部の考えには、ある種の国民社会主義が次第に有力となってきているようにみえた。国有企業をすべて大管区に分割して、大管区営企業を設けるという計画が、既に一部では成功を収めていた。特に国によって設立され、資金も調達され、企業側が、幹部、専門労働者、機械などを提供している多くの地下工場は、戦後、国家の管理下におかれる可能性があった。戦時下で成果をあげた工業統制組織は、戦後そのまま国民社会主義的経済秩序の中枢となりうるのだった。すなわち、生産向上に努めた工業家たちが、自分自身の首をしめる道具を党幹部に提供することになるのだ。

　私はヒトラーに、この工業家たちの危惧を考慮してくれるように頼んだ。彼は演説するから、何かさわりの文句を考えてくれ、といった。そこで私は、「予期される重大危機の際に援助を与え、さらにまた、地方の党機関の干渉から保護し、一時的に国有企業に移管されている地下工場の場合でも、私有財産の不可侵性はこれを保護し、工業の国営化は原則的に行なわない」といったことを工業自己責任制の協力者たちに確約するようにと助言した。

　ヒトラーは私の作成した草稿にしたがって演説したが、何かスムーズにいかなかったようだ。再三、言い間違いをし、つっかえ、突然押し黙って話のつなぎめを忘れ、途方にくれるといったふうで、結局、この演説は彼の驚くほどの衰弱状態をまともにさらす羽目になったのである。ちょうどこの日、西部の戦況が悪化し、シェルブール港の占領はもはや避けられない事態となった。この港が占領されてしまえば、連合国の補給問題はすべて解決されるだろうし、それがまた侵攻軍の兵力を相当強化することも間違いなかった。ヒトラーは演説の途中から支離滅裂なことをいい出した。「なぜなら、ただ一つのドグマがあるだけだ。そのドグマとは、簡単にいうと、すべて有用なものこそ正当であるということだ」。演説しているうちに彼の実用主義的な思考方法はますます強まり、結局本来の意味で工業家たちに対するすべての約束を無効にしてしまったのである。

ヒトラーはお気に入りの歴史哲学の理論と、それを漠然と発展させた構想をとり入れて、一貫性のない発言をした。「創造力はただ形成するだけではなく、形成されたものを管理下に取り入れるものである。それこそ我々が私資本、私有財産という概念をもって表示しているものの源泉である。それはコミュニストがいうような共産主義的平等理念ではなく、人類が発展すればするほど業績も多岐となり格差も生じ、必然的に業績の結果の管理を、自らこの業績を実現したものに委任するのが目的にかなっているのである。より高度の発展、いやむしろ人類全体のより大きな発展のための前提として個人の創意の促進に見いだしている。もしこの戦争が我々の勝利に終わるならば、ドイツ経済の私的なイニシアティブは、その最も偉大な時代を体験するであろう。それから仕事が始まるのだ。私が二、三の国営設計事務所や国営経済事務所をつくるのだと思い込むことだけはやめてほしい。……そして、もし、ドイツの平和経済の偉大な時代が始まったときには、私の関心はドイツ経済の最大の天才を働かせることにあるのだ。……私は、諸君が戦争の使命を果たすことを可能にしてくれたことに感謝する。しかし諸君は、次の約束を私の最高の感謝のしるしとして受け取って欲しい。私の感謝の気持ちは後々までも維持されるであろうし、私が自分の公約を破ったなどと私にいうようなものがドイツ民族のうちにはたった一人としてないことを約束する。つまり私が、戦後におそらくドイツ経済はあらゆる時代を通じて最高の繁栄をなすだろう、と諸君にいうのは、同時にいつか必ず履行するだろうという約束である、と考えて欲しいと願っている」

この落ち着きのない無秩序な演説の間、まったく喝采《さい》は起きなかった。我々は平手打ちをくったように感じた。多分ヒトラーは間接的に表現することによって、もし戦争が終わったらという期待を抱かせながらも工業界の指導者たちを驚かそうとしたのであろう。「もし我々がこの戦争に負けるならば、疑いもなくドイツでは、私経済の残存はおろか、全ドイツ民族の破滅とともに、当然ドイツ経済も破滅してしまうだろうということである。これは単に敵側がドイツの競争力を望まないという理由――まったく表面的な見解だが――だけでなく、もっと基本的な理由が大きな比重をなしているからだ。国家統制下の大量生産をもつ原始的な状態に人類を数千年後退させるか、あるいは私的なイニシアティブの促進によって人類をさらに発展させるか、という二者択一を、いま、我々は迫られているのだ」。二、三分たつとまた彼はこの考えに舞い戻って「もし戦争が敗北に終わったとしたら、諸君はいかなる転換（平時経済への）も考える必要はない。この戦争に敗北すれば、各人はこの世からあの世への私的な転換を遂げるだけだ。一人で転換しようと、縊死しようと、餓死しようと、またシベリアで労働しようと、それは個々人でなすべき個々人の考え方である」。嘲笑的な調子と、いずれにせよこの「卑怯《ひきょう》な市民魂」への軽蔑をこめた静かな低い声で、ヒトラーはこう結んだのであった。この演説は注目されるべきであり、工業指導者たちが彼の演説で新たに激励されるだろうと思っていた私の期待は、見事にどこかに消しとんでしまったのである。

おそらくヒトラーはボルマンが出席していたので落ち着きを失ったのであろう。多分彼からあらかじめ注意されていたので、私がヒトラーに求め、その同意を受けとっていた平和時での自由経済の公約は、私が期待していたほど明らかにされなかったのであろう。いずれにせよ、その演説中の二、三の文句は、我々の記録文書に残すだけの十分な価値があるものだった。ヒトラーは自分から私に演説の記録を取るように命じ、修正する点があればいうようにと依頼してきた。しかしボルマンは、私がもう一度ヒトラーに、彼が私に与えた同意を確認させようと記録することを妨げてきた。彼は、自分がまず最初に演説記録を修正しなければならないといった。

第25章　奇跡の兵器

ジェット・エンジン機

戦況が悪化するにつれて、ヒトラーは自分の決定に反対する意見をすべて排除するようになり、ますます独裁的に振る舞うようになった。ヒトラーのこのようなかたくなさは、専門的技術の領域にも徹底してきて、開発されたばかりの「奇跡の兵器」の価値をまったくそこなってしまった。それはメッサーシュミットMe262で、ジェット・エンジン二基を装備し、時速八〇〇キロ以上のスピードとその上昇能力によって、敵のすべての航空機よりもはるかにすぐれた最新式の航空機であった。

既に一九四一年、私は、その時まだ建築技師としてではあったが、ロストクにあるハインケル航空機工場を訪れ、ちょうど試験中であった第一号ジェット・エンジンの、耳をつんざくような騒音を聞いたことがあった。その当時、設計者エルンスト・ハインケル教授は、この航空機製作における革命的な発明を利用するようにと主張していた。一九四三年九月、レヒリンの空軍試験場で開かれた軍備会議中に、ミルヒは彼に届けられた電報を黙って私に差し出した。それはメッサーシュミットＭｅ２６２を大量生産するための準備を中止せよ、というヒトラーの命令を伝えたものであった。我々はその命令を無視することに決めたが、それでも以前のように急ピッチで仕事を進めることは不可能な状態となった。

四か月ほどたった一九四四年一月七日、ミルヒと私はすぐ来るようにと司令部から呼び出された。イギリスの新聞がジェット戦闘機のテストが終了間近であると報道したことが、事態に変化をもたらしたのだった。ヒトラーは、今度はできるだけ短期間に、できるだけ多くのこのタイプの戦闘機を生産するようにと性急に要求してきた。これまでの期間、すべての準備が放置されたままだったので、我々は一九四四年六月になってやっと月に六〇機供給すると約束できただけであった。そして一九四五年の一月から、月に二一〇機が生産される予定になったのであった。

既にこの指令を出す際に、ヒトラーは、戦闘機として作られたこの航空機を、高速爆撃機として使うつもりであるとほのめかしていた。空軍の専門家たちはまったくあっけにとられたが、当時の彼らは、最終的にはより良い論拠をあげてヒトラーの意見を変えさせることができると信じていた。ところがヒトラーはそれとは逆に、爆弾の積載重量を増すことができるようすべての積載兵器を取り除けと命令してきた。とにかくすぐれたスピードを持っているのだから、敵の戦闘機から攻撃されることなどあり得ないし、この戦闘機は身を守る必要はないと、彼はいったのである。彼はこの新しい航空機に対して強い不信感を持っており、胴体とエンジンを保護するため、最初は非常に高度での水平飛行に使用し、また、まだ試験されていないシステムでは負担を軽減するためにスピードが落ちることもやむをえないと指示した。

結局この航空機の戦力は、小爆撃機として五〇〇キロばかりの爆弾を積載し、原始的な照準器をもつというまるで無意味なものとなってしまった。戦闘機としてならば、出撃するごとにドイツの都市に何千トンもの爆弾を投下するアメリカの爆撃機の多くを、そのすぐれた性能によって撃墜する能力を十分に持っていたにもかかわらず、である。

一九四四年六月の末に、ゲーリングと私は、改めてヒトラーの意見を変えようと試みたが、また無駄に終わってしまった。その間に、戦闘機隊のパイロットは、新しい機械をテストし、アメリカの爆撃機隊に対する出撃を要請してきた。ヒトラーは返答を回避し、次のようにいった。「戦闘機パイロットは考えもせずに意見をいっているが、転回の際のスピードと高度の急激な変化によって、明らかに機体は強い負担を負うこととなり、従ってジェット戦闘機は高速であるがゆえに、航空戦においては、スピードはないが小まわりのきく敵の戦闘機に比べてはるかに不利である」。かくて我々の期待に反して、この戦闘機がアメリカの護衛戦闘機よりも高く飛び、すばらしいスピードで動きの遅いアメリカ爆撃機隊を攻撃できるのだという長所は、ヒトラーの認めるところとならず、何の説得力も持たなかった。我々が彼の考えをなんとか翻させようとすればするほど、頑固に自分に固執し続けるのであった。我々は、彼が近い将来ではなくとも、いつかそれを戦闘機として使用することに同意するであろうと、自らを慰めた。

我々がその投入の可能性について口論した六月段階では、戦闘機はまだやっといくつかの原型として我々の手元にあったにすぎなかった。それにもかかわらず、ヒトラーの命令は軍の長期計画に影響を及ぼすに違いなかった。というのは、参謀本部はまさにこの戦闘機によって、航空戦における形勢を決定的に転換できると期待していたからである。この問題に対して何らかの権利を主張することができた人々はみな、航空戦における絶望的な状況に直面したとき、ヒトラーの意見を変えさせようとした。ヨードル、グデーリアン、モーデル、ゼップ・ディートリヒ、そしてもちろん空軍の主な将軍たちも、いつもヒトラーの素人的な決定と衝突した。しかし彼らはヒトラーの不興をかっただけであった。なぜならヒトラーは、すべての反抗は、いわば自分の軍事的専門知識や専門的洞察力を疑うものだと邪推したからである。一九四四年の秋、彼はこのテーマについてはこれ以上議論することを禁じ、この問題に関するあらゆる討論や増大しつつある不安から免れたのだった。

私が、新任のクライペ空軍参謀総長に電話で、私の九月中旬の報告書の中でジェット戦闘機の問題をヒトラーに書こうと思っていることを伝えると、彼はそのようなことをちらつかせることとさえしないほうがよいですよ、と忠告してくれた。「メッサーシュミットM e262のことを聞くだけでヒトラーは、自制心を失い、きわめて面倒なことになるだろう。なぜなら、ヒトラーは当然あなたのしたことは、空軍の参謀総長から出ていることと思うにちがいないからだ」。しかし、このような忠告にもかかわらず、私は戦闘出撃のために設計された航空機を爆撃機として使用することは意味がないし、現在の軍事状況からみても間違っていると、もう一度ヒトラーに進言してみた。そして、さらにこの意見がパイロットからだけではなく、陸軍の将校の支持すら得ているのだと付け加えた。しかしヒトラーは、私の進言を受け入れず、私は非常なムダ骨を折ったあげく、再び自分の所轄事項に戻らざるをえなかった。事実、航空機投入問題は、生産機種の選択同様私の分野ではなかった。

地対空ロケット

ジェット戦闘機は、一九四四年に開発の段階から大量生産へと移された唯一の新しい兵器ではなかった。無線操縦《リモコン》で飛ぶ爆弾、ジェット機よりも速いロケット機、熱線により敵の飛行機に命中するロケット弾、ジグザグコースを逃げてゆく船舶の音をキャッチし追跡して命中させる魚雷、などを我々は持っていた。地対空ロケットの開発も終わっていた。

その設計者リピッシュは、図面上では無尾翼の原理によって設計された戦闘機を開発した。それは当時の航空機製造の標準をはるかに越えたものであった。

ところが開発計画があまりにも多すぎたのである。いくつかの限られたものへ集中していたなら、おそらく多くのものがより早く実現していただろう。だから関係官庁の会議で、今後は新しい考えはそれほど促さず、むしろ、今あるもので、我々の開発能力に見合ったものを選び出して、精力的に押し進めていくことが決定された。

他方、連合国のすべての戦略的失敗にもかかわらず、一九四四年に、敵の空中攻撃を助け成功させたあの手を打ったのもヒトラーだった。彼は、単にジェット戦闘機の開発を遅らせ、後にはそれを戦闘爆撃機に変えさせただけではなく、彼は、また、大ロケット弾によって英国に対して報復をするつもりだったのだ。彼の命令で、一九四三年の七月末から、V2の名で知られる長さ一四メートル、重さ三トン以上という遠距離大ロケットのために、膨大な工業力が確保され、彼は月に九〇〇基を生産するよう望んだ。一九四四年の数か月の平均では、敵が四一〇〇機の四発爆撃機で一日三〇〇〇トンもの爆弾をドイツに投下しているのに対し、一日わずか二四トンの爆薬をイギリスに投下することで報復しようなどというのはばかげたことであった。この二四トンというのは、たった六機の空の要塞（重爆撃機）の一回の攻撃における爆弾積載量にすぎなかった。

地対空防衛ロケット完成への努力に集中する代わりに、このヒトラーの決定に同意したばかりでなく、それを弁護したことは、まさにドイツの軍需産業指導における私の重大な過失の一つに違いなかった。防衛ロケットは、既に一九四二年に「滝（ヴァッサーファル）」

という名がつけられて、そのときからもし我々が、ヴェルナー・フォン・ブラウンの下で、ペーネミュンデのロケット開発に関係したすべての技術者と科学者の能力をすべてその防衛ロケットに投入していたら、既に大量生産できるほど十分に開発されていたであろう。

防衛ロケットは長さ八メートルだったが、約三〇〇キログラムの爆薬を、短波送信によって、高度一万五〇〇〇メートルまでの敵の爆撃隊に命中させることができた。それに昼夜を問わず、あるいは雲、霜、霧の影響を受けることもなかった。もし我々が、後になって日産九〇〇基の攻撃用大ロケットを作り出すことができたくらいなら、費用の少ないロケットを毎月数千基生産することも可能であったろう。私は、今日でもなお、ロケットを、ジェット戦闘機と一緒に使えば、一九四四年春以後、我々の工業に向けてなされた西側連合国の爆撃を崩壊させることもできただろうと考えている。そうするかわりに、巨額の費用が遠距離ロケットの開発に投入されたが、そのロケットもやっと出撃準備ができた一九四四年の秋には、ほとんど完全な失敗であることが判明した。最大の費用をかけた我々の計画が、同時に、最も無意味なものとなったのである。我々の自慢の種であり、かつ一時は私が好んだ軍事的な目標は、まったく誤った投資であることがわかった。また、そのロケットが、防空戦で敗北した理由の一つとなったのである。

フォン・ブラウンとV2

既に一九三九年の冬以来、私はペーネミュンデの開発局と密接なつながりを持つようになった。それも、はじめはただ建設面における要望を実現するのに責任を負っていただけであるが、目標に向かって努力をし、現実的な方法で将来に根を下ろした二七歳のヴェルナー・フォン・ブラウンを中心とした非政治的な若い科学者や発明家グループの中にいるのが、私は好きだったのである。若くて経験もないチームが、遠い将来に実現される計画を、何億マルクという費用を使って進める機会を得たというのは異例なことであった。彼らは、まるで父親のようなヴァルター・ドルンベルガー大佐の指導のもとで、官僚的抑制から離れて仕事をし、また折りにふれては、空想的と思われるアイデアを発展させることができたのであった。

私にとっても、一九三九年、はじめのころにスケッチされたものは、珍しいほど魅力的に感じられた。それには、奇跡の計画といったものがあった。このすばらしい幻想をもった技術者たち、いなむしろ計算するロマンチストたちは、ペーネミュンデを訪れるたびに、私に深い印象を与えてくれたし、そしてまったく自然に、私はどこかで彼らと同じであると感じはじめた。この気持ちは、ヒトラーが一九三九年の晩秋に、ロケット計画の緊張度を認めずに、そのため自動的にその企てから労働力と原料を奪い取ったとき明らかになった。私は陸軍の兵器局と内々に協力して、ヒトラーの許可なしにペーネミュンデの施設建設を続けさせた。それは私のみが行なうことのできた反抗だった。

軍需大臣に任命されたことにより、当然私はこの壮大な計画に強い興味をもった。しかし相変わらずヒトラーは、まったく懐疑的な様子であった。すなわちジェット戦闘機、あるいは、原子爆弾のような、第一次世界大戦の世代の技術的経験の限度をこえたところにあって、彼の見知らぬ世界に存在する新しいものに対しては、原則的に不信をいだいていたのだ。

一九四二年六月十三日、私は国防三軍の各兵器局長官、ミルヒ元帥、ヴィッツェル海軍上級大将、フロム陸軍上級大将の三人といっしょに、ペーネミュンデに無線操縦《リモコン》ロケットの初発射を見に飛んだ。我々の前の松林の間に、何のささえの足場もなく、非現実とも思われる四階建ての高さほどのロケットが高くそびえていた。ドルンベルガー陸軍大佐、ヴェルナー・フォン・ブラウン、および彼のチームも我々と同様、この初めてのロケット発射に緊張していた。私は、この若い発明家が実験にどんな希望を託していたかを知っていた。この実験は彼にとって、また彼の仲間にとっても兵器の発達に役立つというよりも、未来の技術への第一歩と考えていたのである。

軽い蒸気によって燃料タンクが一杯になったことがわかった。予定時間通りに、一秒も狂わず、はじめはためらうように、しかし、それから放縦な巨人のような轟音《ごうおん》をあげて、ロケットはゆっくり台座を離れて上昇し、一瞬間ジェット噴射の炎の上に止まったかに見えたが、それから、吠えるようにして、低い雲の中へ見えなくなった。ヴェルナー・フォン・ブラウンは喜びに輝いていたが、それに反して私は、技術の奇跡的な成果、その精密さ、および、一三トンの重量のものが、機械的な操縦を受けずに空中へ垂直に昇っていくことができたという、重力のすべての法則を越えたこの光景に、ただあっけにとられただけだった。

一分半後に、うなり声はますます激しくなり、ロケットがすぐ近くに落下したことがはっきりしたとき、専門家たちはこのロケットがどのくらい飛んだかを我々に説明した。我々が立ちすくんでいた間に、ロケットは一キロ先に命中していたのである。後で聞いたところでは、操縦は失敗したにもかかわらず地上から離れるという最もむずかしい問題が解決されたので、技術家たちは満足していた。いっぽう、ヒトラーは、さらに「非常に強い疑念」を持っていて、目標に到達する能力が「いつ保証されるのか」という疑問を提出した。

一九四二年十月十四日、私は彼の疑念は取り除かれたと彼に伝えることができた。第二のロケットは、首尾よく、一九〇キロメートルの予定されていたコースを飛び、目的地域に四キロの誤差で落下した。初めて、人間の発明者精神の証明が、一〇〇キロより高いところで宇宙に印されたのだ。それは、夢の実現への第一歩であるように思えた。やっと今となって、ヒトラーも強く興味を示してきた。しかし、いつものように、すぐさま彼は要求をつり上げてきた。彼は、ロケットの最初の投入の際に、同時に、五〇〇〇基が投入されるよう要求してきた。

この成功のあと私は、間もなく始まる大量生産のために活動することとなった。一九四三年十二月二十二日、ロケットを大量生産するためには、開発段階においてもいまだ未熟であったが、私はヒトラーに命令書に署名させた。私はその結果生じる危険を自分自身で負うことができると考えていた。当時の開発状況、およびペーネミュンデの約束によれば、最終的な技術的資料は、一九四三年の七月までに予定通り完了していなければならなかった。

一九四三年七月九日の朝、私はドルンベルガーとフォン・ブラウンをヒトラーの依頼で大本営に招いた。ヒトラーはV2について詳しいことを知りたがった。ヒトラーとの会合を終えると、我々は一緒に、フォン・ブラウンの数人の協力者が計画をデモンストレーションするために、準備を整えていた映写室へ行った。手短な紹介の後、ホールは暗くされ、カラーフィルムが写し出された。ヒトラーはそこで初めて、浮き上がりつつ成層圏へ消えてゆく大ロケットの堂々たる光景を見たわけである。少しも臆さず、子供じみた印象を与えるほどの熱烈さで、フォン・ブラウンは彼の計画を説明した。これ以降ヒトラーが我々の味方となったことは疑う余地のないことであった。ドルンベルガーはいくつかの組織上の問題を説明したが、その間私は、彼を教授に任命するようにヒトラーに提案した。「いいだろう。マイスナーのところですぐにそうさせたまえ」と、彼は生き生きとしていった。「そのときは、私自身が任命書に署名しよう」

ヒトラーは、本当に心をこめてペーネミュンデの技術者に別れを告げた。彼は強烈な印象を受け、また同時に感激していた。彼は防空壕へ戻ると、この計画の見通しにすっかり酔っていた。「A4、あれは戦争を決定する方策だよ。我々がそれでイギリス人を攻撃したら、祖国は苦労から解放されるのだ。それは戦いにおいて決定的な兵器であるし、同時に、比較的少ない費用で作られる。君はね、シュペーア君、精一杯A4を推進していかなければいけない。労働力と原料に用いられるすべてのものは即座にそのために整えられなければいけない。いや、私はもう戦車軍備計画に署名しようと思っていた。しかし、私はわかった。変更して、A4の完成が、戦車の生産と同じぐらい重要になるように、それを進めてくれ。だが」とヒトラーは続けた。「この製造に関しては、我々はドイツ人しか使えない。もし他の国がこのことを聞いたら、大変なことになるからな」

再び我々二人だけになったとき、ヒトラーはただ一つのことだけは信じようとしなかった。「君は思い違いをしたんじゃないか。この若い男が二八歳だって？　私は彼をもっと若いと思うところだったよ」。彼はさらに、そのように若い年代の男が、既に将来の様相を変えた、技術的観念を実現に導いたことは驚くべきことであると思っていた。後になってヒトラーがときどき、我々の世紀では、人類は不必要なことに最良の年代を浪費したとか、また、過去の時代には、既に二三歳でアレキサンダー大王は大帝国を勝ちとり、ナポレオンは三〇歳で天才的な大勝利をおさめたというようなことを主張するたびに、彼がそれらと同列にペーネミュンデで、同じような若さで技術的な奇跡を作りあげたヴェルナー・フォン・ブラウンのことを挙げているように思えた。

一九四三年の秋に、我々の期待が早過ぎたことがわかった。最終設計図は予定期限の七月になってもまだ完成しなかったので、すぐに大量に供給するという我々の公約は実現できなかったのだ。数え切れないほどに失敗の原因が明らかになった。特に、試験的に発射された第一弾が大気中へ突入する際、説明のしようのない爆発が起こったのだ。まだたくさんの問題が未解決のままであり、この新兵器の確実な使用について語るのはまだ早いと一九四三年一月六日の演説の中で私は警告した。さらに個別的に製作するのと、大量的な生産との差は、それ自体かなり大きく、ことにこのようなきわめて複雑なメカニズムに関して重要であろう、と述べた。

およそ一年が過ぎた。一九四四年九月初め、イギリスに向けて最初のロケットが発射された。それはヒトラーが命じたように、一度に五〇〇〇発ではなく、二五発を一〇日にわたって発射したのであった。

親衛隊の介入

V2計画がヒトラーを感激させて間もなく、ヒムラーも活発に活動を開始した。六週間後、彼はヒトラーに対し、できるだけ簡単な方法で、いわゆる、勝負を決しうる兵器計画を秘密を守りながら実現することができると申し出た。つまり、強制収容所の囚人たちを使って生産させれば、彼らは外部とは遮断されているし、郵便もないので、秘密を守りうるのではないかというものであった。そして同時に、たくさんの囚人のうちから必要な専門労働力をすべて調達する責任を自分が負うから、ただ生産指導と技術者だけを工業界のほうで提供してくれというのだ。ヒトラーはこの提案に同意した。ザウルと私には選択の余地は残されていなかった。我々にはより良い方法が提案できなかったからである。

次に我々は、親衛隊指導部と協力して、中央工場の服務規程を作成しなければならなかった。ためらいがちに、私の協力者たちはこの任務を遂行した。彼らの恐れがあたっていることが間もなく判明した。我々は形式的な製造部門だけに権限を持っていたが、疑義が生じた場合には親衛隊の大きな権力に屈服させられたのである。そのようにしてヒムラーは、我々の権限に干渉してきたのだった。結局、我々自身がつけこませる余地を作ることになったのである。

ところで、私の大臣就任直後から始まったヒムラーとの協力関係も、最初はあまり順調なものではなかった。個人的、政治的に重要性を認められた大臣は、ヒムラーによってほとんど親衛隊における名誉的地位を与えられていた。彼は私にも高い栄誉を与えようと考えた。彼は私を親衛隊上級大将にするつもりだったのだ。それは陸軍の上級大将に相当するものであり、めったに与えられるようなものでもなかった。彼は、その称号がどんなに特別のものであるかを私に教えてくれたのだが、私は慇懃《いんぎん》に彼の申し出を断わった。私は、たとえ軍、突撃隊、自動車軍団（NSKK）が高い名誉ある地位を申し出たとしても受けないだろうと答えた。きっぱりと断わろうと思い、私は、これまで隊員として扱われていなかったことも知らないで、マンハイムの親衛隊での以前の平凡な階級へ復帰させてくれるよう申し出た。

このような名誉ある地位を与えることによるヒムラーのねらいは、これまで彼の支配下にはなかった領域まで手を伸ばそうというところにあった。私がヒムラーに対して抱いていた不信は、すぐさま現実のものとなってあらわれてきた。すなわち、ヒムラーは陸軍の軍需に関与するのに全力を注ぎこみ、進んで数限りない囚人たちを提供し、一九四二年には、既に彼の権力を行使して私の協力者たちを圧迫しはじめたのである。彼が、強制収容所を親衛隊直属の、特に軍需生産のための近代的な大工場にしようとしていたことは明らかである。当時フロムが私に、そんなことになれば秩序だった軍備の一貫性が危険になりかねないと教えてくれた。すぐに判明したことだが、ヒトラーは私の味方であった。なぜなら、戦争前の親衛隊と、親衛隊のレンガ工場、花崗岩《かこうがん》加工工場のときの我々の経験は、驚くほどひどいものであったからだ。一九四二年九月二十一日、ヒトラーは裁断を下した。囚人たちは工業界の軍需組織下にある工場で働くこととなった。ヒムラーの勢力拡張への衝動も、少なくともこの面では、さしあたりブレーキがかけられることとなった。

初めのうち、衰弱しきった囚人たちが送られてきたので、数か月後には働くことができなくなって元の収容所へ送り返さなければならないと、工場長はその不満を訴えた。彼らを訓練するだけで数週間かかり、なおかつ教える者が少なかったので、我々は訓練を繰り返すことすらできなかった。我々の苦情によって、親衛隊は衛生条件や食料給与をかなり改善した。私がその後兵器工場を巡回したときには、囚人たちの中には満足した顔や、以前より栄養のよくなった人々の顔を見いだすことができた。

地下工場の囚人たち

陸軍の軍需生産に関しては我々は自主的に働きうるという原則も、ロケット大量生産を親衛隊の管轄下におくというヒトラーの命令によって破られてしまった。

人里離れたハルツ渓谷には、戦前から、戦争に必要な化学薬品を貯蔵するための奥深い穴があった。この洞穴がいまではＶ２ロケット製造のための広大な地下工場とされることになり、一九四三年十二月十日、私はこの工事現場を視察した。向こう側が見えないほど長いホールの中で、囚人たちが忙しく機械を組み立て、内装の工事を行なっていた。彼らはジロジロ私を見つめ、我々がそばを通り過ぎるまで、義務的に青い囚人帽をとっていた。

私はパリのパストゥール研究所の一人の教授のことを忘れることができない。彼はニュルンベルク裁判で、証人として陳述した。彼もまた、この日私が視察したあの工事現場で働いていたのだった。客観的に、少しも興奮することなく、彼はそこでの非人間的な取り扱いを証言した。それは忘れ難く、今日まで私を煩悶《はんもん》させるものである。憎しみを伴わない告発であり、ただ痛ましく、衰弱し、それほどまでの人間的堕落に驚きあきれたような告発だった。

この囚人に対する態度は、実際ひどいものだった。そして、深い驚きと個人的な罪の意識が、今日もなお、そのことを考えるたびに私の脳裏をよぎるのである。視察を終えて、管理者に聞いたところでは、衛生条件は不十分であり、病気が蔓延《まんえん》していた。囚人たちは湿った穴の中の作業場の近くに住んでいた。そのため、囚人の死亡率は非常に高かった。その日私は、必要な資材の調達を許可し、すぐに、近隣の高地に宿舎をつくるためにすべてを動員させた。ついでに私は、親衛隊の収容所長に、囚人たちの衛生条件と栄養を改善するために必要な措置を直ちにとるように強要し、その確約を得たのであった。

しばらくの間私は、この問題についてはほとんど忘れていた。収容所長が保証したので、私は次の一か月間は彼にまかせていたのだ。一九四四年一月十三日になって、私の役所の医療顧問であったポシュマン博士が、あらためて私に「中央工場」での衛生状態のひどさを報告してきたので、翌日、私は一人の局長をやった。同時にポシュマン博士は医学的処置の準備を始めた。その数日後、私自身が病気になったため、しばらくはまた放置されてしまった。しかし、とにかく私が回復した後の五月二十六日、ポシュマン博士が、多数の囚人宿舎に民間の医師を派遣したと報告してきた。しかし同時に困難なことも生じてきた。というのは、その同じ日、私はローベルト・ライから無愛想な手紙を受け取ったのだ。その手紙で彼は、形式的理由から、ポシュマン博士の行動に異議をとなえていた。つまり、宿舎での医学的処置は、自分の仕事の領域であると主張してきたのだった。彼は憤慨して、ポシュマン博士を非難するだけでなく、将来にわたって彼が干渉することを禁じ、また、厳格に彼の責任を追及せよと私に要求してきた。私は、彼の要求に直ちに同意する気はまったくないし、むしろ反対に我々は囚人に十分な医学的処置を施すことに多大の関心を持っていると返事をした。その日私は、ポシュマン博士と今後の医学的処置について語り合った。私はこのすべてをブラント博士と共に行ない、すべての人道的な思慮はさておき、すべての良識的理由が我々の側にあったから、私は安心してライの反応を見守っていた。ヒトラーが、我々を無視した党官僚の越権行為を指摘してこれを禁止するだろうと、私は確信していた。

その後、ライからはもはや何もいってこなかった。ヒムラーさえもが、自分の考えで重要な人物のグループを拘留できることを誇示しようとした試みも失敗に終わった。一九四四年三月十四日、ヒムラーはヴェルナー・フォン・ブラウンとその協力者二人を逮捕した。彼らが戦争に必要な任務ではなく平和的な計画を進めており、私の権限の一つを侵犯した、との報告が伝えられてきた。実際、フォン・ブラウンとそのグループは、ときどき自分たちの考えを素直に語り、遠い将来には合衆国とヨーロッパの間の郵便交通のためのロケットが開発され、実用化されるといったようなことを発表していたのだった。彼らは、無鉄砲であるのと同時に、単純な夢想にふけって、あるグラフ雑誌に幻想に満ちたスケッチを作らせたのであった。ヒトラーがクレスハイムで病床にふせっていた私を見舞いに来て、驚くほどに親切にしてくれたとき、私はその機会を利用して捕えられた人々の釈放を認めさせた。しかし、この確約が実現されるまでに一週間もかかった。六週間後ヒトラーは、このことは彼にとって非常に困難であったと不平をもらした。

ヒトラーは「ブラウン事件に関して」と一九四四年五月十三日の総統記録文書にあるように、ただ「彼が私に必要である限りは、それによって生じる一般的な結果がどんなに困難なものであろうとも、いかなる刑罰の執行からも除外される」と私に約束してくれたのであった。しかし、ヒムラーはともかく彼の目的を達成した。その時から、ロケット・グループの最重要な構成員も、ヒムラーの気ままな干渉から逃れることができなくなった。私にしても、必ずしもいつも彼らを保護することができるとは限らないのだということがわかったのである。

親衛隊経済コンツェルン

ずっと以前から、ヒムラーは親衛隊所有の経済コンツェルンを創設しようとしていた。私がみたところでは、ヒトラーはこれに反対していた。そして私もヒトラーを支持した。おそらくこうしたことが、私が病気の間にヒムラーがみせた異常な行動の一つの理由となったのだろう。しかし、いうまでもなく、この数か月間にヒムラーは、親衛隊経済コンツェルンには数多くの利点があることを、とうとうヒトラーに納得させてしまったのである。一九四四年の六月初めごろ、ヒトラーは、原料工業から加工工業までの経済帝国をつくるという親衛隊の計画を援助するようにと私に要求してきたのである。彼は、親衛隊が、自分の部下の下で、たとえば親衛隊の財源を削減しようとする財務大臣に反対することができるほど強くなければならないと、あまり適当とは思えない懸念をもってこの要求を理由づけた。

私が大臣として活動しはじめたころから恐れていたことが、このようにして起こったのである。しかし私は「この二年間に大変な努力を払って国防三軍の軍需を統一してきたのだし、一部の者が自分勝手な道をとることのないように、ヒムラーの生産工場も他の軍備、戦時生産工場とまったく同じ統制のもとに置くように」とヒトラーに約束させることができたのである。ともかくヒトラーは、ヒムラーに関しては私を支持することを約束したが、彼が自分の意見をどこまで押し進められるかは、当時の私にもかなり疑問であった。しかしヒムラーは、私がヒトラーに招かれてベルヒテスガーデンにいったときには、既にヒトラーから私との話し合いについて聞いていたようである。

なるほど、親衛隊全国指導者ヒムラーは、時折りあたかも妄想家のような感を与えたし、ヒトラーもヒムラーの思想的飛躍を好もしく思っていなかったようである。と同時にヒムラーは、まったく冷静に物事を考えるリアリストであり、どこにその遠大な政治目標があるかをよくわきまえていた。この会談においても、ヒムラーは好意にあふれ、不自然にみえるほど几帳面さを示していたが、本質的には親しみがなく、いつも自分の幕僚が証人としてそこに居合わせるように気をくばっていた。彼は、当時としてはまれな天分、つまり彼を訪ねてきた人の話をよく聞くという忍耐力を持っていた。しかし討論になると、時折り狭量でこせこせした印象を与えることがあった。そうすることによって、精神的な偏狭さを人に与えることなどは、彼にとってどうでもよいことだったのであろう。彼の事務所は、よく油をさされた機械のような精巧さで動いていた。その精巧さは、同時に彼の非人間的性格をよくあらわしているものであった。とにかく、彼の秘書室のまったく即物的なスタイルにも、血の通わないような彼の性格が反映しているように私には思えた。タイピストの若い娘たちも、決して美人であるとはいえなかったが、きわめて勤勉で実直であった。

ヒムラーは、今度は私に、練り上げられた遠大なプランを示した。私が病気の間、親衛隊は、ザウルがそれに抵抗したにもかかわらず、ハンガリーのマンフレート・ヴァイス・コンツェルンという重要な軍需会社を接収していた。これを中心にして、ヒムラーは、私に説明した通り、組織的かつ大規模な経済コンツェルンを作ろうとしていた。彼は私に、この大コンツェルンを管理するための専門家を一人紹介してくれるように望んだ。そこで私は、しばらく考えた後に、四か年計画のための大鉄鋼所創設に貢献したパウル・プライガーを紹介した。彼は、頑固で精力的な男で、工業界とのつながりも豊かであり、たとえヒムラーでさえ、自分のコンツェルンを強く押し出したり、勝手に拡張したりすることは容易にはできない相手であったろう。しかし、ヒムラーには私の紹介者が気に入らなかったようである。その後、私には自分の計画を話すこともしなくなった。

ヒムラーの親しい協力者、ポール、ユトナー、ベルガーらは一面では粘り強く無遠慮なやり方をしたが、反面、比較的善良なところもあった。彼らは、一目で人に好かれる平凡さを持っていた。しかし、もう二人の協力者、ハイドリヒとカムラーは、自分たちの指導者ヒムラーの持つ冷たさを身につけていた。二人とも青い目をし、ブロンドの長い髪で、いつもきちんとした身なりをしており、立派な教育も受けていた。この二人は、どんな場合でも、予期しえないような決断を下し、まれにみる頑固さで、いかなる反対を押し切ってでもことをやり通すことができた。ヒムラーは、とりわけカムラーをかっていたようである。ヒムラーは、イデオロギー的な頑迷さにもかかわらず、人事問題に関してだけは、党員であるかどうかについて重視していなかった。彼にとっては、精力的でかつすばやい理解力を持ち熱意を持った男を見つけるほうがより大切であったのだろう。一九四二年の春、ヒムラーは、それまで帝国《ライヒ》航空省の高級建設官僚であったカムラーを、親衛隊の建設局の局長に抜擢して、一九四三年の夏には、ロケット計画の担当者にすえたのである。そこで始められた作業において、ヒムラーの新しき腹心のカムラーは、容赦のない冷たい計算家でありまた完全に計算しつくされた目的追求にあたっては、注意深くかつ精力的であった。ヒムラーは、カムラーにたくさんの任務を与え、あらゆる機会を利用して彼をヒトラーのそばに近づけようとした。間もなく、ヒムラーが、カムラーを私の後継者に仕立て上げようとしているといううわさが流れた。当時私は、カムラーの客観的な冷静さを好んでいた。彼は、多くの任務において私のパートナーであり、予定されている将来のポストにおいて私の競争相手であり、経歴や仕事のやり方でも、多くの点において私に類似する点を有していた。また、彼も良家の子弟であり、大学教育を修了していた。そして建設部門での活動によって見いだされながら、結局は彼の専門でない分野で急速な出世をすることとなった。

労働者狩り

戦時中の企業では、労働者の割り当て数が、そうとう程度までその企業能力を左右した。既に四〇年代の初めから、親衛隊は秘密裏に労働者用宿舎を建設し、その後は急速かつ加速度的に労働者を徴用しはじめていたのであった。私の省のシーバー局長は、一九四四年五月七日付けの書簡で、親衛隊は経済的拡張を目論んで労働力の管理権を得ようとしており、工場から多数の外国人労働者を、ささいな違反を理由として遠慮なく逮捕し、自己の収容所に移送するというやり方で引き抜いていると報告してきた。私の役所では、一九四四年の春には、毎月三万から四万人の外国人労働者が収容所に連行されたと計算していた。私はヒトラーに、一九四四年六月の初めにこう説明した。「年に五〇万人もの労働者が減少するのにはがまんならない。苦労して教育した専門の労働力が問題であるだけに、これはきわめて重要なことである。彼らをできるだけ早く、再び元の職場に復帰させなければならない」。これに対してヒトラーは、ヒムラーと私がこの問題を協議した後で、私のいうような意味の決定をしようと約束した。しかしヒムラーは、私にもヒトラーにも反対し、かつすべての現実的な方策に反対して、このようなことの実施を拒否したのである。

私がときおり耳にしたところによると、囚人たちさえもが、ヒムラーの経済的功名心の増大を恐れていた。私は、囚人たちと他の労働者たちが一緒になって働いていた一九四四年の夏のリンツ製鋼所の視察を思い出す。工場の高いホールで、囚人たちは機械のそばに立ち、気楽に彼らと話をしている熟練労働者の補佐として働いていた。親衛隊ではなく陸軍の兵隊が彼らを監督していた。我々が二〇人のロシア人グループと出会ったとき、私は通訳に、彼らがここの待遇に満足しているかどうかたずねさせた。すっかり満足げな表情で彼らは肯定した。彼らの様子をみても彼らがいっていることが本当であることを証明していた。中央工場の洞穴の中で、病み衰えている者たちとは反対に、彼らは良い物を食べていたし、私がありふれた表現で、昔の職場に戻りたいのではないかとたずねたときも、彼らはひどく驚いていた。彼らの顔はむきだしの恐怖の表情をあらわしていた。

しかし、私はそれ以上聞かなかった。何で聞くことがあろうか。彼らの顔が結局すべてを物語っていた。今日になって私は、当時私を動かしていた気持ちをみきわめようと思い、一生を通じてそれがいったい何であったのか説明しようとしている。同情、興奮、苦痛、そして憤慨だったのだろうか。時間との絶望的な競争、絶対的使命としての生産高の完遂等が、人間としてのすべての考えや感情を押し殺していたように思われる。あるアメリカの歴史家が私に関して、私が人間よりも機械のほうを大事にしているといったことがあるが、それは正しかった。苦しむ人間を見ることで、私はいくらか気分的に影響されたが、私の行動様式には何ら変化を生じさせなかったと思うのである。感情的にはただセンチメンタルなだけであり、それの反面、行動にあたっては合目的性の原則が私を支配していた。

ニュルンベルク裁判では、軍需工場における囚人の労働が、私に対する非難と告発の対象であった。

ヒムラーの動きに対して、軍需工場における囚人数をふやしそれによって若干の囚人に生きのびる機会を与えるのに成功すればするほど、裁判所の判決基準によると、私の罪は増大していったのであろう。逆説的にいえば、もしこうした意味でもっと罪を重くしていたとするならば、私は今日、ずっと楽な気分になっていただろうと考えている。しかし、ニュルンベルクの判決基準も、救われた犠牲者の数も、今日の私にはいかなる意味を有しているのであろうか。なぜなら、あるものは、他のものと同様体制が異なれば意味も変わるからである。むしろ、私が、数週間ないし数か月間のその生存を引き延ばしてやろうと努めた囚人たちの顔に反映している政治体制の相違を見なかったことに不安を感じたのである。

アウシュヴィッツと私

ある日、一九四四年の夏ごろ、友人のカール・ハンケが私を訪ねてきた。彼は、ニーダーシュレジエン州の大管区指導者であった。以前、彼は私に、ポーランドとフランスの戦線の状況についていろいろ話してくれ、死者や負傷者、あるいはその苦痛について語り、彼がそのような時に同情を感じるような人間であることを示していた。しかし、その時の彼は狼狽して、私の執務室の緑色の革張りの安楽いすに腰をかけ、私に対し、オーバーシュレジエン州の大管区の強制収容所を視察するようにとの誘いにのってはいけないし、またどんな場合にも決してそこを視察するようなことをしないように、どもりどもり語ったのである。彼はそこで、いってはならないような、あるいは表現しえないような何かを見たのであった。

私はあえて彼にたずねなかった。もちろんヒムラーにも聞かなかったし、ヒトラーには聞こうともしなかった。個人的な友人とも話さなかった。私は調査もしなかった。そこで何が起こっているかを知りたくもなかった。それはアウシュヴィッツに関することであったに違いない。ハンケが私に警告したこの瞬間に、私はその責任を完全に背負うこととなったのである。ニュルンベルク裁判の国際裁判官の前で、私が帝国首脳部の重要な一員として、起こったことすべてに対して連帯責任を負わねばならないと確認したときに、私はこの瞬間のことを思い出したのである。なぜなら、私に決定的な態度をとらざるをえなくさせるような何かをそこに見いだすのではないかという不安感から、私はあえて目をつぶってしまったのである。私はこの瞬間から、この犯罪について道義的に逃れられない責任を負っているのだった。こうして自らあえて取った盲目的態度は、私がおそらく戦争の最後の段階でなすべきであり、かつやろうと思ったすべての積極的な行為とも同じ天びんにかけられるものであろうが、所詮このような私の行動も目をつぶったという事実の前にはまったくいかなる弁解の余地もないこととなってしまうのである。その当時目をつぶってしまったがゆえに、私は今日なお、アウシュヴィッツに対してまったく個人としての責任を感じざるをえないのである。

第26章　ヒトラー暗殺未遂事件

ヴァルキューレ計画

空襲で破壊された水素工場を飛行機で上空から視察したとき、私は、連合国航空軍の絨緞《じゅうたん》爆撃の正確さに目をみはったものである。

このような正確な爆撃をもってすれば、連合国にとって、ライン川にかかるすべての橋を破壊してしまうことなどわずか一日もあればたやすいに違いないという考えが、突然私の脳裏をかすめた。ライン川の橋を尺度に応じて河口付近の空中写真に記入するよう私から命じられた専門家たちも、私の懸念の正しいことを証明した。そこで私は、応急修理に必要な鉄の架橋資材を急いで運ばせ、そのほかにフェリーボート一〇隻と船橋一個を注文した。

一〇日後の一九四四年五月二十九日、不安になった私はヨードルに手紙を書いた。「たった一日でライン川のすべての橋が破壊されるのではないかと気がかりでならない。最近の空襲頻度をみると、どうやらありそうなことなのだが。西部占領地域にいる軍隊の輸送路を遮断した後、敵が大西洋岸にではなく、ドイツの北海沿岸に上陸したとしたら、情勢は一体どうなるだろうか。上陸成功の第一条件として、敵が既に北ドイツ沿岸地方の完全な制空権を握っている現在、その上陸も可能であるかもしれない。いずれにせよ、大西洋岸を直接攻撃するよりは、敵としても損害が少ないだろう」

ドイツの国内にはごくわずかの部隊しか残っていない。もし空挺部隊がハンブルクやブレーメンの飛行場、あるいはわずかな兵力しかいないここの港湾を占領したら、上陸侵攻軍はなんの抵抗も受けずに、数日以内にはベルリンおよび全ドイツを占領できうるのではないかと恐れていた。西部にいる三個師団はライン川によって遮断されるし、東部の軍隊は抗戦で身動きもできないし、かつ適時に攻撃をかけるにはあまりにも遠く離れすぎていた。

私のこの懸念は、ヒトラーがときおりもつような冒険的なものであった。ヨードルは、私がオーバーザルツベルクにいるときに、皮肉っぽく、君はまったくおせっかいにも戦略家の仲間入りをしているといったが、結局ヒトラーは私の説を支持した。一九四四年六月五日のヨードルの日記には、次のような覚え書きがみられる。「国内に予備師団を作らねばならない。緊急の場合には、帰休兵や病気の全治した者まで師団に送り込むのだ。武器はシュペーアが用意するだろう。三〇万人の帰休兵がいつも家にいる。つまり、一〇から一二の師団ができるわけである」

ヨードルや私も知らないうちに、この考えが長期的かつ組織的に準備されていた。一九四二年以来「ヴァルキューレ」（訳注――ゲルマン神話の戦いの女神）という名で、暴動や緊急事態の際には、ドイツ駐屯《ちゅうとん》の部隊を迅速《じんそく》に集結させるよう細部まで検討された規定が作られていたのである。いまや、ヒトラーもこの計画に関心を持ち、一九四四年六月七日にオーバーザルツベルクで、この計画についての話し合いが行なわれた。そこには、カイテルやフロムのほか、フォン・シュタウフェンベルク陸軍大佐も参加していた。

シュタウフェンベルク大佐は、ヒトラーの先任副官であるシュムント将軍により、疲れきったフロムの仕事に生気を与えるために、幕僚長に任命されたのである。シュムントが私に説明したところによると、シュタウフェンベルクは、ドイツにおける最も勤勉かつ有能な軍人の一人であった。ヒトラー自身も、ときおり私にシュタウフェンベルクと一緒に、緊密かつ信頼し合って働くようにと勧めた。彼は重い傷を負っていたが、子供のような魅力をもっていた。彼は元来、詩人的であり緻密でもあり、ゲオルゲ・サークルと参謀本部という、一見相いれないような二つの教養的背景を持っていた。シュムントから要請されなくても、我々はよく理解し合えるように思われた。彼の名前と密接に結びつくあの行為（訳注――ヒトラー暗殺計画）があってから、次のヘルダーリンの言葉が、彼に最もふさわしいものと思われた。「彼の感じやすい心に苛酷《かこく》な形を押しつける状態のもとでみない限り、きわめて不自然かつ不合理な性格である」

七月六日と八日にこの話し合いは続行された。ヒトラーとともに、カイテルとフロム、そして他の将校たちが、広間の丸テーブルのまわりに集まっていた。私の隣には、おそろしく分厚い書類カバンを持ったシュタウフェンベルクが席を占めていた。彼が「ヴァルキューレ」の出動計画を説明した。ヒトラーはこれを注意深く聞き、それに引き続いた討議では、彼の提案の大部分を承認した。最後にヒトラーは、国内の戦闘行為においては、軍司令官に無制限の執行権が与えられ、政治的な機構とりわけ大管区指導者には帝国《ライヒ》防衛委員の資格でのみ単なる助言的機能が与えられるだけであるということを決定した。すなわち、軍司令部当局は、官公庁や市町村当局に対して、大管区指導者に照会することなく、すべての必要な命令を下すことができるということになった。

陰謀者たち

偶然かそれとも計画的にか、とにかくそのころ、軍の一部のグループがベルヒテスガーデンに集まっていたのだ。今日になって初めて知ったことだが、彼らはその数日前から、シュタウフェンベルクとシュティーフ陸軍少将が用意する爆弾で、ヒトラーを暗殺する計画が決定していたのであった。七月八日、私は、直接カイテルの合意を得られなかった未決勾留中の労働者を陸軍に徴用する件で、フリードリヒ・オルプリヒト将軍と相談するために出かけた。いつものことだが、このときも彼は、国防軍の組織が四つに分割されていることの不合理を嘆いていた。彼はこの弊害を指摘して、これを除去できさえすれば空軍から数十万人の兵士を陸軍に送り込めるのだがといっていた。

翌日私は、ベルヒテスガーデナー・ホーフで、エドゥアルト・ヴァーグナー参謀次長、エーリヒ・フェルギーベル通信隊司令官、参謀本部付フリッツ・リンデマン将軍、陸軍総司令部編成課長ヘルムート・シュティーフ少将と会談した。今にして思えば、彼らはみなヒトラー暗殺の陰謀に加担していたのだ。彼らのうちでその後一か月以上生きのびたものはだれ一人としていなかったのである。おそらく、かなり長い間延びのびになっていたクーデター計画がついに決行ときまったためか、彼らはこの日の午後、大きな決定が下された後ではいつでもそうであるように、どちらかというと気楽な様子であった。私の省の記録によると、私が、彼らが絶望的な戦線の状況を重視していないことを知り意外な感じを持ったと記している。「参謀次長の言葉によると困難は少なくなったそうだ……将軍たちは東部の戦況をさして重要視していないようである」

その一、二週間前までは、ヴァーグナー将軍も状況を最悪なものとみなしていたのだ。そして今後の退却の場合を考えて、軍需産業に対して実現不可能に近い大きな要求をしていた。今から考えてみれば、陸軍は十分な兵器で装備されていなかったし、それゆえに破局に近づきつつあるのだということを、ヒトラーに証明する目的だけをもっていたようである。私の協力者ザウルは、私が欠席した会議の席上で、ヒトラーの支持を受け、ずっと年上の参謀次長をまるで小学生に対するように叱責《しっせき》した。後日私は、彼に対する変わらない好意を表わすために彼を訪れたが、もはや不機嫌ではないと確信した。

ベルヒテスガーデナー・ホーフでの会談で、我々は上級指導部の不十分さのゆえに生じた弊害について話し合った。フェルギーベル将軍は、国防三軍に別々の通信網があるというだけでも、既に兵士や資材を不必要に浪費しているのだと説明した。すなわち、空軍と陸軍が、それぞれアテネあるいはラップランドまでのケーブルを敷設しているのだ。これを統合することは、経費節減だけでなく、不測の事態に際しても、摩擦のない進行を保証しただろう。しかし、ヒトラーはこういった提議をまったく受けつけなかったのである。私はしばしば、一元的に統制された軍備が、国防三軍にどのような利点をもたらすかについて例証したことがある。

私は、この陰謀者たちとざっくばらんに話をすることがよくあったが、彼らの意図については、まったく気がつかなかった。ただ一度だけ何かが起こりそうだと感じたことがあった。それも彼らとの会話の時ではなくて、ヒムラーの発言においてであった。一九四三年晩秋、彼は大本営の広場で、ヒトラーと話をしていた。私はすぐその側にいたので、はからずもこの会話を聞くこととなった。

彼はいった。「総統、私が『黒幕』と話をするとき、まるでその一味のように振る舞うことをわかって下さいますね」。ヒトラーはこれにうなずいた。「何かあやしげな計画を持っているようです。私が彼の信頼を得られれば、これを聞き出せるでしょう。総統、もしあなたが第三者から何かお聞きになれば、私の動機もおわかりのことと思います」。ヒトラーは承知したとの身振りでいった。「もちろん、私は全面的に君を信頼しているとも」。私は副官の一人に、「黒幕」と呼ばれているのは何ものなのか知っているかとたずねた。「もちろんですとも、それはプロイセンのポーピッツ財務大臣のことです」と彼は答えた。

クーデター

偶然が思わぬ役を演ずることがあるものだ。七月二十日、私は知らないこととはいえ、ベントラー通りのクーデター本部にいるべきか、あるいはゲッベルスの家で守備側の本部にいるべきか選択を迫られていたのであった。七月十七日、フロムは幕僚長シュタウフェンベルクを通じて、私を七月二十日昼食に招待し、引き続いて話し合いをするためにベントラー通りに来るように依頼してきた。ところが私は、その前から、同じ日の午前中に、軍需状況について政府および経済界の代表者に話をする予定があったため、それを断わらねばならなかった。にもかかわらずフロムの幕僚長は、是非にといって七月二十日の招待を再度申し込んできた。どうしても私が来ることが必要だというのである。しかし私は、午前中に骨の折れる講演があり、その後重要な軍需問題についてフロムと論ずるのは気が重いので二度目も断わったのである。

私の講演は一一時から、ゲッベルスが提供して宣伝省のシンケル設計の公式会議場で始められた。ベルリン滞在中の大臣、全次官、主要官僚ら約二〇〇人が集まった。すなわち、ベルリンにいた政界人全部が集まったのである。私はまず、これまでにも何度か話してきたのでほとんど暗記しているような、労働力徴用過剰の件について話し、ついでグラフを用いてドイツの軍需生産の現況について概説したのである。

私が講演を終え、ゲッベルスが代表して結びの言葉を述べたのとほぼ同じころ、ラステンブルク(総統大本営所在地)でシュタウフェンベルクの仕かけた爆弾が爆発したのだった。もし陰謀者たちがもっと巧妙にやったとしたら、ヒトラーの暗殺と並行して、重要な協力者を含めた全帝国《ライヒ》政府を、わずか一〇人ほどの兵士を従えた中尉クラスの人間で手中に収めることができたであろう。まだ何も知らずに、ゲッベルスはフンクと私を省内の彼の執務室に案内した。我々が、当時問題としていたような、果たして総動員のチャンスを逃したのか、あるいはまだチャンスがあるのかといったことを話し合っていたとき、スピーカーが「大臣閣下、大本営が至急お呼びです。ディートリヒ博士が電話に出ておられます」と知らせてきた。ゲッベルスはスイッチを入れた。「ここにつなぐように」。彼は机のほうに行き受話器をとった。「ディートリヒ博士か。こちらはゲッベルスだ。何だって!　総統の暗殺?　たった今……総統は生きておられると……封鎖地域内の兵舎に……詳細を知っているか。総統はトット機関の労働者の一人だといっているって？」。ディートリヒは、かいつまんで述べたに違いない。電話は終わった。ヴァルキューレ計画は国内予備軍の動員に関する行動計画として、ここ数か月来ヒトラーをまじえて公然と討議されてきたが、陰謀者たちによっていよいよ実行にうつされたのだ。

ゲッベルスが、たった今ディートリヒから聞いた内容を繰り返し、トット機関の労働者に嫌疑《けんぎ》がかけられていると強調したとき、私の脳裏をかすめたものは、「そんなことがあってたまるか。ありえないことだ」ということであった。この嫌疑が事実だとしたら、私の威信にもかかわることであった。というのも、きっとボルマンが、私の管理権も新しい陰謀であると中傷してくることであろうからであった。ゲッベルスは既に不機嫌になっていた。というのも、私が、トット機関がラステンブルクの労働者を人選する際にとった処置について、彼に報告していなかったからである。彼は私に、数百人の労働者がヒトラーの防空壕強化のために一号封鎖地域に毎日送りこまれていること、またヒトラーは目下、私のために建てられたかなり大きな会議場を備えた宿舎――私の留守のときにはからになっている――で仕事をしていること、などを語らせた。話を聞き終わってゲッベルスは、首を振り振りいった。「謀叛人が、世界中で最も安全なはずの領域にはいり込むのも簡単であったに違いない」とか、「とすれば、すべての防衛の規範は、何を基準とすればよいのか」などと、彼はうつろに口ばしっていた。

間もなくゲッベルスと我々は別れた。彼も私も、こういった場合つまらないことにかかわっていられなかったのだ。自分の宿舎に戻ると、既にエンゲル大佐が待っていて、遅い昼食が始められた。かつてヒトラーの陸軍副官であり、当時は最前線の部隊を指揮していた彼のことを、私は上申書の中で「下層独裁者」という表現をしたことがあるが、彼がこれをどう受けとっていたか興味深いものだった。この言葉は、普通では考えられないほどの権力を持った人間、すなわち、威信を考慮せず、見通しのきかない国防軍の三重、四重に錯綜《さくそう》した組織を、効果的な組織構造に改革することを求めている人間であることを表現していた。数日前にできあがったこの上申書は、偶然七月二十日付けであったが、その中では、陰謀に加担した軍人たちと話し合ったことがくだくだと述べられていた。

私には、大本営に電話をかけて詳細をただしてみようという考えすら浮かんでこなかった。おそらく、ことの重大さにすっかり気も転倒しており、電話することすら煩《わずら》わしいと思えたのだし、そのうえ、暗殺者が私の組織から出ているという嫌疑をかけられているためだに、私自身すっかり気が重くなっていたからであろう。昼食後、私は予定通り外務省のクラウディウス公使を迎えた。彼はルーマニアにおける石油の確保の件を報告してくれたが、話がまだ終わらないうちにゲッベルスから電話がかかってきた。

彼の声は午前中に比べると驚くほど変わっていて、興奮した乱暴なものだった。「すぐに仕事をやめて私のところへ来てくれ。至急の用事なのだ。いや電話ではいえない」。クラウディウスとの会談は直ちに中止され、夕方五時ごろには私はゲッベルスの官邸に到着した。彼は私を、ブランデンブルク門の南側にあるこの邸宅の二階にある書斎に迎え入れ、大急ぎでいった。「たった今総統大本営から、国中に軍事暴動が起こっているとの報告がはいった。こういうとき私は、君にそばにいてもらいたいのだ。私は、しばしば物事を少々性急に決めるくせがあるし、君の冷静さでうまく均衡を保ってほしいのだ。我々は慎重に行動しなければならない」

実際この知らせは、ゲッベルスだけでなく私をもすっかり興奮させてしまった。突然、フロム、ツァイツラー、グデーリアン、ヴァーグナー、シュティーフ、フェルギーベル、オルブリヒト、あるいはリンデマンたちとの会話のすべてがありありと思い出されてきた。まったく見込みのない全戦線の状況、敵の侵攻の成功、赤軍の優勢、とりわけ切迫している燃料不足などが、ヒトラーのディレッタント、非常識な決定、絶え間ない高級将校に対する侮辱、冷遇、軽蔑などに対する痛烈な批判と結びついてきた。正直なところ、私はシュタウフェンベルクやオルブリヒト、シュティーフやその仲間が、クーデターを起こすなどとは夢にも思っていなかった。むしろ、グデーリアンのような短気な性格の人間こそがそういった行動をとると信じていた。後になってわかったのであるが、ゲッベルスは、このとき既に、嫌疑がシュタウフェンベルクに向けられていることを知らされていたに違いない。しかし彼は私に対してこのことを隠していた。同じく彼は、私が来るちょっと前にヒトラーと電話で話したことも話さなかった。

私は、こうした事実を知らないままに自分の立場を決めた。実際私は、当時の状況下では暴動など破滅的なことであると思っていた。その道義性などというものも私には理解できなかった。それゆえにゲッベルスは私の助けをあてにすることができたわけである。

部屋の窓は通りに面していた。私が到着した数分後に、兵士たちが鉄かぶとをかぶり、ベルトに手榴弾をつけ、手には自動小銃という完全武装で、すぐにでも戦闘態勢にはいれるような小グループに分かれて、ブランデンブルク門に向かって動き出したのが見えた。彼らはそこで機関座を架設し、すべての交通を遮断した。その間、二人の兵士が重装備のまま公園にはいって歩哨《ほしょう》に立った。私はゲッベルスをこちらへ呼んだ。彼はすぐにこの意味を理解し、隣の寝室に姿を消して、箱からいくつかの錠剤を取り出して上着のポケットに入れた。「さて、これでいつきても大丈夫だ」と彼はすっかり緊張していった。

一人の副官を通じて、我々はこの歩哨たちがどんな命令を受けているかを確かめようとしたが、結局何もわからなかった。塀《へい》のところの兵士たちは無言で立っていたが、とうとう無愛想に説明した。「ここからはだれも中に入れることはできません」

反乱の挫折

ゲッベルスが、ひっきりなしにあらゆるところへ電話をかけた結果、混乱していた事態がいくらか明らかになった。ポツダムの部隊は、既にベルリンへ向けて行軍を開始し、地方の守備隊も近づきつつあるとのことだった。私自身は、反乱に対して無意識的に否定的な態度をとっていたにもかかわらず、神経質そうに覚悟をきめていたゲッベルスのイライラした表情とはまるで関係なく、単なる中立的存在であるかのような奇妙な気持ちを持っていた。一時的に情勢が絶望的となり、ゲッベルスはまったく不安げにみえた。ただ、電話がまだ使用できること、ラジオが反徒の布告を放送していないことなどから、ゲッベルスは、相手方がまだためらっていると判断していた。実際この反乱において、陰謀者たちは、数週間も前から準備して、ゲッベルスの逮捕だけではなく、ベルリン電話局、中央電報局、親衛隊本部、中央郵便局、およびベルリン周辺の主要放送局占領に関する詳細なタイム・スケジュールを組んでいたにもかかわらず、なぜ通信機能を中断するとか、これを自分たちの目的に利用するとかしなかったのか、まったく不可解であった。ゲッベルスのところに押し入り、大臣を見つけ、抵抗もなく逮捕するにもわずかの兵士で足りるはずだった。なぜなら、我々が身を守る武器として持っていたのはピストル数丁にすぎなかったからである。ゲッベルスは、おそらく、用意していた青酸カリを飲んで逮捕を免れようとしていたのであり、陰謀者たちにとって最もてごわい相手を消すこともできていただろうのに。

意外だったことは、この危機にあたって、クーデターを制圧しうる、かつ絶対的な信頼をおける部隊を持つ唯一の人ヒムラーとは、まるで連絡がとれなかったことである。明らかにヒムラーは手を引いていたのだ。ゲッベルスは不安になって、この点についてもっともな理由をつけようと躍起になっていたが無駄であった。彼は、親衛隊全国指導者でありかつ内務大臣であるヒムラーに対する不信を繰り返し口に出しては、この不安に満ちた時を過ごしていた。

ゲッベルスが電話をかけている間に、私が隣室に引き下がらざるをえないように感じたのも、彼が私に対して不信感を持っていたためであろうか。彼はあからさまに私に対しても疑いをかけているようにみえた。しかし、後でよく考えてみると、ゲッベルスは私を自分のすぐそばに置くことがなによりも安全であると考えていたようにも思われる。というのも、第一の嫌疑がシュタウフェンベルクと、従って自動的にフロムのうえに向けられていたからである。とにかくゲッベルスは、私のフロムに対する友情を知っていた。しかし彼は、フロムを以前から「党の敵」と呼んでいたのであった。

私もフロムのことを考えていた。ゲッベルスには内緒で、ベントラー通りの電話交換室につながせて、できるだけ早く詳細を聞くためにフロムを呼び出させた。「フロム上級大将にはご連絡できません」と電話交換手が伝えてきた。私は、この時点でフロムが既に監禁されており、ベントラー通りの一室にいることなど知る由もなかった。「それなら彼の副官につなぐように」。これにも、だれも電話にでないとの返事があった。「それでは、オルプリヒト将軍を出してくれ」。彼はすぐに電話に出てきた。「どうしました、将軍！」。この難局をやわらげようと、私はわざとふだん我々の間で使うくだけた調子でたずねた。「私はやらねばならないことがあるのに、今、ゲッベルスのところに閉じ込められているのです」。オルプリヒトは弁解して、「どうぞ許して下さい。あなたのことでは見当違いをしていました。すぐにどうにかしましょう」といって、私がさらにたずねようとするにもかかわらず彼は電話を切ってしまった。私はゲッベルスに、今の会話について報告するのはやめておいた。なぜなら、オルプリヒトの会話の調子と内容は、むしろゲッベルスに不信を起こさせるような含みをもったものだったからである。

そうこうしているうちに、ベルリン大管区指導者代理のシャッハが私の部屋にやって来た。ハーゲンという彼の知人の一人がいま彼のところに来て、中央官庁街を包囲している大隊の隊長レーマー少佐はナチス的信念を堅持しているといったとのことであった。すぐにゲッベルスは、報告に来るようにレーマーを呼んだが、彼から承諾の返事があるやいなや、私を改めてその書斎に呼んだ。ゲッベルスは、レーマーを味方にすることができると確信しきっており、私に話し合いの席に同席するようにと頼んだのであった。ヒトラーも、今ここで行なわれる話し合いのことをよく知っており、総統大本営で待っていて、いつでも自分自身が少佐と話すつもりだといっていると説明した。

レーマー少佐がはいってきた。ゲッベルスは、自制しているようにみえるものの、イライラは隠せなかった。自分でもわかっていたのだろうが、反乱と、それに伴う彼の運命が今や決定されようとしているのである。不思議といえるほど、劇的なムードを感じさせぬまま時が流れ、数分後、すべてがすぎさり、反乱は失敗に終わったのであった。

最初ゲッベルスは、少佐に向かってヒトラーに対する宣誓を想起するようにいった。レーマーは、ヒトラーと党に対する誓いを述べたが、しかしヒトラーは死んだのだと付け加え、こうしているうちにも彼は、自分の上官フォン・ハーゼ中将の命令を実行しなければならないのだといった。

ここでゲッベルスは、彼にとっては決定的であり、すべてを無効にできるような論拠を述べたてたのである。「総統は生きているのだ」。レーマーが一瞬驚き、明らかに不安げになったのを認めると、ゲッベルスはすぐさま付け加えた。「総統は生きている。ほんの数分前に私は彼と話したばかりだ。少数の野心的な将軍たちがこの武力クーデターを引き起こしたのだ。卑劣な行為だ。歴史上最も卑劣な行為だ」。ヒトラーがまだ生きているという報告は、窮地に立ってイライラしているレーマーに救いを与えるような効果をもたらした。うれしげに、しかしまだ信じられないといった様子でレーマーは、我々全員を見つめた。ゲッベルスは、レーマーに、今こそ歴史的な瞬間であり、すべてが若い君の双肩に掛かっている、ここで巨大な責任を果たすように呼びかけた。さらに、一人の人間として、運命によってこうした機会を与えられることは、きわめてまれなことであり、この機会を生かすも殺すも君の出方一つであるといった。このときのレーマーを見て、あるいはこの言葉が彼にどんな変化を起こさせたかをつぶさに観察したものは、明らかにゲッベルスが勝ったことを理解したことであろう。ゲッベルスは最高の切り札を出して、「私は今から総統と話をするが、君も電話に出て総統と話すがよい。総統は、君の上官の命令を中止するように命令を出すことができるのだ！」と軽い皮肉をこめた調子でいうと、ラステンブルクへの電話をとった。

省内の直通電話で、ゲッベルスは大本営に連絡させた。数秒してヒトラーが電話口に出た。状況を少し報告した後、ゲッベルスは少佐に受話器を手渡した。レーマーは死んだといわれたヒトラーの声を即座に認め、受話器を手にしたまま、思わず姿勢を正した。ときおり「そうですとも総統。もちろんですとも、承知しました。総統！」と聞こえてくるだけだった。

その後でゲッベルスは受話器を受けとり、ヒトラーから会話の成りゆきを知らされた。「少佐は、フォン・ハーゼ将軍に代わって、ベルリン地区におけるすべての軍事行動の委任を受け、同時にゲッベルスから出されるすべての指令を実行する」ように命じられたのである。たった一本の電話線が、この反乱を完全な失敗に終わらせたのである。ゲッベルスはすぐに反撃にうつり、連絡可能な警備隊の兵士は、即刻、彼の家に集合を命じられた。

挫折の原因

爆弾による総統暗殺が企てられたが、総統は無事であり、再び執務している、とゲッベルスは、夜七時ごろラジオを通じて放送させた。このときには、反乱は失敗したとはいえ、まだ完全に鎮圧されたわけではなかった。

信頼とはあてにならないものである。ゲッベルスが、フェーアベリーン広場に戦車旅団が到着し、レーマーの命令に従うのを拒んでいるという簡単な報告を受けたとき、事態は再び疑わしいものとなった。彼らは、グデーリアン上級大将の命令にしか従わないというのである。「上司に従わない者は銃殺される」と軍の法規にはっきりと記されていたのである。彼らの戦闘力は圧倒的に強く、次の数時間の運命もその出方一つにかかっていたのだった。

戦闘力において、ゲッベルスがとても対抗しえないと思われる戦車旅団が、反徒に属するかあるいは政府に属するかを、だれ一人はっきりといえないというところに、我々の立場の不確実さがあらわれていた。ゲッベルスとレーマーは、グデーリアンがこの暴動に関係していることはありうることだと認めていた。戦車旅団はボルブリンカー大佐によって率いられていた。私は彼をよく知っていたので電話で連絡をとった。彼の話は我々にとって安心できるものであった。戦車は暴動鎮圧のため来たものであった。

ベルリン警備大隊の一五〇名ほどの兵士が――その大部分は中年の男たちだったが――、ゲッベルス邸の庭に待機していた。「もし私が彼らを納得させられたら私の勝利である。どうやって彼らを我々の味方とするかよく見ていたまえ」。そういってゲッベルスは、彼らのほうに向かって歩いて行った。既にあたりは暗く、開け放たれた庭戸から光がもれて、その辺りだけが明るくなっていた。初めから兵士たちは、じっと耳を澄まして、長いだけでたいして意味のない彼の話を聞いていた。とにかくゲッベルスは、この日の勝利者として異常な自信を示していた。彼の話は、ありふれたきまり文句を並べただけのもので、誇張もあったが、同時に扇動的でもあった。私は兵士たちの顔から、この演説がどんな印象を与え、命令やおどしではなく、納得によって味方に引き入れたかを読みとることができた。

夜の一一時ごろ、ボルブリンカー大佐が私の部屋にやって来た。フロムがベントラー通りで逮捕された反乱者たちを、軍事裁判にかけるよう命令しているとのことだった。私には、フロムがそんなことをすればフロム自身が相当の重荷を背負いこむことになるに違いないと思えた。ことに、反徒たちに関する決定は、私の考えでは、ヒトラー自身によってのみ下されるべきであった。真夜中過ぎ、私は死刑執行を取り止めさせるために家を出た。ボルブリンカーとレーマーが私の車に同乗した。真っ暗になったベルリンの中で、ベントラー通りだけがサーチライトで明るく照らし出され、現実離れした幽鬼の世界のような光景であった。同時にそれは、暗いアトリエの中に照らし出された書き割りのような劇的効果を出していた。長く鋭い影が、建物を彫刻のようにみせていた。

我々がベントラー通りのほうへ曲がろうとしたとき、親衛隊の将校が現われ、ティーアガルテン通りの歩道のところで車を止めるようにと告げた。木の暗がりには、ほとんど目立たなかったが、秘密国家警察長官のカルテンブルンナーと、ムッソリーニの解放者であるスコルツェニーが、たくさんの親衛隊の下級指導者たちに囲まれて立っていた。彼らの振る舞いも、彼らの暗い姿同様、幻のようであった。あいさつをしても、だれ一人としてかかとをカタンとつけ合わせる敬礼をしなかった。誇示されるようなきびきびした動作は消えていた。すべてが静かに動いていた。会話も低い声でなされ、まるで葬式のようだった。私はカルテンブルンナーに、我々はフロムの軍事裁判を取り消させるためにやって来たのだと説明した。私は、カルテンブルンナーやスコルツェニーから、むしろ憎悪の表情、あるいは親衛隊とは競争的な立場にある陸軍の道義的敗北に対する勝利の表情を期待していたのだが、彼らはほとんど無表情に、この事件は第一に陸軍の問題であると答えた。「我々は干渉したくもないし、決して干渉しようとも思わない。ところで、軍事裁判は既に行なわれたようだ。反乱の鎮圧や軍事裁判の執行には、親衛隊をさし向けたりしない。私は親衛隊の兵士たちにベントラー通りの建物に足を踏み入れないように命じた。親衛隊によるすべての侵害行為は、陸軍との新しい確執を生じさせ、いままでに生じている緊張関係を、より一層大きくするものである」とカルテンブルンナーは私をさとすようにいった。カルテンブルンナーのこの確約もすぐ破られた。数時間後には、陸軍の事件関係将校たちに対する追及が、親衛隊機関によって完全に遂行されていたのだった。

カルテンブルンナーが話を終えるのとほとんど同時に、ベントラー通りの明るい背景に背を向けて、大きな黒い影が目に飛び込んできた。フロムだった。彼はたった一人で、完全な軍装を身につけ、重い足どりで我々のほうへ近づいて来た。私は、カルテンブルンナーとその部下に別れを告げ、暗がりからフロムのところへ出ていった。「反乱は終わった」と彼は、やっとのことで平静を保ちながら話しはじめた。「私はたった今、すべての必要な命令を軍管区司令部に下してきた。私は一時、国内部隊に命令を下すことを妨害されていた。私はある部屋に監禁されていたのだ。私の幕僚長、私の最も親しい協力者たちによって……」。彼は次第に声を大にして、自分の幕僚長の銃殺刑を主張したとき、彼の憤慨と動揺がはっきりと感じられた。「裁判権所有者として、私はこの反乱に関係したすべての者に対し軍事裁判を施行する義務がある」。ゆっくりと、しかしさいなまれるような調子で付け加えた。「オルブリヒト将軍と私の幕僚長シュタウフェンベルク大佐はもう生きてはいない」

それからフロムは、ヒトラーに電話しようとした。私は、まず私の役所に立ち寄るようにと頼んだが無駄であった。彼は、ゲッベルスが彼に対して敵意と不信を持っていることを、私と同様よく知っていながらも、彼と会うことに固執していた。ゲッベルスの部屋には、既にベルリン地区司令官フォン・ハーゼ将軍が拘引されてきていた。私のいるところでフロムは、事件を手短に説明し、ゲッベルスに、ヒトラーと話ができるようとりはからってくれと頼んだ。

返事をする代わりにゲッベルスは、フロムにほかの部屋にはいるように促し、ヒトラーに電話をつながせた。会話が始まると、ゲッベルスは私に、自分を一人にするようにしてくれと頼んだ。およそ二〇分ほどたって、彼はドアのところにいき、フロムがいるその部屋の前に歩哨をたてさせた。

それまで姿をみせなかったヒムラーが、ゲッベルスの家に現われたのは、真夜中を過ぎたころだった。彼はくどくどと暴動鎮圧の際の確実な方法として、「反撃にあたっては常に中心から遠ざかり、外部からこれを行なうべきものである。それが戦略というものだ」と、自分が姿をみせなかったことの理由づけをしていた。ゲッベルスもそれに同意したかのようにみえた。彼は上機嫌で、実際どうやってほとんど一人で難局を切り抜けたかをヒムラーに詳しく話すのを楽しんでいた。「もし彼らがこんなにまで無器用でなかったら、もっと大きなチャンスがあったろうに。何という子供じみた行為なんだ。私だったらどうしたかと考えてみると、なぜ彼らが放送局を占拠してデッチあげの嘘を流さなかったのか理解に苦しむ。彼らは私のドアの前に歩哨をたてさせながら、私が電話で総統と話したり、あらゆる方面に動員をかけるのを妨害しなかった。一度だって彼らは電話を不通にしなかった。こんなに多くの切り札を手にしていながら……。何という迂闊なやつらだ」と彼は続けた。「服従という伝統的観念にあまりにもとらわれすぎていたのだ。もちろんこれまでは、下士官や兵士たちはすべて上官の命令に服従しなければならなかったが。それだけで既にこのクーデターは失敗したも同然だったのだ。彼らはドイツ人が過去数年間に受けたナチス国家の新しい政治的教育を忘れてしまったのだ」と驚くほど冷静に満ち足りた表情で付け加えた。「今日では、もはや彼らを、命令に絶対服従させることは不可能だ」。ゲッベルスは突然話をやめた。私のいるのが邪魔になったかのように、彼はいった。「全国指導者と二人きりでいくつかの問題について話し合わねばならない。シュペーア君、おやすみ」

祝賀レセプション

翌七月二十一日、主要閣僚たちが祝賀レセプションのために総統大本営へ招かれた。私は、部下のドルシュとザウルを同行して来るようにと特にいわれた。ほかの閣僚は部下を連れてこなかったから、これは異例なことだった。レセプションのとき、ヒトラーはこの二人に対して目立つほど丁寧なあいさつをしていたが、私には気にもとめず軽く握手しただけで通りすぎてしまった。ヒトラーの側近も私に対しては不可解なほど冷淡であった。

私が部屋にはいると会話がとぎれ、そこに居合わせた人々は遠ざかり顔をそむけた。ヒトラーの副官シャウプは、意味ありげに私にいった。「我々は、かげで暗殺の糸を引いていたのがだれかを知っていますよ」。そして私は立ったままに放置された。それ以上何も聞くことはできなかった。ザウルとドルシュは、私をさしおいて、内輪だけの夜の茶会に招待された。すべてが無気味であった。私は心中おだやかではなかった。

これに反してカイテルは、ヒトラーの側近としてはここ数週間の危機にさらされていたにもかかわらず、今や完全にその名誉を回復していたのである。爆発直後、爆煙の中から立ち上がったカイテルは、ヒトラーが無傷でいるのをみると、叫び声をあげてヒトラーに向かって突進して「総統！　あなたは生きておられる、生きておられるのだ」といって、あらゆる慣習を無視してヒトラーを激しく抱きしめたのだとヒトラーがいっていた。その結果、ヒトラーはもう彼を失脚させないことだけは明らかとなった。そしてまた、カイテルこそ暴徒に苛酷な報復をするためにふさわしい人間だとヒトラーには思えたのであろう。「カイテル自身、すんでのところで死ぬところだった。彼は慈悲を与えるような人間ではない」とヒトラーはいった。

翌日になると、ヒトラーは再び私に対して親しげな態度を示してきた。彼の側近たちもそれに従った。茶室の中で彼を議長として会議が開かれ、カイテル、ヒムラー、ボルマンおよびゲッベルスと私が参加した。ヒトラーは、辞令こそ出さなかったが、私が二週間前に上申したことに同意して、ゲッベルスを「総力戦のための帝国全権者《ライヒ》」に任命した。彼がヒトラーを助けたことが、この決断を容易にしたのだった。わずか二、三分間で、ゲッベルスと私とが一年以上も闘ってきた目的が達せられたのである。

引き続いてヒトラーは、ここ数日のでき事に言及し、今や戦争の決定的な転換期を迎えた、と勝ち誇ったようにいった。「裏切りの時代は過ぎ去り、新しいよりすぐれた将官たちが指揮をとることになろう。いまこそ私は、スターリンがトゥハチェフスキーを粛清することによって、作戦の成功への決定的な一歩を踏み出したということがわかった。彼は、参謀本部を粛清することによって、帝政時代と異なった新しい力を創造したのだ。一九三七年のモスクワ裁判に対する非難はでっち上げによって作られたと思っていたが、今私は、七月二十日の体験以来、果たして何があったのかと疑問に思えてきた。根拠は依然としてないのだが、私は両参謀本部の裏切り行為はもはや黙過することはできない」

みなこれに同意した。なかでもゲッベルスは、特に将官連に対する軽蔑と嘲笑をあおりたてた。私が制止しようとすると、ゲッベルスは即座に私を不愛想にどなりつけた。ヒトラーは黙ってこれを聞いていた。

通信隊司令官フェルギーベル将軍もまた謀叛人の一人であったということが、ヒトラーの気持ちの中で、当然であるという意識と同時に怒りを爆発させた。「いまこそ私には、ここ数年来、なぜロシアにおける大規模な作戦計画が失敗に終わらざるを得なかったかわかった。すべてが裏切りのせいだ。裏切り者がいなかったら、ずっと以前に我々は勝っていたのだ。これが歴史に対する私の弁明である。フェルギーベルがスイスへの直通電話を持っていたかどうかをどうしてもはっきりさせなければならない。これを通じて、私の作戦計画はことごとくロシア人に筒抜けだったのだから。あらゆる手段で審問しなければならない……。私は今度も正しかったのだ。私が国防軍の統一化に反対したときに、だれが私を信じようとしたか。もし国防軍が一人の手に握られたとすればどんなに危険なものであるか！　私が武装親衛隊師団をできるだけ多く編成させたのも、君たちは単なる偶然と思うだろうが、私はすべての反対を押しきってまで命令を下してきた理由があるのだ。すべてのことは軍隊を分裂するように仕組まれたにすぎなかったのだ」

続けてヒトラーは、謀叛人たちのことを憎々しげに思い起こしていった。「私は彼らをすべて根こそぎにしてしまうつもりだ」。それから、ヒトラーにかつて反対したり、陰謀に加担した者の名前をあげた。「シャハトは軍備を妨害した人間だ。残念ながら、彼はあまりにも軟弱だった」。そしてシャハトを即刻逮捕するように命じた。「ヘスも冷酷無残に絞殺するのだ。罪を犯した将校のブタ野郎と同じように。彼は一番最初に裏切りの手本をみせたやつなのだ」

激しく感情を爆発させると、ヒトラーはまた少し冷静になった。ほんのわずか前に、大きな危険を乗り越えた人間が味わいうる安心感を隠すことなく、彼は暗殺のいきさつを説明した。そして勝利への転換が目前にあるということを口にした。彼は、クーデターの失敗から新しい確信を得たのである。しかし、我々は彼のこの楽観主義にあまり賛成できなかった。

しばらくして防空壕が完成した。ヒトラーは陰謀のあった日、ここの私の宿舎に泊まっていたのである。もし建物が時代を象徴するものであるとすれば、この防空壕の外見は、さながら古代エジプトの墓のごとくであった。事実、窓も空気孔もない大きなコンクリートの固まりであり、横断面でも、コンクリートの容積が使用空間の数倍にも及んでいるといった建物だった。この墓のような建物の中で彼は生活し、働き、そして眠ったのだ。彼をとりまく五メートルの厚みを持つコンクリートの壁が、比喩《ひゆ》的な意味でも彼を外界から切り離し、彼を妄想《もうそう》にふけらせているかのように思われた。

私は滞在中を利用して、七月二十日夜既に退任したツァイツラー元参謀総長に、すぐ近くの総統大本営でお別れのあいさつをした。ザウルは私を送っていくといってきかなかった。我々が話をしていると、ツァイツラーの副官ギュンター・スメント中佐が帰還報告をした。彼は数週間後に処刑されたのである。ザウルは直ちに疑いをいだき、「二人があいさつをしたときの目つきをご覧になりましたか」。私は怒って「いや」と答えた。すぐその後で、ツァイツラーと私が二人だけで話したとき、スメントは参謀総長の金庫を整理して、ベルヒテスガーデンから帰ってきたのだということが明らかになった。ツァイツラーがそれを隠さずに話したので、私は彼が謀叛人たちの一味ではないという印象を強めた。ザウルが自分の印象をヒトラーに告げたかどうかは私にはわからなかった。

総統大本営に三日いた後、私は七月二十四日早朝、再び空路ベルリンに戻った。

私の立場

秘密国家警察長官であり、親衛隊大将のカルテンブルンナーが私をたずねてきた。彼が私のところにきたのは初めてのことだった。私は脚がまだ痛かったので、ベッドで彼を迎えた。カルテンブルンナーは七月二十日の夜と同じように丁寧ななかにも猜疑《さいぎ》心をもって、私をじろじろと見つめているように思えた。前口上もなく、いきなり話を切り出した。「我々は、ベントラー通りの反乱軍事務所の金庫の中で、七月二十日付けの閣僚リストを見つけました。あなたは軍需大臣として挙げられています」。彼は私に、このことを知っていたかどうかと質問をしてきたが、そのほかは礼儀正しく、いつもと同じように丁寧だった。おそらく私は彼の報告を聞いて呆然《ぼうぜん》とした顔をしたのであろう。ともかく彼は私を信用した。彼はすぐにそれ以上聞くことをやめ、そのかわり、カバンから一通の書類を取り出した。それはクーデター政権の組織計画であった。それはある将校の手に成るものだったのだろう。というのも、この計画を見ると、国防軍の編成は特別の配慮をもって取り扱われていたのだ。「大参謀本部」が国防三軍を統轄しており、同時に、軍備の頂点に立つ本国軍の最高司令官は、大参謀本部の直属下にあった。同様に、大参謀本部に直属するものとして、たくさんの重要でもないポストの真ん中に、きれいに「軍需＝シュペーア」と記されていた。ただし鉛筆で「もし可能ならば」と書き加えられ、そのうえ疑問符まで添えられてあった。この疑問符をつけてくれた見知らぬ人間と、私が七月二十日にベントラー通りへの招待を断わった事実が、私の立場を救ってくれたのであった。ヒトラーはこのことに関して私には何もいわなかった。

もちろん当時私は、もし七月二十日の一件が成功し、私にも職務を執行せよという要請があったとしたら、一体どうしただろうと考えてみた。きっと過渡期であるのだからといって、ためらいながらもこれを受けていたことだろう。私はその時は陰謀を企てた人物やその動機について知っているだろうし、短期間のうちに私は、ヒトラーとの結びつきから離れて、彼らと協力し、彼らの味方となったことであろう。しかし、だからこそ私が、その政府に加担することは、外面的には最初から既に困難だったであろうし、まして内面的にも不可能だったであろう。政権の本来の性格に対する道義的な責任と私の私的な立場が、ヒトラーなきドイツでは、私のための地位はもはや考えられないということを認識せねばならなかったからである。

その日の午後、各省と同様に、わが省でも会議室に主要職員を集めて忠誠示威集会を催した。集会全体は二〇分そこそこで終わった。私の演説はひどく力のない弱々しいものであった。ほかの時なら普通の形式で話をするのだが、今回だけはヒトラーの偉大さと我々の忠誠について高らかに述べたて、私としては初めて「勝利万歳《ジーク・ハイル》」と唱えて演説を終えた。私はそれまで、こういった追従の表現を用いたことはなかった。この種の言葉は、私の気質や自信と矛盾していたのである。今、私は不確かな、妥協した感じであったが、とにかくも、また見通しのつかない、成り行きに巻き込まれているという気持ちであった。

私の恐れは根拠のないものではなかった。うわさでは、私が逮捕されたなどとうがったことがいわれたり、既に処刑されたとかいわれていた。このことは、私の地位が、公然の秘密であっても危機に立っていることの証拠であった。

ボルマンが私に、八月三日ポーゼンでの大管区指導者会議で軍備について話をするよう求めてきたとき、すべての疑念は消え去った。聴衆はまだ七月二十日事件で受けた印象を持っていた。その招待が、公に私の名誉を回復したにもかかわらず、私は最初から冷たい偏見に打ち当たった。大勢集まった大管区指導者の中で、私はひとり孤立していた。ゲッベルスがこの日の午前中、彼の取り巻きの大管区指導者と党の全国指導者に述べた見解ほど、このときの気分をよく表わすものはないだろう。「いまこそ我々は、シュペーアがどんな立場にあったかがわかったのだ」

ちょうど一九四四年七月、我々の軍需生産は最高に達していた。党指導者たちを刺激しないためにも、かつ私の立場を一層困難にしないためにも、私は一般的な所見を述べるのではなく、我々の今までの仕事の成果や、ヒトラーの至上命令である新しい計画数字を発表して驚異を与えた。緊急に要請されている追加生産を上回る体制をつくるためにも、私と私の機関が、この時点でいかに必要であるかということを大管区指導者たちに知らせなければならなかった。私が多くの例をあげて、多量の在庫品が活用され、国防軍に貢献しているかを説明したときに、雰囲気は和やかになった。ゲッベルスは大声で「サボタージュ、サボタージュ！」と叫んだ。そのことは、七月二十日以来、政府首脳部がどれほどあちこちの工場で、裏切りや陰謀を発見していたかということを示していた。いずれにせよ、大管区指導者たちは私の行なった報告に強く印象づけられた様子であった。

翌日この集会の参加者たちは、総統大本営に行き、そこの映写室でヒトラーの演説を聞いた。私は序列からいって、この一団には属さなかったのだが、ヒトラーが私に集会に参加するようきびしく命じたので、一番後ろの席に腰を下ろした。

ヒトラーは七月二十日の事件の経過を話し、改めて今までの失敗の原因はすべて陸軍の将校たちの裏切りにあったのだし、未来は希望に満ちていると述べた。「私には、これまでの人生においては考えられなかったほどの強い確信がある。これまで、私のすべての労苦は報いられなかった。しかし、今はもう犯罪者の一味の正体が明らかにされ、解職された。おそらくこの暴動は我々の未来のための実り豊かな事件となるであろう」。ヒトラーはクーデターの直後、側近の集まりで説明したことと同じ内容をここでも繰り返した。すべての誤解を打ち払って、情熱的な、自己陶酔的な言葉でもって深い印象を我々に与えようとした。そして次のような言葉が聞こえたとき、あたかも私は一撃を受けたように幻覚的な気分から目ざめた。「ドイツ民族がこの戦いで負けるようなことがあるとしたら、あまりにも弱すぎたためだ。もしそうならば、歴史の試練には打ち勝つことができなかったのであり、滅びるよりほかに道はなかったのである」

驚いたことに、ヒトラーはこの演説で、異例にも、私の仕事の功績に言及したのである。おそらく彼は、大管区指導者が私に対して非友好的であるので、将来私が効果的に働くことを可能にするため、私の名誉を回復させることが必要であると考えたのであろう。彼は党の公の場で、七月二十日以来、彼と私の関係がさめていないことを実証してくれた。

七月二十日から始まった捜査で捕らえられた知人や、協力者たちを助けるために、私は再び安定した自分の地位を利用した。ザウルは、陸軍兵器局のシュナイダー将軍とフィヒトナー大佐を密告したので、ヒトラーはすぐにこの二人を逮捕するよう命じた。ザウルは、シュナイダーがいつもいっている意見、すなわち、ヒトラーには技術的問題に判断を下す能力が欠けている、といっていたことをそっと告げたのであった。またフィヒトナーを逮捕するためには、次のことだけでも十分であった。彼は、戦争が始まった段階でヒトラーが望んでいた新しい型の戦車を全精力を傾けて推進しようとはせず、要するに、意識的にサボタージュをしたという嫌疑をかけたのであった。

しかしヒトラーは、確信のなさを裏付けるように、私が嘆願した結果、彼らが再び陸軍兵器局に勤務しないという条件付きで二人の将校の釈放に同意してくれた。

ヒトラーが将校団に対して抱いていたいわゆる不信感の実例として、私が八月十八日大本営で経験したことがあげられる。西方総軍総司令官クルーゲ元帥は、三日前第七軍団に向かう途中、数時間にわたって連絡をとらなかった。元帥が、無線装置をたずさえ、一人の副官を伴って前線におもむいたという報告を聞いて、ヒトラーは些細《ささい》なことまで臆測した。クルーゲは副官とともにドイツ西部軍の降伏交渉を連合国と行なうために定められた場所におもむいた、と断定した。交渉が行なわれなかったのは、敵戦闘機の攻撃が元帥の通行を遮断し、彼の裏切り的な意図をくじいたというものである。私が大本営に到着したときには、既にクルーゲはヒトラーにより解任され、大本営に召還されていた。元帥がその途上、心臓麻痺で死亡したという報告がはいると、ヒトラーは自分の第六感を引き合いに出して、秘密国家警察に遺体の検視を命じた。毒物による死因が明らかになると、ヒトラーはこおどりして喜んだ。元帥は、その遺書の中で、死に至るまでヒトラーに忠誠を誓っていた。にもかかわらず、ヒトラーは、クルーゲの陰謀をあくまで確信していたようだ。

私は大本営滞在中、ヒトラーの防空壕にある地図用大テーブルの上に、カルテンブルンナーの尋問記録があるのを見つけた。私と親しいヒトラーの一人の副官が、二晩にわたりそれを私に読ませてくれた。というのは、私はまだ自分の身辺のことに不安を感じていたからである。七月二十日以前には正当な批判として甘受された多くのことも、その後は不利となっていた。しかし逮捕者の中で、私について供述しているものはなかった。ただヒトラーの側近の中の「イエス・マン」に対して、私が命名した「首振りロバ」という表現が、謀叛人たちの間でも使われていた。

同じテーブルにたくさんのスナップ写真が置かれていた。これを手にとってみたものの、私はまたすぐ脇へのけてしまった。一番上には、囚人服を着た、そしてズボンには幅広い縞《しま》の布切れをつけた絞首刑者が写っていた。ヒトラーの側近で、私の側に立っていた親衛隊指導者の一人が説明調でいった。「これこそ、バカバカしい生涯だ、ほかのもご覧になりますか。みんな処刑のときの写真です」。夕方、謀叛人の処刑の光景が上映された。それはとても見るに耐えないものであったし、私は見たくもなかった。しかし奇異な感じを与えてはいけないと思って、仕事がまだ残っているのを口実に遠慮した。私は大勢の親衛隊下級幹部や民間人がこの映画を見に行くのをみかけた。しかし国防軍の将校はただの一人もいなかった。

第27章　西方からの波

党の干渉

無能な三人委員会に代わってゲッベルスを帝国《ライヒ》総力戦投入全権に任命したらどうか、と私がヒトラーに提案したのは七月の初めごろであった。その数週間後に、ゲッベルスと私との関係が、私が反乱の一味ではないかとの疑いで信望を失墜し、私に不利に傾こうとは予想もしなかった。そのうえ党指導者は次第に、これまでの敗北は党が十分に介入しなかったためではないかといいはじめてきた。できることなら、党から将軍を出したかったのであろう。大管区指導者たちは、一九三四年にSAが国防軍の下に置かれたことを公然と残念がっていた。彼らは、かつてレームによる国民軍結成の際に絶好の機会を逸したとみていたのである。つまり、将校団にナチス精神を叩きこむべきであったのだし、それがなかったゆえにここ数年来敗北したのだとみなしていたのである。党は、少なくとも文民の領域についてはは真剣に対処してきたのだし、同時に、国家に対してもきびしくまた精力的に介入しなければならなかったのだとみていたようである。

ポーゼンでの大管区指導者会議の一週間後、武器中央委員会のティックスが私に、「大管区指導者、ＳＡ指導者、あるいはその他の党幹部が、何らの了解もなしに突然企業に干渉してきた。その結果三週間後には、二重の命令系統が生じてしまった。軍備当局の一部は大管区指導者の圧力に屈服してしまった。彼らの勝手な干渉の結果、手のほどこしようのないほどの混乱状態が生じてしまったのだ」と話してくれたことがある。

大管区指導者たちは、自分たちの野心や行動はゲッベルスによって支持されていると思っていた。というのも、ゲッベルスは突然、自分が帝国《ライヒ》大臣であるというより党の指導者であると感じたのか、ボルマンやカイテルの助けを借りて、広範囲にわたる召集の準備をしていたのだ。気ままな干渉によって軍需生産面に大混乱が起こることが予想された。八月三十日、私は局長たちに、軍需生産に関しては大管区指導者に責任をまかせるというむねを表明した。私は降伏するつもりであった。

私自身が無防備になってしまっていたので、私も他の閣僚の大部分と同様、こと党に関してはかなり以前からヒトラーに意見をのべることができなくなっていた。話題がこの問題にふれてくると、ヒトラーは話をそらしてしまうのであった。苦情は文書で上申するほうがずっと意味があったのだ。

私の苦情は党の干渉が増大しつつある点についてであった。九月二十日、私はヒトラーに詳しい手紙を書いた。その手紙で、党の私に対する非難、私を失脚させる、あるいは無視する努力、嫌疑、陰険なかけひき等についてはっきりと書き送ったのである。

私はさらに、「七月二十日事件は、産業界から出ている私の代表的な協力者グループの信頼性に対する不信感をつのらせたようである。党は今なお、私の周辺の人々を『反動主義者であり、経済至上主義者であり、党とは無縁』であると確信しているようだ。ゲッベルスやボルマンは私に対してすら、私がつくらせた産業界の自主責任制や私の役所について、『反動的経済指導者のはき溜め』とか『反党的』と名付けるべきだ、と公然といっている。もしもこのように党の政治的基準によってすべてを価値づけねばならないとするならば、私は、私と私の協力者たちによって行なわれる専門的な仕事を支障なく効果的に遂行するに十分な力をもっていないと感じている」

さらに私は続けて、「しかし次の二つの条件が認められるのなら、私は党が軍需生産に介入することを否定しない。つまり、大管区指導者および各大管区内のボルマン直属の経済担当者（大管区経済顧問）は軍需問題に関しては直接私の指揮下におかれること。次に、命令系統と権限範囲がはっきりと区別されることである」。さらに私は、ヒトラーが改めて私の軍需統制の原則の側に立つことを要請して「この先、工場長に対する信頼を基礎として作りあげられた産業界の自主責任制を継続するのか、それともほかのシステムを産業界に導入するのかを明確にする必要がある。私の考えでは、工場に関する工場長の責任は今後も維持されるべきであり、むしろ強化する必要さえある。これまでにその成果が実証されてきたシステムは変えるべきではない。また、将来、経済統制がどのように進められるのかを外部に対しははっきりと示すために一つの決断を下される必要があると考える」と私はこの手紙を結んだのであった。

ヒトラーの権威喪失

九月二十一日、私は大本営でヒトラーにこの書簡を手渡したが、彼は無言で受け取っただけであった。ひと言の返事もなしに、彼は副官を呼んでこの書簡を渡し、ボルマンのところに届けるようにと指示した。同時に彼の秘書に対し、大本営にいるゲッベルスもボルマンと共同でこの書簡の内容について検討するように伝えさせた。私の完全なる敗北であった。見たところヒトラーは、こんなやっかいな問題にかかわりたくないほど疲れきっているようだった。

数時間後、ボルマンから、ヒトラーの防空壕とはほんの目と鼻の先にある自分の事務室に来てほしいといってきた。彼は上着もつけず、太った上半身にズボンつりをしていた。ゲッベルスのほうはきちんと服をつけていた。ゲッベルスは、七月二十五日のヒトラーの命令を楯《たて》にとって、自分は私に対し命令する全権を無制限に行使できるのだ、とあからさまに告げた。ボルマンも同意して、あなたはゲッベルスに従属すべきなのだ、といった。

そのほかにボルマンは、ヒトラーに直接要望するようなことは今後一切してはならないといった。私にとってはますます不快なものとなってゆく説明を、ボルマンはがさつなやり方で行なっていたが、いっぽうゲッベルスは威嚇《いかく》的に、皮肉な異論をはさみながらも話を聞いていた。私があれほど切望していた指導性が、予想外なこととはいえ、ゲッベルス＝ボルマン連合という形で現実化したのであった。

　二日後、それまでは私の手紙による要請について沈黙し続けていたヒトラーが、どういうわけか新たに私に好意をみせ、私が起草した工場長たちへの告示に署名してくれた。とはいっても基本的には私が手紙で要請したことを確認したにすぎなかった。

　これまでだったら、ヒトラーの署名はボルマンやゲッベルスに対する勝利に匹敵したであろう。しかし当時、党内ではヒトラーの権威はもはや深く根を下ろしていなかった。側近たちは、ヒトラーの権威を無視して自由勝手に経済に干渉してきた。いまや、党の機構をも、あるいは指導層にある人々への忠誠をもむしばんでいた解体の現象があからさまになってきていた。続く数週間に、こうした現象はくすぶり続け、さらに激しく展開していった。むろんヒトラー自身にも、自分の権威喪失の責任がないわけではなかった。彼は兵隊をふやせというゲッベルスの要求と、軍需生産を高めようという私の要求とにはさまって、なすすべもなく立ちつくし、どちらの要求をも同じように認め、矛盾する二つの命令に同意したのである。かくて、空襲と接近しつつある敵の軍隊が、我々の争いも、つまるところヒトラーの権威の崩壊も、まったく無意味なものにしつつあった。

西部戦線視察

私は、政治と外敵の両面から圧迫感を受けていたので、ベルリンを離れるたびに、それが休養となった。やがて、私は延び延びになっていた前線視察にとりかかった。もちろん私の軍備に関する技術的な知識は何の役にもたたなかったが、ともかく私は、自分で見たことや司令官から聞いた情報を伝えることによって、それぞれ大本営の決定に何らかの影響を与えることができれば、と望んだ。

これまでの例をみても、私の口頭または文書による視察報告は何ら持続的な効果は発揮されないままであった。たとえば、私と話した第一線の司令官は、古くなった部隊を新しく編成し直し、大規模な軍需生産によって兵器と戦車を供与してほしいと望んでいたが、ヒトラーと国内予備軍の新司令官ヒムラーは、敵に一度撃退された部隊はもはや精神的な反撃力を持たず、できるだけ早急に新しい部隊、つまり国民歩兵師団に改編するほうが賢明であると考えており、前線にある将軍達の言をまったく拒否してしまった。どっちみち敗北する運命にあるこの軍団は、彼らのいい方を借りれば、「血とともに流し出されるべきものだ」ということになった。

こうしたシステムがどんな結果をもたらしたかを、私は一九四四年九月、ビットブルク付近の戦車教習軍団の一部隊を視察したときに確認することができた。長年戦線で経験を積んだ指揮官は、私に戦場をさし示した。そこでは数日前に新しく編成されたばかりの未経験な戦車旅団の悲劇が起こっていた。訓練が不十分だったので、行軍中の故障により三二台の新しいパンター型戦車のうち一〇台が使いものにならなくなっていた。そのうえ戦場に到着した戦車のうち一五台は、まるで演習でも見ているようにアメリカ軍の対戦車砲部隊によって破壊されてしまった。「新しく訓練を受けた部隊の初めての戦闘だったのです。経験を積んだ私の部隊だったら、この戦車でどんなに戦果をあげたことでしょうか！」とその指揮官は怒りをこめていった。このでき事について私は、ヒトラーに「新編成は、再編成に比べて本質的にかなりの欠点を持っている」と実例をあげ、皮肉な所見も加えて説明した。それでもヒトラーは心を動かさなかった。ある作戦会議でヒトラーは「歩兵としての私の経験からいうと、補給がひどくきりつめられたときには、部隊は武器を大事にするものだ」といった。

西部戦線を視察した際には、個々の問題で敵と協定を結ぼうとしていることが明らかになった。アーネム（アルンヘム）の近くで、ひどく立腹した武装親衛隊のビットリヒ将軍と出会った。彼の第二戦車軍団は、その前日、イギリスの空挺部隊を殲滅《せんめつ》したのだった。将軍は、戦闘休止の間にイギリス軍と協定を結び、敵がドイツ前線の後方に野戦病院を作ることを許可した。ところが党役員によって、アメリカとイギリス軍パイロットが殺害されたのである。ビットリヒの努力は水泡に帰してしまった。党に対する激しい非難が、親衛隊の将軍から提起されただけに一層注目の的となった。

ヒトラーの元陸軍副官で、当時デューレンにある第十二歩兵師団を指揮していたエンゲル大佐も、戦闘休止の間の戦傷者の救助について独断で敵と協定を結んだ。こういった取り決めを、大本営に報告するのは得策ではなかったのだ。ヒトラーは、そうした協定を「たるんでいる」とみなしていたのである。私は、彼がプロイセン将校の伝統的な騎士道について、皮肉たっぷりに非難していたのをしばしば聞いたことがある。これに反して東部戦線のきびしい戦闘と逃げ場のない戦場からは、兵士の単純な戦闘精神を高めたとしても、人間的な反省は生まれてきようもなかったのである。

私はたった一度だけヒトラーが、いやいやながらも、黙って敵との協定に同意したことを思い出す。一九四四年の晩秋、ギリシャの島々にいたドイツ軍が、イギリス艦隊によって大陸との連絡を一切断たれてしまった時、ある協定が成立した。イギリスの絶対的な制海権にもかかわらず、ドイツ部隊は何の妨害もなしに大陸へ無事、輸送された。その代償としてドイツ側は、この部隊によってイギリス軍が到着するまで、サロニキをロシア軍の侵略から守り通すことを約束したのだった。ヨードルによって提案されたこの協定が実施されたときヒトラーは、こういった。「こんなことにかかわるなんて、たった一回限りだ」

破壊政策に抗して

一九四四年九月、西部戦線の前線司令官や産業人、大管区指導者たちは、優勢な米英軍が、ろくに武装もされていない疲れきったドイツ軍を、一挙に制圧するだろうと懸念していた。だれひとりとして彼らを阻止することができようとは考えていなかった。現実に対する認識を持っていた者なら、ドイツに有利に展開した第一次大戦時の「マルヌの奇跡」が起きようなどとは、まったく信じていなかった。

あらゆる種類の産業設備を破壊する準備が私の省の権限内にあった。ヒトラーはソ連から撤退する際、既に「焦土戦術」によって、ある程度まで敵の土地利用に損害を与えるよう命令を下していた。また、敵軍が橋頭堡《きょうとうほ》からノルマンディー地方に突入を開始した場合、占領西部地域に対しても同様の指令を出すのも躊躇しなかった。この破壊政策は、冷静な作戦上の考慮が基礎に置かれていた。敵が占領した土地から補給を受け、修理工場や電気、ガスを利用し、先を見通して軍需産業を建設したりするのを妨げようとする意図であった。戦争終結の見通しがまだたたない間は、この政策も妥当なものだと思われた。しかし、決定的な敗北が近づくにつれてその意味はなくなった。

まったく反撃の見通しのない事態に直面して、私が復興計画を困難にするような荒廃を最小限にとどめて戦争を終わらせようとしたのは当然のことだった。なぜなら私は、ヒトラーの側近たちが次第に抱きはじめたあの異様な玉砕精神になじむことができなかったのである。そこで私は、ますますむこうみずに破局を準備しようとするヒトラーに対し、きわめて単純なトリック、すなわち彼自身の論法を借用して説得することに成功した。ヒトラーは、戦局が思わしくない状況にあっても、失地を回復することができると頑強に主張していたので、私はこれを逆用して、この地域の工業は再占領後の軍需維持に不可欠である、と主張したのだった。

敵の侵攻が開始された。アメリカ軍がドイツ軍の防衛線を突破し、シェルブールを包囲した六月二十日、「現在の前線への輸送は困難であるが、当地の産業能力を放棄することは論外である」というヒトラーの決定が出されたのである。これは同時に、以前出された命令をも否定するものであった。つまり、敵が上陸を敢行したあかつきには、特定工場で働く一〇〇万人のフランス人を、ドイツに連行することの撤回を意味していた。

ところがヒトラーは、再び、フランス工業を全面的に破壊するといいはじめた。そこで私はヒトラーに、連合軍がまだパリの北西にあった八月十九日、敵に占領されそうな工業設備やエネルギー源を破壊する代わりに、単にその機能を不能にさせるにとどめるということで同意させた。

それでもヒトラーの破壊政策という原則的な決定を阻止することは当分の間は困難であった。状況に応じて私は、退却が単に一時的なものであるという、次第に意味のなくなってきた論法を用いなければならなくなった。

　八月の末、敵の部隊がロウィとブリの鉱山地帯に接近してきた。一九四〇年、ロートリンゲン地方が事実上ドイツ領となり、私が大管区指導者の権限をもっていた時代とは状況が変化していた。その地域を破壊せずに敵に引き渡すよう、大管区指導者を説得する見込みがなかったので、私は直接ヒトラーに要請した。鉱山や工業の維持に関して大管区指導者に通告する権限を獲得したのであった。

　一九四四年九月の中ごろ、ザールブリュッケンで、レヒリングが私に、フランスの鉱山を作業可能のまま敵に引き渡したと伝えてきた。ところが偶然にも、鉱山のポンプ設備を動かす発電所は前線の我々の手中にあった。彼は、まだ傷ついていない高圧線を通して鉱山に電気を供給すべきかどうかと、私の意向をたずねてきた。これに対して私は、既に敵の手に渡ったリエージュの野戦病院や一般病院のために電気を供給するようにという、ある司令官の申し出に応ずるためにも同意した。リエージュの町は、電気の供給が中断されたままになっていたのだ。

　九月中ごろから私は、ドイツの工業に起こりうる問題に決断を下さなければならなかった。もちろん工業界の指導者たちは、工場を破壊することには強く反対していた。すると驚いたことには、危険にさらされている地域の何人かの大管区指導者もこれに同調していた。このようにして、異様な状況が作り出された。落とし穴や逃げ道を用意したような真意を見せない会話がなされて、互いに人の意見を探り合い、率直な発言をするものは他人の手に自分を委ねることとなった。

ヒトラーが、ドイツの前線地域では破壊が行なわれていないという報告を受ける場合に備えて、私は、九月十日から十四日にかけての旅行の報告で、前線のすぐ後方では、まだ比較的多くの生産が行なわれうると、ヒトラーに表明したのである。私は、次のようにして私の提案に信憑《しんぴょう》性を持たせようとした。たとえば、「前線に近いアーヘンの場合、月産四〇〇万発の歩兵弾薬の工場があるとすると、この工場を最後まで大砲で援護射撃をし、前線の部隊に必要な歩兵用弾薬を製造するのが望ましい。アーヘンのコークス炉を破壊するのはこの目的に反している。というのも、ここの貯蔵石炭によってケルンのガス供給は確保され、部隊用には、毎日数トンのベンゼンが得られるからである。また、前線付近の発電所の操業を停止するのも間違っている。というのは、広い地域にわたっている電信施設や部隊間の電話通信網がこの発電所に依存しているからである」

私は以前出された命令にもとづいて、大管区指導者たちに工業設備は一切、損傷してはならないと電報を送った。

焦土作戦

突然、すべてが改めて問題として蒸し返された。というのは、この旅行からベルリンに戻ってくると、中央局局長リーベルがヴァンゼー湖畔にある技術者用宿舎で私を迎え、私の旅行中に、ヒトラーの重要な命令が発せられたと教えてくれた。つまり、焦土作戦の原則は、ドイツ領においても容赦なく実施されなければならないということであった。

我々は、話が洩れるのを警戒して、宿舎の芝生に横になった。秋も近い晴れ上がった日で、目の前の湖にはヨットがゆったりと浮かんでいた。リーベルは、ヒトラーの意見を要約して「敵に占領された地域に住むことは、いかなるドイツ人にも許されない。にもかかわらずそこに残りたいものは、文明のさ中の砂漠で生きねばならない。工業設備、ガス、水道、電力、電話等いっさいのものが破壊されるだけでなく、それ以外の生命維持に必要なもの、たとえば食料配給切符の元帳、戸籍、住民登録所の書類、預金台帳までが焼却され、そのうえ生活必需品の在庫も破棄され、農家は焼き払われ、家畜は殺されねばならない」といった。空襲を免れた美術品ですら、ひとつとして残してはならなかった。記念碑、城、教会、劇場も同様に破壊の対象となっていた。ヒトラーの指示により、数日前の一九四四年九月七日の「フェルキッシャー・ベオバハター」（ナチ党機関紙）に、次のような破壊行為に関する論説が掲載された。「ドイツの一木一草も、敵の食料となってはならない。いかなるドイツ人も、敵にものを教えてはならないし、敵に助けを差しのべてはならない。すべての小道は破壊され、すべての道路は切断されねばならない。敵を出迎えるものは、憎悪以外の何ものでもない」

私が旅行報告でヒトラーに理解させようとしたことも無駄であった。私は次のように進言したのだが。「アーヘン付近で、一九四〇年のフランスとまったく同じように、小さな子供と老人を連れて放浪の旅に出る悲惨な避難民の行列を見た。もし強制疎開を広範囲に行なえば、この現象は一段と増大します。強制疎開命令を下す場合には慎重な配慮が必要です。従って、この状態を確認するために、総統自ら西部戦線を視察すべきです。……国民はそれを期待しています」

しかし、ヒトラーは私の進言を受け入れず、むしろその逆の行動に出た。アーヘンの大管区指導者シュメーアが、町を破壊し住民を強制疎開させようという命令を聞き入れなかったという報告を受けるや、ヒトラーは直ちにシュメーアの更迭《こうてつ》を宣言した。そして党から除名し、一兵士として前線に送るよう厳命した。たとえ私がヒトラーに、この命令を撤回するよう説得したところで無意味であったろう。私の権威も、自主的な行為を押し進めるには不十分であった。

不安と心配にかられた私は、急いで電報の草稿を作成した。私はこの電文をヒトラーに承認させ、ボルマンから西部地域の八人の大管区指導者あてに打たせるつもりだった。つまりヒトラー自身に自分の出した命令を取り消させようとしたのである。ここ数日間に出された過激な命令を反古《ほご》にして、全体的にまとめた命令を出させようとしたのである。しかし電文の内容は、またもヒトラーの勝利への幻想に影響されていたものだった。彼がもし破壊命令を撤回しない場合には、私は、これに抗してでも命令の撤回を確定させようと考えた。さもなければ、ヒトラー自身が敗戦を認めることになるからだ。つまり彼は、総力戦を唱える論拠を失ってしまうことになる。

私は簡潔に述べた。「総統は、失った地域の再占領も短期間のうちに可能であると確信しておられる。今後戦争を継続させるためにも、西部地域は、軍需、兵器生産の面できわめて重要であり、退却の際になされるべきあらゆる処置は、再占領のあかつきにこの地域の工業が再び完全に操業できることを前提とすべきである。……工業設備は、最後のドタン場になったとき初めて『麻痺』させ、長期間にわたって使用が不可能とされるべきである。炭鉱地域の発電所は、炭坑のたて坑の吸水ポンプが稼働するためにも維持されねばならない。ポンプが動かず、坑内が水びたしになれば、たて坑が操業を再開できるまで数か月もかかるのだ」

この草稿を提出してから私は、ヒトラーがこれを読んだかどうかを大本営に電話で確かめた。指令は、確かに打電されていたものの、多少の変更が加えられてあった。私は、あちこちが削除され、麻痺についての処置が強められているものと推測した。しかし実際には、ヒトラーはほとんどこの内容に変更を加えなかった。そして自分でも勝利の確信をせばめていった。わずかに訂正された文面は、「現在、西部地域で失われた地域の一部再占領も、決して不可能ではない」とあった。

大管区指導者へのこの電報に、ボルマンは、義務を負わせる追記を加えて送った。「総統の委任により、無条件かつ正確な注意を促すために、シュペーア大臣の手紙を添えて送ります」。ボルマンですら協力したのだった。彼はヒトラー以上に、無人化されるすべての土地の荒廃と破壊の結果をよく理解しているように思えた。

だがヒトラーは「西部において失われた地域の一部再占領」について話すときでも、基本的にはなお体面を保とうと努めていた。なぜなら、一週間以上前から彼は、戦況が好転しているときでも、戦闘物資の不足から、戦争は数か月以内に終わるだろうと観測していたのである。そうこうするうち、ヨードルは、私が前年に発表した軍備政策的予測を戦略的な考慮から補完し、ドイツはあまりにも広大な地域を占領しすぎていると報告してきた。彼は大きすぎる獲物を飲みこんで動けなくなった蛇の図を引きあいに出し、フィンランド、ノルウェー、北イタリアとバルカン半島の大部分を放棄することによって占領地を縮小し、タイス、ザーヴェ両川地域やアルプスの南辺に、地理的にも有利な防御陣地を構築すべきであると提案した。こうすれば多数の軍団が整理されると期待したのである。さしあたりヒトラーは、提出された自主的な戦線整理案に反対したが、ついに一九四四年八月二十日、この地域にある原料資源の放棄によって生ずる影響について、検討してみようと約束した。

だが私が上申書を作成する三日前の一九四四年九月二日、フィンランドとソ連の間に休戦協定が結ばれ、ドイツ軍は九月十五日までに撤退するよう要求されていた。ヨードルは、直ちに私を呼び出し、いろいろと問い合わせてきた。またしてもヒトラーの感情は一変していた。戦線縮小という当初の考えは、もはやあとかたもなく消えうせていた。これに反して、ヨードルは前にもましてなお強く、気候のよいうちにラップランドから撤退するように迫った。彼がいうには、初秋になると吹きはじめる吹雪の中を退却した場合には、あらゆる武器の損失は免れないというのであった。またしてもヒトラーは、一年前、南ロシアのマンガン鉱山を撤退する際と同じ論法でこれを拒否したのである。つまり、「北ラップランドのニッケル産地を失えば、全軍需生産は数か月で尽きてしまうだろう」

この論法も長くは続かなかった。三日後の九月五日、私はヨードルに急便を出した。そしてヒトラーにあて私の上申書を送った。その中で私はこう記述した。「フィンランドのニッケル鉱山を失うことよりは、トルコからのクロム原鉱の供給停止のほうが資材戦に与える影響は大きい。軍需生産の完全な継続という理論上の想定をすれば――それは、空襲にあってまさに空論となったのだが――クロムの供給は、一九四五年六月一日までしかもたないであろう。第二産業が持つ在庫量および操業期間を考えに入れても、クロムに依存する生産、つまりすべての軍需生産は、一九四六年一月一日には終結する」。このころになると、ヒトラーがどう反応してくるかしばらく予測がつかなくなっていた。私はむしろ激しい怒りを買うことを覚悟していた。ところがヒトラーは、私の報告を落ち着いて受け入れたが、なんの結論をも出さずに、ヨードルの忠告に反して、十月なかばまでに撤退を開始することをためらっていた。おそらく当時の戦況下では、そのような予測も、もはや彼の関心を引かなくなっていたのだろう。東西の両前線が崩壊してしまったいま、一九四六年一月一日という日付けそのものが、ヒトラーにとってすらユートピア的期限とならざるを得なかったのであろう。

燃料不足の結果、我々はきりきりまいさせられていた。既に一九四四年七月には、私はヒトラーにあてて、九月ごろには燃料不足のためにあらゆる戦略的行動を停止せざるをえないようになると書き送ったが、いまやこの予言が的中したのである。九月末、私はヒトラーに報告した。「クレーフェルトに配置され、三七機以上の出動可能な航空機を保有している戦闘機部隊は、燃料不足のため、最良の天候にもかかわらず二日間も出撃を中断されたた。三日目にやっと二〇〇〇トンの航空燃料が割り当てられ、やっと二〇機がアーヘンまで一回きりの出撃を行ないうる始末だ。数日後、ベルリンの東にあるベルノイヘン空港にいった折りに、訓練所の指揮官が私に、飛行訓練生は一人につき週二時間しか練習飛行ができないし、必要な燃料もごく一部しか配給されていないと語っていた」

そうこうするうちに、陸軍も燃料不足のためにほとんど動けなくなってしまった。十月末、私はヒトラーに、ポー川南の第十軍団の夜間行軍について報告した。「それぞれ四頭のウシにひっぱられた一五〇台のトラックの列に出会った。そのトラックには多数の戦車や牽引車が引っぱられていたのだ」。十二月の初め、私は、練習のための燃料がないため、戦車操縦者の養成に不備な点が多いことについて懸念を表明した。窮境がいかに大きなものであるかを、ヨードル上級大将は私よりもずっとよく知っていた。アルデンヌ攻撃計画にそなえて、以前では一日半の生産高であった一万七五〇〇トンの燃料を生産するために、彼は、一九四四年十一月十日には、他の兵団への燃料補給すら中止せねばならなかった。

その間になされた水素工場への爆撃は、間接的に全化学産業に影響を及ぼした。私はヒトラーに、代替可能な限度まで爆薬に塩を混合したことを伝えねばならなかった。事実、一九四四年十月から、爆発物は二〇パーセントまで岩塩を混入したので、その爆発の威力も低下した。

戦闘機か高射砲か

こうした自暴自棄的な情勢下で、ヒトラーは彼最後の戦術的切り札を失った。奇っ怪なことには、我々はまさにこの数か月でますます多くの戦闘機を製造したのである。トータルしてこの戦争末期の六か月間に、一万二七二〇機が部隊に引き渡された。一九三九年の開戦時には七七一機の戦闘機しかなかったにもかかわらずである。七月末、ヒトラーは、再び二〇〇〇人のパイロットを特別訓練に召集するように命じた。彼は、集中出撃によってアメリカ航空軍に大きな損害を与え、その爆撃中止をやむなくさせるだろうと、相変わらず期待していたのであった。

戦闘機隊の司令官であるアドルフ・ガラントと私は、ドイツの上空では、一機の爆撃機を撃墜するのに平均して一機の戦闘機が失われるにすぎず、装備の消耗率では一対六、パイロットの消耗率では一対二でドイツ側に有利であろうと計算した。また、爆撃されたドイツ人飛行士の半数はパラシュートにより助けられるが、それに反して敵の乗組員はドイツでは捕虜とされてしまうから、この戦闘においては、敵の人材、装備、訓練が優勢であっても、間違いなく我々のほうが有利だった。

八月十日ごろ、ガラント戦闘機隊総監がひどくあわてて、一緒にすぐ大本営へ飛んでくれと要請してきた。ヒトラーが独裁的な決断で、訓練終了間際の二〇〇〇人の戦闘機乗組員によって構成される航空軍「帝国《ライヒ》」を、どう考えてもあっさり壊滅させられるに違いない西部前線へ移動するようにと命令を下したのだった。ヒトラーは、むろん我々の訪問の意味を予想していた。彼は、自分が七月に私に与えた、水素工場を戦闘機で守るという約束を破ったことも知っていた。ただ彼は、作戦会議での討議を中止し、その後すぐに我々と会いに出てきた。

私は、ヒトラーの出した命令の効果を疑いはじめて興奮していたにもかかわらず、できるだけ落ち着いて注意深く、彼に軍備の惨憺《さんたん》たる状況を報告し、数字をあげて、連続する敵の空襲の激しさを説明した。ヒトラーは無言で耳を傾けていたが、私は彼の表情や落ち着かない手の動き、指の爪をかむ様子などに、緊張が強まるのを読みとることができた。私がヒトラーに、国内の自由になる全戦闘機乗組員はすべて敵の爆撃機を迎撃するために出動させなければならないことを納得させたと思ったとき、ヒトラーはもはや自分自身を押さえることができなくなった。彼の顔は真っ赤になり、目は生気を失い動かなくなった。そして彼は、自制を失って叫んだ。「作戦上の措置は、私の仕事だ。君たちは自分の仕事について心配しておればよろしい。作戦上の問題は君たちにはまったく関係ない！」。もし私が彼と二人きりで話していたのなら、彼はおそらく私のいうことを受け入れたであろう。そこにガラントがいたことが、彼に冷静な判断と譲歩をためらわせたのだろう。

いきなり彼は話を打ち切り、それ以上に話すことも拒絶してしまった。「もはや私には、君たちのためにさく時間がない」。そこで仕方なく私は、ガラントとともに自分の事務所へ引き上げた。

翌日、我々は目的の達せられないままベルリンに飛ぶつもりでいたところ、シャウプが、再度ヒトラーのところへ来るようにと伝えてきた。前日よりもいっそう興奮した口調で、ヒトラーは次のような言葉を、しわがれた声で吐き出した。「要するに、私はもはや航空機を作らないつもりだ。戦闘機隊は解体する。航空機製造は直ちにやめるのだ。わかったね。君はいつも専門労働者の不足を訴えていた。すぐに彼らを高射砲生産にまわしなさい。

すべての労働者、原料、資材を高射砲へ投入するよう、君たちに命令する。ザウルをすぐ大本営の私のもとによこしたまえ。高射砲のための計画を作らねばならない。一〇倍の計画だ……一〇万人の労働者を高射砲生産に用いるのだ。外国の新聞は連日、高射砲がいかに危険かということを報道している。敵は我々の高射砲にはまだ敬意を払っているが、戦闘機には大した関心を払っていないのだ」。ガラントが抗弁しようとした。「もし戦闘機をドイツで出動させることができれば、その撃墜効果は高射砲よりもはるかにすぐれたものだろう」と。しかし、彼はひとことふたことといえただけであった。またもや我々は、ヒトラーにつっけんどんに退出を命じられてしまったのだった。

ひとまず私はティーハウスにいき、いつも用意している瓶《びん》から一杯のヴェルムートを飲んだ。私の胃の神経はこんな目にあわされて弱まっていた。ふだんなら、常に落ち着き自制しているガラントまで、私が彼を知って以来初めて、気も顚倒《てんとう》せんばかりに興奮していた。彼は自分に従属していた戦闘機隊が、敵の前で臆病であったという理由によって解体されねばならないのが理解できなかったのである。それに反して私は、ヒトラーのこのような感情的な発言には慣れていたし、彼の決定が慎重な駆け引きによって、たいていはまた訂正されることがあるのを知っていた。私は、戦闘機製造設備を持つ企業では、高射砲など製造することはできないし、我々の隘路《あいろ》は高射砲のためにあるのではなく、軍需品、何よりも爆薬の不足にあるのだ、といってガラントをなだめた。

ヒトラーが実現不可能な要求を持ち出すのではないかと、私とともに恐れていたザウルも、翌日ヒトラーと二人きりのとき、高射砲の生産増加は、長い砲身のあなを穿《うが》つための特別な工作機械の調達にかかっていると述べた。

その後すぐに、私とザウルは、ヒトラーが文書にまでして我々に与えたこの命令の詳細を討議するために、改めて大本営へおもむいた。一〇倍にふやせという彼の最初の要求を、ヒトラーもいまや長い討議の結果、二倍半に切り下げた。この計画を完遂するために彼は我々に一九四五年十二月までという期限を与え、さらにそれに必要とされる弾薬も二倍にせよと要求した。討議事項の二八項目について、我々はごく冷静に十分に話し合うことができた。だが、私がもう一度、戦闘機の出動はやはりドイツ国内で行なわれねばならないと注意をうながそうとすると、ヒトラーはまた怒って私をさえぎり、戦闘機を作る費用で高射砲製造を増加させよという命令を繰り返し、会議を終えた。

それは、ヒトラーの命令の中で、ザウルも私も従わなかった最初のものだった。翌日、私は自分の判断と考えにもとづいて軍需担当参謀を前に「いかなる場合にも、われわれは、戦闘機の製造を全力をあげて続けねばならない」と演説した。三日後、私は航空工業の代表者たちを集め、ガラントのいる前で、彼らの使命の重要性を改めて強調した。「つまり、戦闘機の製造をここで完全にストップすれば、我々の直面している最大の危機、すなわち本国における我々の軍需の崩壊に直面するであろう」。だが、そうこうするうちにもヒトラーは落ち着きを取り戻し、まったく制限されていた戦闘機計画に対して、突然、ひとことの説明も加えず、最大の緊急順位を承諾した。嵐は去った。

奇跡の兵器の幻想

我々が生産縮小を強制され、しかも新しい開発を中止したにもかかわらず、ヒトラーは将官と政治的首脳者たちに対して、戦いを決しうるような未来の新兵器への望みを説きはじめた。しばしば私は、軍団を訪問すると、意味ありげな笑みとともに、いったいいつ奇跡の兵器が作られるのかとたずねられたものだった。そのような期待感は私にとって不愉快なものであった。いつの日か幻滅がやってくるに違いなかったから、私はＶ２号がやっと配置されることになった九月のなかばごろ、ヒトラーにあてて次のような手紙を書いた。

「戦いを決する新兵器の投入が間近に迫っているという信念が部隊一般に広まっている。それもこの数日中に出動されるのだと期待されており、この考えは高級将校たちまで真面目に受け取っている。こんなに短いあいだに満たされるはずもない希望を抱かせることは、戦闘士気に不利な影響を及ぼす。このような幻想を用意することが、今日の時局に正しいものかどうか疑問だ。国民も日々この新兵器の奇跡を待っており、ストックされていると誤解している。新兵器がこれ以上制止されることに対し弁明されないことに、疑いを持ち始めた。この宣伝が適当かどうか反省せねばならない」

ヒトラーはむろん、ある二人きりの話し合いでは、私のいうことがもっともだと認めた。しかし彼は、やがてまた私が耳にせねばならなかったように、相変わらず新兵器を公言することをやめなかった。そこで一九四四年十一月二日、私はゲッベルスにあててこう書いた。「近いうちに確かにその完成が保証されることもなしに、一般に幻想を起こさせることは、不適当に思われます。……それゆえ私はあなたにお願いしたい。今後、日刊紙および専門紙に、ドイツの軍需産業において将来開発される新兵器の成果について暗示することは避けるようにしていただきたい」

事実ゲッベルスは、私の要請にもとづいて、新兵器についての報道を控えさせた。だが奇妙なことにうわさは高まるいっぽうだった。ニュルンベルク裁判で初めて私は、宣伝相の古くからの協力者の一人であったフリッチェから、ゲッベルスがこのうわさを広めるため、特別機関を組織したことを知ったのである。いまや、なぜこのうわさが、こんなにまで広められたのか明らかになってきた。しばしば我々は、軍備会議の際、毎晩集まっては、技術の新発展を想像してみたりしたことがある。そのさい原子爆弾の可能性も論じられたものだ。そしてゲッベルス側近の報道員がしばしばこの会議に参加し、夜の会合にも出入りしていたのであった。

だれもが望みを起こしたがっているような微妙な時期には、うわさというものは広がりやすいものである。それに反して、新聞はとうに信用をなくしていた。戦争末期の数か月間、増大してゆく絶望した群衆のもとで、星占いの新聞だけが唯一の例外だった。それらの刊行物は、多くの理由から宣伝省に依存していたので、フリッチェがニュルンベルクで私に教えてくれたところによると、世論を操作する手段として利用されたのだった。操られた星占いが、踏破せねばならない危機について語り、差し迫っている驚くべき変転を予言し、約束に満ちた風刺にふけっていた。そして星占いの新聞にのみ支配者は、なおも未来を託していたのであった。

第28章　追いつめられて

毒ガス兵器

一九四四年春以来、私の省に一元化されていた軍需産業は早くも解体しはじめた。決定的だと思われた大ロケットの製造が、親衛隊に移管されてしまっただけでなく、数名の大管区指導者までもが軍需を自分の管轄下におこうと策動していたのであった。ヒトラーはそのような大管区指導者の行為を支持していた。たとえば彼は、ザウケルが自分のテューリンゲン大管区に、「国民戦闘機」と名づけられた単発ジェット戦闘機の大量生産用の巨大な地下工場を建設したいと申し入れてきたとき、これに承諾を与えたのだった。だが既に経済的な破局が表面化していたので、もはやこうした分散化は効果を発揮しなかった。

このような動きと同時に、増大する混乱の一例として、原始的な武器ででも効果をあげることができ、それによって軍需技術の苦境を救うこともできるのではないかという観測が表面化してきた。武器の技術的性能の代わりに、個々の男の勇気が問題とされるようになってきた。こうして一九四四年八月（連合国の侵攻が最終的に成功し、それゆえにこのような計画もとき既に遅くなってしまった後）デーニッツはハイエ海軍中将を一人乗り潜水艦と他の戦闘用舟艇《しゅうてい》建造の全権者に任じた。これは至急に大量製造することが必要であった。またいっぽうでは、ヒムラーが有人ロケット機で敵の爆撃機に体当たりして破壊する「決死隊」を編成しようとしていた。もうひとつの別の原始的手段は不足している対戦車砲の代わりに、いわゆる手投げの小さなロケット＝対戦車ロケット弾だった。

一九四四年晩秋、いきなりヒトラーはガスマスクの製造に介入し、直接責任を持つ特別全権者を任命した。早急に、全国民をガス戦争の危険から守る計画がたてられた。一九四四年十月のヒトラーの緊急命令で、ガスマスクの生産は従来の三倍の二三〇万個以上に達したにもかかわらず、都市住民の保護は数か月たってようやく保証されうるものであった。そこで党機関は、たとえば紙を使用したような、原始的な防毒マスクの使用を宣伝した。

当時、ヒトラーはむろんドイツ諸都市への敵のガス攻撃による危険を語っていたが、彼が毒ガス対策を委任していた私の友人カール・ブラント博士は、この精力的に促進されていた準備が、今後予想されるガス戦争に役に立つことになりうると考えていた。開発中の「奇跡兵器」のなかには「タブン」と呼ばれる毒ガスもあった。それは当時作られていたあらゆるガスマスクのフィルターを通ってしまい、極少の残留ガスに触れるだけで致死的なものであった。

本職の化学技師でもあるローベルト・ライは、一九四四年秋、ゾントホーフェンでのある集会の後、彼の特別車に私を招待した。我々は、彼のところではいつもそうするように、強いぶどう酒を手にして一緒にすわった。彼のどもるような話しかたが、彼の興奮を物語っていた。「ところで、我々にはこの新しい毒ガスがあるのだ。私はそのことを聞いた。総統はそれを作らねばならない。それを使用せねばならない。いまこそ彼はそうしなければならないのだ。さもなければいったいいつ使用するのだ。いまこそそのときが来た。あなたもこれを彼にわからせなくてはいけない」。私は黙っていた。だが見たところライはゲッベルスにも同じような話をしたらしい。というのはゲッベルスが化学工業出身の協力者たちに、毒素とその働きについていろいろたずね、この新しいガスが使用されるべきだ、とヒトラーに申し入れをしたからである。ヒトラーはこれまでガス戦争を否定してきたが、いまや彼も、大本営での作戦会議で、東方においてガスを用いれば、ソヴィエト軍部隊の前進を食いとめることができるのではないかとほのめかした。そのさいの彼は、西側が東側に対するガス戦争を甘受するだろうとあいまいな期待を抱いていた。それは、つまりイギリス・アメリカの両政府は、戦争もこの段階までくれば、ロシアの前進をはばむことに関心をもっているからだ、というのである。その作戦会議中、だれもこれには積極的な反応をみせなかったので、ヒトラーも二度とこのテーマを持ち出すことはなかった。

おそらく将官たちは、予想しがたい結末を恐れていたのであろう。私自身も、一九四四年十月十一日にカイテルにあてて、化学工業の壊滅によって基礎原料であるシアン（青酸）およびメチルアルコールが使いつくされており、それゆえ十一月一日から、「タブン」の製造をやめ、ロストガスの製造を生産能力の四分の一に制限しなければならないと書いた。むろんカイテルは、毒ガス生産は決して低下させてはならないと、手をつくしてヒトラーに命令を出させたのであったが、しかしそのような指令も、既に現実とは何の関係もなかったのである。化学基礎原料の割り当ては私の提案にしたがって行なわれたのである。

極端な物資欠乏

十一月十一日、私は燃料産業における操業休止に関する上申書に新しい緊急報告をつけ加えねばならなかった。六週間以上も前から、ルール地方は輸送面で孤立していた。私はヒトラーにあててこう書いた。「帝国の経済構造をみると、ライン、ヴェストファーレンの工業地帯の操業が休止することは、全ドイツ経済にとっても、また戦争の効果的な継続にとっても長い期間は耐えられないものである……最も重要な軍需企業が崩壊に瀕《ひん》していると報じられている。現在の事態ではこの操業中止を避ける可能性は存在しない」私は続けた。「もはや石炭を他の地方へ輸送することは困難なので、鉄道の貯炭量は急激に低下しており、ガス工場はいまにも倒れようとしている。製油およびマーガリン工場は操業中止寸前だし、病院のコークス供給さえ不十分になっている」

いろいろな事物が終局に向かっていた。アナーキーのきざしが見えはじめていた。石炭列車はもはやその目的地に着かずに、途中で大管区指導者たちから止めておかれ、彼らの需要のために差し押さえられた。ベルリンの建物は暖房されず、ガスと電気は一定時間に限ってしか供給されなかった。内閣官房府から、私の省の石炭局が内閣官房に対して冬季石炭の割り当てを拒否したのかという、憤激した苦情が持ち込まれた。

こういう状況下では、我々は予定計画をもはや貫徹することはできず、不足している部品を製造しようと試みるのみだった。残りの在庫品が使いつくされたら、軍需生産は終わりだった。そのさい私は――敵の空軍戦略家もきっとそうだったように――工場に集まっていた部品の巨大な蓄積を低く見積もっていた。なぜなら大規模な調査活動の結果によると、もちろんわずか数か月に限られてはいるが、その後も引き続いて高い軍需生産が予想されうることが判明したからだ。ヒトラーは、最後の――我々が名付けたところの――「緊急、あるいは補充計画」の事実を、妖怪じみた印象を与える落ち着きをもって受け入れた。そこになんの疑いもなかったにもかかわらず、彼はその結果についてひとこともらさなかった。そのころヒトラーは、すべての司令官が出席しているある作戦会議において次のようにいった。「幸運にも我々には軍備の天才がいる。それはザウルである。彼によってあらゆる困難も克服されよう」。トーマレ将軍がヒトラーの注意を促した。「総統、シュペーア大臣がいます」「知っている」と彼は話の腰を折られたことに立腹して、短く答えた。「だがザウルはこの状況を克服する天才だ」

不思議にも私は、この意図的な侮辱をまるで興奮もせずに、ほとんど無関心に甘受した。私は別れを告げようと考えはじめていた。

最後の試み

一九四四年十月十二日、西部の戦況が安定し、なすすべもなく押し流されていた避難民について、また前線について話題が戻ったとき、ヒトラーは、作戦会議のあとで、私を脇へ呼び、沈黙を命じてから、西部戦線は総力を結集して大がかりな攻撃をするだろう、と告げた。「そのために、君、ドイツの建設労働者からなる建設部隊を組織せねばならない。というのは、鉄道交通が中断されているにもかかわらず、あらゆる種類の橋を建設し得るに十分なだけ機械化されていなければならない。君は、一九四〇年の西部戦線で効果をあげたような組織を作りたまえ」。我々はそのような使命を果すために十分なだけのトラックをもうほとんど自由に使うことができないと、私はヒトラーの注意を喚起した。「この場合、ほかのことはすべて後まわしにしなければならない」と彼は力をこめて断定した。「どのような結果になろうとかまわない。それは、是非とも成功させねばならない敵に与える大きな一撃なのだ」

十一月末ごろ、ヒトラーはなおも、この攻撃にすべてをかけていることを明言した。その成功を確信していたので、彼は無頓着《むとんちゃく》に、これが最後の試みである、と付け加えた。「それが成功しなかったら、私には、もはや、この戦争の有利な終結の可能性など考えられない……だが我々はこれを切り抜けるだろう」と、次第に大きく展開していく非現実的な空想に迷い込んでいった。「ただ一度きりの西部戦線の突破だ。君にはわかるだろう。これこそアメリカ軍に崩壊と恐慌をもたらすのだ。我々は中央から前線を突破し、アントワープを奪取するだろう。そうすれば敵は補給港を失うのだ。そして全イギリス軍を包囲することができ、数十万にのぼる捕虜を捕獲できるだろう。以前にロシア戦線であったようにだ」

その同じころ私は、爆撃によってまったく絶望的なものとなったルール地方の状況について話し合うために、アルベルト・フェーグラーと会ったが、そのとき彼は率直にたずねた。「結局、いつ終わりになるんですか」。ヒトラーが最後の試みにおいてすべてを総括するつもりでいることを、私は彼にほのめかした。頑固に彼は続けた。「けれども、彼はそれを最後に終わらねばならないとわかっているんですか。我々は余りにもたくさんの資材を失ってきた。工業の破壊が、たとえ数か月でもこのまま続くならば、その再建はどうなるのでしょうか？」。私は答えた。「ヒトラーはそれで最後の切り札を出し、かつそのことを失ってもいる」。フェーグラーは疑わしげに私を見つめた。「我々の生産がいたるところで崩壊してしまった時、それが彼の最後の切り札でしょう。ところで本部の作戦とは、東部で息をつくためのものなんですか」。私は答えを回避した。「きっと東部戦線のことに違いない」とフェーグラーはいった。「西部戦線で敵をはばむために東部を露出してしまうような気違いざたを、だれが行なえるというのですか」

陸軍参謀総長であるグデーリアン上級大将は、十一月以来の作戦会議で繰り返し、東部戦線での部隊集中によるオーバーシュレジエンの直接的な脅威についてヒトラーに訴えた。もちろん、彼はこうして、攻撃のためにも西部に集結させた軍団をそこで壊滅させないためにも、東部の戦場へ移動させようと欲したのだった。ニュルンベルク裁判では、確かにいろいろな被告人たちによって、一九四四年から四五年にかけての冬に続けられた戦争は、東部からの避難民を救助し、ドイツ兵士が戦争捕虜となるのをできるだけ防止するためにのみ行なわれたのだという弁明がなされた。だが、この時期のヒトラーの決定は、まったくその反対であることを証明していた。

私はヒトラーの「最後の切り札」は、できるだけ印象深く出す必要があるとの立場に立っていた。そこで私は、B兵団の司令官のモーデル元帥と、攻撃中における補給について申し合わせをするため、十二月十六日出発した。国鉄のディーゼル車で夜間、西へ向かい、貨物列車でいっぱいになっているライン東岸の操車場を見た。攻撃用の補給資材は空爆によって立ち往生していたのだ。

モーデルの司令部はアイフェルの狭い渓谷の底にあった。それはかつてある金持ちの実業家が建てた狩猟用の大きな別荘だった。陸軍参謀本部と同じように、モーデルは何か月も前から防空壕の構築を行なっていなかった。彼は機嫌がよかった。敵の偵察の注意をこの場所に引きつけたくなかったからであろう。というのも敵の虚を衝いて前線を突破したからである。彼の部隊は敏速に前進していた。ヒトラーが攻撃前に「天気がさえなければ万事はうまくいくだろう」といった通り、我々は天候に恵まれた。

視察のために私は、できる限り前線に接近しようとした。前進する部隊は案外のん気だった。なぜなら低くたれこめた雲が空からの攻撃をはばんでくれていたからである。だが、二日目には交通が混乱した。自動車は三車線の幹線道路を一メートル刻みにのろのろと進んでいた。私の車は弾薬車にはばまれて、三キロか四キロ進むのに平均一時間もかかった。私はこの間にも天気が回復するのではないかと恐れた。

こういう混乱について、モーデルはさまざまな理由をあげた。たとえば、新しく編成された部隊規律の不足や避難民の混乱などがあるが、全体的には、かつては有名だったドイツ軍の組織力が既に失われてしまっている、といった。疑いもなく、三年間にわたるヒトラー独裁の影響の表われであった。

骨の折れた行軍の最初の目的地は、第六親衛隊戦車隊の北方にある爆破された橋だった。私はどうしたらもっと早く橋を修理できるか、技術的方法を発見しようとモーデルに約束した。兵士たちは、私の突然の出現を懐疑的に見ていた。私の副官は、彼らが、私の出現の理由を次のように話しているのを耳にした。「橋がまだ完成していないので、彼は総統から非難を受けたのだ。彼は、自分で償いをするようにと命令されたのだ」。事実、橋の再建は遅々として進まなかった。なぜなら、我々がきわめて慎重に編成したトット機関の土木部隊が、ライン川の東で土木資材をかかえたまま、いつ果てるともわからない交通渋滞にひっかかってしまっていたからである。こうして攻撃力が急速に低下していくことは、必要な橋の建設用資材の不足によってだけでも予期されることであった。

燃料の不足も、諸作戦の効果的な進行を妨げていた。戦車隊は、わずかな燃料の貯えだけで攻撃に突っ込んでいった。ヒトラーは、戦車隊はアメリカ軍から略奪した戦利品の燃料で自給できると、甘い計算をしていた。攻撃が挫折してしまいそうになったとき、私は近くのルール地方のベンゼン工場に電話し、臨時にタンク列車を編成してベンゼンを前線に運ばせ、モーデルを助けた。

二、三日後、霧深い天気が晴れ上がって雲一つない空に無数の敵の戦闘機や爆撃機が現われ、補給は挫折した。高速の乗用車でも、昼間の走行は危険なものとなっていた。ちょっとした森林地帯が避難場所として現われるたびに、我々は喜んだ。それ以後は、補給隊は、夜間、視界ゼロの中を林から林へと手さぐりで進まねばならなくなった。十二月二十三日、クリスマス・イブの前日に、モーデルが攻撃はついに失敗したと私に打ち明けた。だがヒトラーは、なおも攻撃を続行するよう命令したということだった。

一九四五年の夜明け

その年の十二月末まで、私は攻撃地帯にとどまり、各軍団を訪ねた。低空射撃と砲兵の射撃にも遭遇した。そして、敵の機関銃陣地から攻撃してくる恐るべき情景を目撃した。何百というドイツ兵が、一か所になぎ倒された。最後の夜、旧ドイツ軍の曹長で、今は親衛隊戦車隊の司令官であるゼップ・ディートリヒを、ベルギーの国境の町ウファリースの近くにある彼の司令部に訪れた。数少なくなった党の古い同志である彼は、彼らしい単純な性格のためにヒトラーから疎遠にされてしまっていた。我々の話題は、最近までの数々の命令のことに及んだ。ヒトラーは、いよいよ激しい調子で、どんな犠牲を払っても、包囲されたバストーニュを取り戻すことを厳命していたのだった。親衛隊の精鋭軍団でも、骨を折らずにはアメリカ軍を蹂躙《じゅうりん》することは不可能であることを、ヒトラーはわかろうとしないと、ゼップ・ディートリヒは不平をもらした。そして敵は粘り強く、しかも我々以上の戦力を持っているということを、ヒトラーに納得させるのは困難だと彼はつけ加えていった。「我々には弾薬の補給はない。補給路が爆撃で断たれているからだ」。我々がいかに無力であるかを示すように、その夜の会話は、巨大な四発爆撃機の低空爆撃による轟音でしばしば中断された。うなりをあげ、そして炸裂《さくれつ》する爆弾、赤や黄に染まる雲の輝き、エンジンの響き、しかし見渡す限りでは、これを迎え撃つわが方の高射砲の音は一発も聞こえなかった。ヒトラーの見込み違いの結果、敵のなすがままの攻撃の前に無防備のままさらされた軍隊の姿に、私は呆然《ぼうぜん》としてしまった。

暗やみが訪れ、敵の低空飛行の路面射撃からさしあたり安全になったので、私は十二月三十一日早朝四時に、ポーザーと一緒に出発し、翌朝二時に、やっとのことで大本営に到着した。その間、何度も、我々は敵の戦闘機から隠れねばならなかった。わずかな休息を取っただけなのに、三四〇キロの距離に二二時間もかかってしまった。

ヒトラーの西部大本営は――そこから彼はアルデンヌ攻撃の指揮をとったのだが――バート・ナウハイム（訳注――フランクフルト近郊の温泉地）に近いツィーゲンベルクの北西二キロの、寂しい草地の谷の奥にあった。森に隠された丸太小屋のようにカムフラージュされた防空壕は、ヒトラーの他の隠れ家のすべてと同様に、堅牢な天井と壁で固められていた。

大臣に任命されて以来二度までも、私はヒトラーに個人的に年始のあいさつをしようとして果たしていなかった。一九四三年は航空機の凍結のため、一九四四年は前線からの帰路、北氷洋岸より飛行中にエンジンが故障したためである。

いたるところの交通遮断を通り抜けて、ようやく私が総統用防空壕に足を踏み入れたとき、この年、一九四五年も既に二時間を経過していた。私は決して遅すぎはしなかった。副官、侍医、女秘書たち、それにボルマンなど総統大本営の将官を除いたみんなが、シャンパンを抜いてヒトラーを囲んでいた。アルコールがはいって緩和されてはいるが、やはり抑圧されたような気分が横溢《おういつ》していた。しかしヒトラーはただ一人、刺激的な飲み物なしでも酔い、慢性の躁妄《そうもう》状態にあるかのようだった。

新しい年の始まりが、去年の絶望的な状況を解消したわけでもないのに、少なくともカレンダーが新しくなるというだけで、安堵の念が充満しているようだった。ヒトラーは、今年こそは現在のドン底がやがて克服され、結局我々の圧倒的勝利に終わるだろうと、楽観的な予想をたてていた。一同はそれに無言で耳を傾けていたが、ボルマンだけが感激して、ヒトラーに賛意を表した。ヒトラーが楽観主義を披露した二時間あまり後、彼の側近連中は——私もその一人だが——深い懐疑を抱いていたにもかかわらず、次第に無分別な陽気さに浸っていった。ヒトラーは相変わらず魔術的な能力を発揮していたのだ。理性的にはもはやいかなる確信をも呼び起こし得なかったにもかかわらず、自分で引き起こした七年戦争の終わりごろのフリードリヒ大王を例にひくまでもなく、我々は軍事的に完全に敗北したのだと認めるということを考えただけでも、我々の酔いをさますのに違いなかったのである。

三日後の、カイテル、ボルマン、ゲッベルスをまじえた会議においてさえ、非現実的な勝利感が相変わらず支配していた。「国民総動員こそ転機をもたらすであろう」と。私は反対した。そうすれば残りの全計画は、製造部門の全滅にも等しい影響を受けることになろうと口をはさむと、ゲッベルスは悪態をついてきた。彼は激怒して私をにらみつけ、もったいぶった声でヒトラーのほうに向かって叫んだ。「それならシュペーア君、万一、何十万人かの兵士が足りないということによって戦いに敗れたとしたら、歴史的責任を君は負いますかね。なんだって今になって反対するのか。よく考えてみたまえ。君の責任ですよ」。一瞬我々は決断のつかないまま、いらだち、石のように立ちつくしていた。それからヒトラーは、ゲッベルスの側に立ち、戦争には勝利するという立場に立った。

この会議に引き続いて開かれた軍備会議には、客員としてゲッベルス、ナウマン次官も出席した。もう長いことそうであったように、ヒトラーは討論の進行中も私を無視し、私の意見を聞くこともなく、もっぱらザウルに向かって問いを発していた。私は、むしろ沈黙する傍聴人の役割を演じていた。ゲッベルスは会議の後、ザウルの陰にかすんでしまっている私が一向に無関心でいるのが興味深かった、と私にいった。会議では、ろくに内容もないおしゃべりがなされていたにすぎなかった。

アルデンヌ攻撃の失敗をもって戦争は終わった。あとに続くものは、混乱した無駄な抵抗と遅れている占領だけだった。衝突を避けたのは私だけではない。大本営は、しごくみな無関心であった。それは必ずしも精神弛緩《しかん》や過労からくるものではなかった。激しい葛藤、すなわちヒトラーの寵愛《ちょうあい》をめぐっての争い、ますます激化する敗戦責任のなすり合い、相対立する利害関係、過去の派閥の緊張と衝突……。こうしたものに代わって、いまでは終幕の放心したような静けさが支配していた。ちょうどそのころ、ザウルが、陸軍軍備長官の首をヒムラーからブーレ将軍にすげ替えるのに成功したが、ほとんどだれも気づかなかった。実際のところ、もはや仕事をするという気力は失《う》せていた。いかんともしがたい終結の意識が、すべてをおおっていたので、何か事件が起こっても、なんの感興も起こらなかったのである。

前線への旅のために三週間以上もベルリンから遠ざかっていた私にとって、こうした雰囲気は、もはや中心から政治をとることが不可能だという印象を強くさせた。混沌《こんとん》とした全般的な情勢が、次第に軍需組織の中央管理をますます複雑なものとしていった。同時に、それは取るに足りないものとして非現実化していった。

グデーリアンの抵抗

一月十二日、東部戦線では、グデーリアンが予想していたとおり、ソ連軍の大規模な攻勢が開始された。長く広がったわが軍の防衛線は崩壊した。西部戦線から二〇〇〇台以上の近代的なドイツ戦車を移動してきても、この時点ではソ連部隊を撃退することは不可能だったろう。

それから数日後、私は内閣官房府の大使室、つまりヒトラーの執務室に通ずるゴブラン織りの壁かけのかかった控え室で、作戦会議を待っていた。大島日本大使を訪問して遅れてきたグデーリアンがはいってきた。白と黒の簡素な親衛隊の制服をつけた召し使いが、執務室に通ずるドアを開けた。厚い手織りの絨緞《じゅうたん》を踏んで、我々は窓ぎわの地図台のまわりに集まった。オーストリアから取り寄せた大理石で作られた巨大な板は、淡紅色の地に黄色味を帯びた白色で、珊瑚礁《さんごしょう》による切れ目がはいっていた。我々は窓側に立った。ヒトラーは我々に向かってすわっていた。

クーアラントのドイツ軍は、絶望的なまでに切断されてしまったので、グデーリアンは、この地点を放棄して、バルト海経由で軍隊を輸送すべきだということをヒトラーに、納得させようと努力した。後退を認めることが問題となるといつもそうするように、ヒトラーはこれに反対した。しかしグデーリアンは引き下がらなかった。ヒトラーは自分に固執し声の調子も高まった。それでもグデーリアンは、ヒトラーに反対した。こういうことはまったく異例なことだった。おそらくグデーリアンは、大島大使と飲んだアルコールの酔いで、自己抑制を忘れてしまったのだろう。目をぎらぎらさせたグデーリアンは、本当に口ひげを逆だてて、同じように立ち上がったヒトラーに向かっていった。「軍隊を救うことは、我々の当然の義務です。彼らを輸送する時間はまだ残っています」といどむように叫んだ。ひどく興奮したヒトラーは、これを無視していった。「クーアラントで戦闘を続行するのだ。あの地域を放棄するわけにはゆかない」。だが、グデーリアンは頑強に自説を曲げなかった。彼は憤慨していい返した。「無意味に彼らを犠牲にしてはなりません。

我々は追いつめられた兵士たちを脱出させるべきです」

　だれもが予想もしなかったことが起こった。ヒトラーはこの激しい抗議にあって目に見えて狼狽《ろうばい》した。厳密にいえば、ヒトラーは、グデーリアンの声の調子に押されて自己の威信喪失を耐えることができなかった。彼は軍事的には、港湾への後退は一般的な秩序破壊であり、防衛を続ける以上に大きな損失を招くにちがいないと主張した。再度グデーリアンは、この後退は、戦術的にも細部にいたるまで検討してあるし、絶対に可能だと熱心に指摘したが、ヒトラーを動かすことはできなかった。

　問題は単にヒトラーの権威崩壊を示す兆候だけだったのであろうか。ヒトラーが相変わらず最後の決定を下したし、だれひとり腹を立てて部屋から出ていくものもいなかった。また、もはや責任を引き受けることができないというものもなかった。これこそが、グデーリアンの慣例を破った発言にハッとさせられたにもかかわらず、ヒトラーの威信が結局無傷だった理由であったのだ。ツァイツラーが遠慮がちに反対を唱えたが、彼の場合には反論の中にも、尊敬と忠誠の念がまだ残っていた。だが、そのとき初めて、集まった人々の中にむきだしの対決がなされたのであった。お互いの相違が明らかにされ、各自の別々の世界が開かれたのであった。ヒトラーは、辛うじて自分の面子《メンツ》を守ることができたのである。

ソ連軍の急激な前進に直面して、工業を維持するようにという私の指令が、下部機関によって守られているかを確かめにシュレジエン工業地帯を視察することが、私にとって得策だと思われた。一九四五年一月二十一日、オッペルンで、新任の軍団司令官シェルナー元帥と一緒になったとき、彼が伝えたところによると、彼の軍団は名前ばかりの存在だった。戦車と重兵器は、退却の際に失われてしまったのだった。ソ連軍がオッペルンに向けて、どの程度前進してきているのかはだれにもわからなかった。いずれにせよ、司令部の将校たちは出征してしまい、ホテルにはごくわずかの宿泊客が残っているにすぎなかった。

私の部屋には、ケーテ・コルヴィッツのエッチング「ラ・カルマニョール」がかかっていた。わめきたてる群衆が、憎しみに歪《ゆが》んだ顔つきでギロチンのまわりを踊り歩いており、少し離れた地面には一人の婦人が泣きながらうずくまっている、こんな絵であった。終局を迎えつつある戦争の絶望的な状況にあって、私もまた自分の不安が増大しつつあることを知った。落ちつかない浅い眠りの中にまで、エッチングの気味悪い人々の姿が亡霊のように出てきた。昼間は疎外され、抑圧されていたので、自分のひどい最後についての不吉な予感が、かつてないほど重苦しく脳裏に現われてきた。この絵に描かれているように、国民は激怒し絶望して、かつての指導者に反乱を起こし、彼らを殺害するのだろうか。親しい友人同士の間で、自分たちの暗い将来について語ったこともあった。ミルヒは、敵は真先に第三帝国の指導者を処刑するだろうと断言したが、私自身もこの意見に賛成だった。

私の連絡官フォン・ベローから電話があって、私はこの夜の締めつけられるような不安から解放された。私は既に一月十六日、ヒトラーに対し、ルール地方が本国の他の部分から孤立し、オーバーシュレジエンまで失われれば、経済崩壊は一段と拍車がかけられるだろうと強く指摘しておいた。電報で、私はなおもヒトラーにオーバーシュレジエンの重要性を指摘し、シェルナーの師団に「一月の軍需生産の、少なくとも三〇ないし五〇パーセントを供給するように」と要望しておいた。

私はこうすることで同時にグデーリアンを支持しようと思ったのだ。彼は相変わらずヒトラーに、西部戦線における攻撃中止を要求し、東部戦線にふり向けてもらいたいと希望していた。私はまた、ロシア軍がこの雪空の戦線を自由になんの妨害もなく補給部隊を輸送していると指摘した。「西部戦線においては、ドイツの戦闘機が出動してもほとんど戦局は好転しない現状であるが、東部戦線ではまだ、高価な兵器を集中的に出動させることは、きわめて効果的である」と。ところがベローが、ヒトラーは皮肉な笑みを浮かべ、私の所見は適切だと評したにもかかわらず、何ひとつ行動に移さなかったと伝えてきた。ヒトラーは、西側こそ本当の敵であると考えていたのであろうか。彼はスターリンの政体に連帯感ないし共感を覚えたのだと、私には、解釈することができた。最近の彼の態度を裏づけているような以前に出された数々の発言の中にも思い当たるフシがあった。

翌日、私はシュレジエン工業地帯の中心地カトヴィッツへの旅を続けようとしたが果たせなかった。カーブにさしかかったところ、道に氷が張っていたので、私の車は重量トラックにぶつけてしまったのである。胸がぶつかりハンドルが壊れた。しかもステアリング・シャフトまで曲がってしまった。気がついたとき私は、ある村の宿屋の階段に青ざめてすわっていた。「あなたの様子は、まるで敗戦にあった大臣みたいですよ」とポーザーがいった。車はもう使いものにならなかった。救急車が私を連れ戻した。先へ進むことは断念せねばならなかった。再び起き上がれるようになったとき、私は、カトヴィッツの私の協力者たちから電話で少なくとも私のとった処置のすべてが厳守されていることを確認した。

ベルリンへの帰途、ブレスラウの大管区指導者ハンケが、シンケルによって建てられ、つい最近修理されたばかりの州庁の古い建物に私を案内した。「この建物はロシア人なんかに渡せるもんかね。それぐらいならむしろ焼き捨てたほうがましだ」と彼は激しくいった。私は異議を唱えたが、ハンケはこれに固執した。彼にとってこの町が敵の手に落ちるぐらいなら、破壊してしまったほうがよかったのだろう。私は少なくともこの建物の美術的価値を説明して彼を納得させ、最終的にはこの破壊行為を阻止するのに成功した。

ベルリンに戻った私は、旅の間に撮った避難民の非惨な写真をヒトラーに見せた。強烈な寒さのなかを、みじめな運命に向かって歩く避難民――婦人たち、子供たち、老人たち――がヒトラーの心を動かすのではないかという、甘い希望を私は抱いた。また私は、彼を動かして、ロシア軍の止めようのない前進を、少なくとも西部戦線の部隊を東部へまわすことによっていくらかでも遅らせることができると信じた。ところが私がこれらの写真をヒトラーの前に置くと、彼は憤然としてそれを脇へ押しやってしまった。こんな光景が彼にもはや興味がないのか、それとも胸にこたえたのかははっきりしなかった。

一九四五年一月二十四日、グデーリアンは外務大臣フォン・リッベントロップを訪問して、彼に軍事的状況を説明し、それから簡潔に、「戦争は敗ける」と言明した。フォン・リッベントロップは不安げに、自分の意見の表明はすべて避け、いざこざに巻きこまれまいとしたが、同時に彼は直ちに、参謀総長が戦況について自分かってな解釈をしたことを、意外だという表現でヒトラーに報告した。興奮したヒトラーは、二時間後に開かれた作戦会議で、今後このような敗北主義的な発言はきびしく処罰するつもりだし、戦況に関しては、自分に向かってだけ問い合わせることができるのだといった。「戦況全般について総評したり結論したりすることは絶対に禁止する。それは私のすることだ。今後、戦争に敗れるなどと他人に向かって主張するものは、家族もろとも謀叛人として取り扱う。私は、その人間の階級も社会的地位も顧慮せずに徹底的に処置するつもりだ」

あえて一言でも口に出そうとする者はいなかった。我々は沈黙して耳を傾け、同じく沈黙したまま部屋を立ち去った。それ以来、会議には新しいメンバーが加わった。彼は身をひそめていたが、彼がいるということだけで非常に効果的だった。それは秘密国家警察局長官エルンスト・カルテンブルンナーだった。

無視された覚え書き

ヒトラーの脅迫と移り気はますます激しくなり、私は三日後の一九四五年一月二十七日、私の組織の工業界からの主要な協力者たち三〇〇人に、過去三年間の軍需生産活動についての最終報告書を送った。また私は、最初の建築面での協力者たちを呼び集めて、我々の設計図の写真を収集し、安全に守るよう彼らに頼んだ。私には、彼らに自分の心配や気持ちを打ち明ける暇も意図もなかった。だが彼らは、これが過去との別れだと悟った。

一九四五年一月三十日、私は、連絡官フォン・ベローを通じてヒトラーに一通の覚え書きを渡した。それが「権力掌握」第十二回記念日の日付けだったのも偶然だった。私は、「戦争はもはや経済・軍備両面で終わりを告げた。現況下では食糧と家庭用燃料、電力などは、戦車、航空機エンジン、爆薬などより優先すべきだ」と説明した。

一九四五年に出された、軍需生産の将来に関するヒトラーのとてつもない主張を論難するために、私はその覚え書きに、今後三か月間に期待できる戦車、兵器、弾薬の残余生産リストを添えた。覚え書きの結論は次のようなものだった。「オーバーシュレジエンの喪失後、ドイツの軍需生産はもはや弾薬、武器、戦車など、前線の需要にこたえることができない。そのうえ、敵の物量的優位は、ドイツの兵士たちの勇気をもってしてもいかんともしがたいものである」。これまでヒトラーは繰り返し繰り返し、ドイツの兵士がドイツの土地で自分の故郷を守るために戦う瞬間から、我々の敗北は勇気の奇跡によって補われると主張してきた。その点について、私は覚え書きで答えるつもりだった。

私の覚え書きを受けた後、ヒトラーは私を無視し、作戦会議の間も私が出席していることを気にもとめなかった。二月五日になって初めて、彼は私を呼び寄せた。ザウルも一緒に来るようにと彼は要求した。いきがかり上、私は不愉快な衝突を覚悟していた。だが、彼が総統官邸の私室で我々を迎えたことが、既に脅迫的な結論を強要する考えでないことを表わしていた。激しい怒りを表わそうとするときは、いつも相手を立たせたままにしておくのだが、今回はそうはせず、ひどく親しげに我々にブラシテン張りのいすを勧めた。それから彼はザウルのほうに向きをかえた。彼の声は押し殺したような響きだった。彼は困惑しているようだった。私は彼がある種の狼狽、つまり私の反対を無視して武器製造という現況下の問題について語ろうとしていると感じた。彼はここ数か月間の可能性を論じた。その際ザウルは、あの覚え書きの憂鬱《ゆううつ》な印象に対し、有利な点を誇張することによってやわらげようとした。彼の楽観主義は、まったくいわれのないものではないらしかった。ともかく、昨年の経過をみると、私の予測が誤っていたと指摘されたこともまれではなかった。それは、私が会談の基礎にした結論を、私の反対者が無視したからであった。

私は話し合いにも加わらず、不機嫌にそこにすわっていた。終わりごろになって初めて、ヒトラーは私に顔を向けた。「もちろん君は、今後とも軍備状況についての意見を、私に書いてきても差しつかえない。しかし、私以外のだれにもそれについて説明をしてはならない。また、だれかにこの覚え書きの写しを与えることも禁じる。だが、今回の覚え書きの最後の部分のようなことは私にあてても書いてほしくない。このような最終的断定は、君がする必要はない。軍需状況からどのような結論を出すかは、私に任せなさい」。彼はこの間に、いささかの興奮も表わさず、まったく平静に、歯の間からヒュウヒュウという息をもらしながら語った。これは、これまでのような翌日には容易に変更させることのできた怒りの爆発よりも、ずっとはっきりしているだけでなく、はるかに危険なものであった。だが、ここではヒトラーの最後の言葉が問題なのだ。私はそのことをはっきりと感じた。


一月三十日、既に私はポーザーを通じて、覚え書きの写し六通を陸軍参謀本部の六部局に渡すようにしてあった。そこで私は、ヒトラーの命令を形式的にも満たすために、いまになってそれを戻してくれと要求した。グデーリアンと他の者に対して、ヒトラーは覚え書きを読まずにスチール戸棚に置きっぱなしであると伝えておいた。

すぐに私は、新しい覚え書きを準備しはじめた。軍需状況についての私の見解とは基本的に一致しているザウルを規制するために、私は主要中央委員会の指導者たちと、今回はザウルが覚え書きを起草し、署名するように取り決めた。私が会議の場を、弾薬製造責任者であるシュタールの工場があるベルナウにひそかに移したことは、当時の私の状況では意味あることだった。この会議の参加者の全員が、この戦争の破産宣告を文書で繰り返すよう、ザウルに勧めることを約束した。

ところがザウルは、うなぎのごとく身をかわしてしまった。彼は文書による説明は承知しようとはしなかったが、最終的にはヒトラーと次の会談のときに、私の悲観的な予測を裏付けようと約束した。だがヒトラーのもとでの次の会議も、いつもと変わらないものであった。私が報告するやいなや、ザウルはまたも悲観的な印象をうすめようと努力した。彼は、メッサーシュミットと話し合ったことを報告し、鞄《かばん》から四発ジェット爆撃機の設計図を取り出した。ニューヨークまでの航続距離をもつような航空機の製造は、正常な軍備生産状況でさえ数年を要するのに、ヒトラーとザウルは、この爆撃機がニューヨークの摩天楼を爆撃するだろうなどと、きわめて空想的な期待に酔っていた。

疲れ切った要人たち

一九四五年の二月から三月にかけての数週間に、ヒトラーはときおり、いろいろなルートで敵と接触を続けさせることを暗示したが、詳細については触れなかった。それどころか、彼は極端な逃げ場のない非和解的な雰囲気をつくろうとしているという印象を受けていた。ヤルタ会談のとき、私は、彼がローレンツ広報官に次のような指示を与えるのを聞いた。ドイツの諸新聞の反応に満足せず、彼は、もっと鋭く攻撃的な調子を要求した。「ヤルタの戦争扇動者どもを侮辱してやらなければならない。彼らがドイツ国民に何か申し出をする可能性などまったくないまでに侮辱し、衰弱させねばならない。どんな場合でも決して申し出などさせはしない。彼らはドイツ国民をその政府から引き離そうとしているだけだ。私は常にいってきた。降伏なぞまだ問題にすらならない」。彼は一瞬ためらったが、「歴史は繰り返さない」と結んだ。

最後のラジオ放送で、彼はこの考えを再び繰り返した。「ウィルソン的きまり文句によってナチス・ドイツに影響を与えようとするすべての試みは、今日のドイツをまったく知らない単純さを前提としたものであることを、他の政治家たちにも断固として示してやった。妥協を知らない民族の利益を代表するものの義務を免除しうるものは、自分を召命したもののみである」。彼は「全能者」について語ったのだ。それを彼はこの談話の中で繰り返して口に出したのだった。

勝利続きの幾年かを将官連と一緒に過ごしてきたヒトラーは、迫りくる支配の終局への気配を感じてかつて共に歩んできた昔の党仲間の狭いサークルに目に見えて引きこもることが多かった。毎晩毎晩、彼はゲッベルス、ライ、ボルマンらと一緒に時間を過ごした。

何ぴとも立ち入ることを禁じられた。彼らが初期のころの思いにふけっているのか、それとも破局とそれに続いて起こりうることについて話し合っているのか、だれにもわからなかった。当時私は、彼らのだれかからでも、敗北した国民の将来について、少なくとも一片の同情的な言葉が聞ければと期待したが無駄であった。彼ら自身ですら、わらをもつかむ気持ちで、逆転を可能ならしめるようなものなら何にでも飛びついていった。それにもかかわらず、全国民の運命を、自分の運命と同じくらい大切にするつもりはまったくなかった。「我々はアメリカ、イギリス、ロシアのやつらに不毛の地のみを引き渡す」というのが、状況についての彼らの話のしめくくりになることもまれではなかった。ヒトラーは、ゲッベルス、ボルマン、ライのように極端な表現こそしなかったが、それに同意した。事実、数週間後、ヒトラーが彼ら三人よりも一段と極端だったことが明らかになった。ほかの三人が話していたあいだ、彼は政治家的なポーズをとって自分の気持ちを隠していたが、間もなく国民の生存の基盤を根本的に破壊するような命令を出したのである。

二月初めのある作戦会議で、数えきれないほど突破され、追いつめられた破滅の地図が示されたとき、私はデーニッツをかたわらへ招いた。「何かが起こらねばよいが……」。彼は奇妙に短く答えた。「私はここでは海軍のみを代表せねばならない。ほかのすべてのことは私に関係ない。総統は彼のなすべきことを知っているだろう」

連日、ヒトラーの前の作戦用の机を囲んで集まっていた疲れきった一団が、連帯的な行動を決して考えようとしなかったことは、きわめて特徴的である。確かにゲーリングは、とうに堕落しきって次第に衰弱しつつあった。だが同時に彼は、戦争勃発《ぼっぱつ》の日から、現実的かつ幻想を持つことなくヒトラーがこの戦争によって引き起こした危機を見てきたわずかな人々の一人であった。もし国家第二の人物としてのゲーリングが、カイテル、ヨードル、デーニッツ、グデーリアン、それに私と結束して、この戦争をどのように終わらせるつもりか明らかにしてほしいと最終的に要請していたら、ヒトラーは自分の立場をはっきりさせざるをえなかったろう。ヒトラーがこのところこの種の衝突を恐れていたからだけではなかった。いまや彼には指導部の一致という擬制すら課する必要もなくなっていた。

二月なかばごろのある夜、私はカリンハルにゲーリングを訪れた。私は作戦地図に、彼が自分の狩猟用別荘の周辺に空挺師団を集結させているのを発見した。長いこと、彼は空軍のあらゆる失敗の罪を背負わされてきたのであった。ヒトラーは作戦会議中、将校連の面前でひどく侮辱的に彼を非難するのが常だった。二人だけで話しているときは、もっとひどかった。私は控え室で待ちながら、しばしばヒトラーが大声で彼に非難をあびせかけるのを耳にしたことがあった。

カリンハルでのこの夜、私は最初にして最後に、ゲーリングと個人的に親しくなった。暖炉の前でゲーリングは、古いロスチャイルドの赤ラベルのボルドー・ワインを給仕させ、召し使いに場をはずすようにと命じた。私ははっきりとヒトラーに対する失望を述べ、同じように明らさまにゲーリングは、彼が私をよく理解していること、彼にもしばしば似たようなことが起こると答えた。にもかかわらず、私のほうが彼よりも気楽だった。というのは、私は彼よりもずっと後でヒトラーと出会ったのであり、したがってより早く彼のところから去ることもできるからであった。彼はずっと親密にヒトラーと結ばれており、長い年月、共通の体験と心配が彼らを互いに結びつけてきたのであり、もはや離れることはできないだろう。それからいく日もたたないうちにヒトラーは、カリンハルの周囲に集結された空挺師団をベルリンのはるか南の前線に移動させた。

このころ、ある親衛隊高級指導者が私に、ヒムラーが決定的な処置を準備している、とほのめかした。一九四五年二月、ヒムラーはヴァイクセル軍集団の指揮をとることになったが、前任者と同じくロシア軍の前進を食い止めることはできなかった。そこでヒトラーはヒムラーに対しても激しい非難をあびせた。こうして、彼にまだ残っていた個人的名声も、わずか数週間の前線での指揮で、失墜してしまったのである。

それでもヒムラーは相変わらずみなから恐れられていた。ある日副官が、ヒムラーが今晩ちょっと話しに行くと伝えてきたとき私までも不安を覚えたものである。彼が私のところへ来るのは、ともかくこれがただ一度だけだった。私がしばしばかなり心を開いて話し合ったことのある中央局の新局長フプファウアーが、ちょうどこっちと同じ時刻に秘密国家警察長官カルテンブルンナーが自分のところへ来ることになったとあわてて伝えてきた。

私の不安はますます高まった。

ヒムラーがはいってくる前に、副官が私にささやいた。「彼一人だけです！」。私の執務室には窓ガラスがなかった。どっちみち数日後には爆弾で破壊されてしまうので、もうガラスを入れさせなかったのだ。電気が止まっているので、机の上に貧弱なロウソクが一本立っていた。外套《がいとう》を着たままで我々は向かいあった。ヒムラーはどうでもよいことについて話し、さして重要でもないことをたずねてから、前線の状況のことになり、あまり精彩のない観測をいった。「もし下り坂ならば、当然谷底があるし、そこまで落ちれば再び登り坂になるものだ、シュペーアさん」。私がこの単純な哲学に賛成もしなければ反対もせず、あまり口を開かなかったので、彼は間もなく別れを告げた。彼は立ち去るまで親しげなままだったが、一体何を考えているのか私には見当もつかなかった。私は、彼が何を望んでいたのか、なぜカルテンブルンナーが同時にフプファウアーのもとに出向いているのかを追及しなかった。おそらく彼らは私の批判的な態度について耳にして、外部との関係をかぎつけようとしたのであろう。彼らは我々からただ秘密をさぐり出すつもりだったのだ。

二月十四日、私は財務大臣に手紙で「一九三三年以来著しく激増してきた全資産の増加分を、帝国のために供出したらどうか」と提案した。こうした措置はマルクの安定化に役立つだろう。マルクの価値は強制措置によってどうやら正常を保っているが、強制の終結とともに崩れてしまうに違いなかった。財務大臣シュヴェリン・フォン・クロージク伯は、私の提案をゲッベルスとともに検討したとき、そのような処置にひどく狼狽したゲッベルスの強い反対にであった。

当時私が身を置いていた感覚的かつ幻想的な心情的世界を、今日なお私にまざまざと再現してくれるようなもうひとつの考え方は、もっと見込みのないものであった。一月末、私は宣伝省次官ヴェルナー・ナウマンとともに、非常に慎重に、手探りしながら、状況の見込みのなさを検討した。まったく偶然に、我々は本省の防空壕で出会ったのだった。少なくともゲッベルスに語らせ、結論を出させることができるだろうという前提で、私は偉大なる結末の構想についてばく然と話した。政府と党と総司令官たちの共同の歩みが私の目前に浮かんできた。それはヒトラーの指導のもとに、ひとつの宣言が作られるだろう。もしドイツ民族の今後の存続にとって耐えうる条件が与えられるならば、帝国の指導者層がそろって敵国におもむき、講和を申し出る用意がある、というものであった。歴史への回想、つまり、ワーテルローの敗戦ののち自分自身をイギリス人に引き渡したナポレオンへの回想が、このいくらか芝居がかった考えに影響を及ぼしていた。自己犠牲と救いというヴァーグナー主義にまでは決していかなかったのは幸いだった。

『わが闘争』よりの暗示

工業界からの私の協力者たちのなかでも、ドイツ電気工業界の代表者であり、ジーメンス・コンツェルンの取締役兼開発本部長であるリュッシェン博士が私と特に個人的に親しかった。この七〇歳代の実業家――その体験に私は好んで耳を傾けたのだが――は、むろんドイツ国民にとって苦しい年月を予見していたが、究極の再建を信じて疑わなかった。

二月初め、リュッシェンは、パリ広場に面した私の省の裏にある私の小さな家を訪れ、ポケットから一枚の紙片を取り出して次のようにいいながらそれを私に手渡した。「ヒトラーの『わが闘争』のどの文章がいま町で引用されているかご存じですか」。その紙には次のような文句が書かれていた。「外交というものは、ある民族が英雄的に滅びるのではなく、実際的に維持されるよう心がけねばならない。そうすれば、そこへ向かう道はすべて目的にかなったものであり、それを行なわないことは義務を忘れた犯罪と呼ばれねばならない」。さらに第二の適当な引用文を見つけた、とリュッシェンは続けて、私に別の紙片を手渡した。「自己目的としての国家権力は存在してはならない。なぜならこの場合、地上の専制政治はみな不可侵であり、神聖なものということになるだろうから。政府権力の助けをかりて国民が破滅に向かわされそうな場合、暴力はそのような国民のおののの権利であるばかりでなく義務である」

リュッシェンはそのほかにはひとこともいわず別れを告げ、その紙片を残して帰って行った。私は落ち着かずに自分の部屋を行ったり来たりした。その紙片に書きつけられた文句には、私がここ数か月捜し求めてきたことが、ヒトラー自身の口から語られていた。残されているのは結論だけである。ヒトラーは、自身を彼の政治綱領にもとづいて、彼の目的のために自分を犠牲にし、彼がすべてを――いずれにせよ、私がヒトラーに負わねばならなかったよりずっと多く――負っている自分の民族に対して意識的な大逆罪を犯したのだ。

この夜、私はヒトラーを抹殺する決心をした。しかし、私は準備を始めたばかりでいきづまってしまった。私の準備は同時にまたこの政権の性格に対する、またその俳優たちの性格における変化に対する証左でもある。それが、かつてヒトラーの建築技師以外の何ものでもあろうとしなかった私をどこへ導いていったかと考えると、いまでも戦慄《せんりつ》が走る。相変わらず私は、ときおり彼と向かいあってすわり、ときには一緒になって昔の建築設計図をめくりあった。しかし一方、私は、若干の確執はあったものの、なおも私を好み、ほかのだれよりもずっと私と親しかったこの男を殺すために、毒ガスはどうだろうかと思いめぐらせていたのだ。長い年月、私は人間の命がまったく軽視されるような環境に生きてきたが、それは私には何も関係ないことのように思ってきた。いまや私は、これと無関係ではいられないことに気づいた。私はもはや、まやかし、陰謀、卑劣、殺人準備の仲間に係わりあいになったばかりでなく、自分もこの歪《ゆが》んだ世界の一員になってしまったのである。一二年間、私はむしろ無思慮に殺人者たちのあいだに生きてきて、最後の最後になって、ヒトラーの『わが闘争』からのある引用によって示唆《しさ》され、ヒトラーに反抗して、もう少しのところで自ら殺人者となるところだった。逃げ道はなかった。

ニュルンベルク裁判でゲーリングは私を嘲弄《ちょうろう》し、私を第二のブルータスだといった。また数人から私に非難があびせられた。「あなたは総統との誓いを破った」と。しかしこの誓いの使命は別に重要なものではなく、独立的な考えへの義務から遠ざかるという約束以外のものではなかった。だがもしそうでなければ、それはヒトラーが一九四五年二月に私から取り上げたように、彼自身が彼からこの見せかけの論拠を取り上げたのだ。

ヒトラー殺害計画

内閣官房府の庭を散歩しているとき、ヒトラーの防空壕の換気孔が私の目についた。ある小さな繁みの中に、地面の高さで簡単な鉄格子で覆われた換気孔があった。吸いこまれた空気はフィルターを通して運ばれた。他のフィルターと同様、これも我々の新毒ガス「タブン」に対しては効果がなかった。

偶然のことから私は、弾薬製造の責任者、ディーター・シュタールと個人的に親しくなった。目前に迫った戦争終結についての敗北主義的な発言のために、彼はゲシュタポの前で弁明せねばならなかった。彼はある処置を免れるために私に助けを求めてきた。私はブランデンブルクの大管区指導者シュテュルツをよく知っていたので、この事件を有利にかたづけることに成功した。二月中ごろ、リュッシェンの訪問後数日して、私は激しい空襲のあいだシュタールと一緒にベルリンの防空壕の一室にすわっていた。こうした状況が腹蔵のない会話を可能にした。我々はコンクリートの壁と鋼鉄の扉、簡単な形のいすといった無味乾燥な場所で、内閣官房府内で語られている玉砕政策について話し合った。シュタールは突然私の腕をつかんで「恐ろしいことだ。恐ろしいことになるだろう」といった。

注意深く私は、新しい毒ガスのことと、彼がそれを手に入れることができるかどうかを聞いてみた。この質問はきわめて突然だったにもかかわらず、シュタールは熱心にその話の相手になった。いったん言葉を中断してから私はいった。「それが戦争を終わらせる唯一の手段なのだ。私はガスを内閣官房府の防空壕へ送るようやってみるつもりだ」。我々のあいだに生じていた信頼関係にもかかわらず、私は一瞬自分の率直さに我れながら驚いてしまった。ところが彼は驚きもあわてもせず、ここ数日のうちにガスを手に入れる方法がないか調べてみよう、と冷静に約束した。

数日後シュタールは、兵器局の弾薬課長ゾイカ陸軍少佐と連絡がついたと伝えてきた。たぶん、シュタールの工場で製造されている銃榴弾を毒ガス実験のために改造する可能性があるのだろう。事実、毒ガス工場の下級職員のほうが、軍需大臣や軍需中央委員長などよりもたやすく「タブン」に近づけたのだ。話が進むうちに、「タブン」が爆発によってのみ効力を生じることもわかった。そうなると、これは役に立たない。というのも、爆発などさせたら壁の薄い空気導入管を引き裂いてしまうだろうからだ。そうこうするうちに三月になってしまった。私は自分の計画をなおも追求した。というのはそれが、ヒトラーばかりでなく、毎晩の会合の時間をねらえば同時にボルマン、ゲッベルスそれにライも取り除ける唯一の手段であるように思えたからである。

シュタールは、間もなく従来のガスの一種を私に供給することができるといってきた。内閣官房府の建設以来、官房の技術主任ヘンシェルと知り合いだった。私は彼に換気孔のフィルターは長いこと使用されているから取りかえる必要があるのではないかと示唆した。ヒトラーは私がいるとき既に何度か壕内の空気が悪いことを嘆いていたからである。あまりに早く、私の準備が間に合わないうちに、ヘンシェルはフィルター設備を取りかえるためにはずしてしまったので、壕の内部は無防備になってしまった。

だが我々がその時までにガスを手に入れていたとしても、その数日は無為に過ごしてしまっただろう。というのは、そのころ私がある口実をつけて換気孔を観察したところ、変わった光景を発見したからである。建物の屋根の上に武装した親衛隊歩哨が配置され、サーチライトがとりつけられていた。さらに、ちょうど地面の高さにあった換気孔にいつのまにか高さ約三、四メートルの煙突がつけられていて、それで換気孔には直接手が届かないようになっていた。私は頭をなぐられたような思いだった。一瞬私は自分の計画が発覚したのかと邪推した。だが実際には偶然がそうしたにすぎなかった。第一次世界大戦のとき毒ガスで一時的に盲目になったことのあるヒトラーが、毒ガスは空気よりも重いといってこの煙突の建造を指令したのだった。

こうして私の計画はすっかり水泡に帰してしまったが、実のところ私は気が軽くなった。三、四週間ほど私は、だれかが我々の陰謀をあばくのではないかという不安に追われていた。ときどき私は、だれかが、自分が何を企てていたか、私の様子からわかるに違いないという考えにとらわれることもあった。とにかく、一九四四年七月二十日以後、私は、家族、妻および特に六人の子供たちにも責任を負わなければならないという危険を計算にいれておかねばならなかった。

こうしてこの企てが不可能になったばかりではなかった。暗殺計画自体、私の考えに浮かんだときと同じくらい早く消え去ってしまった。そのとき以来私は、自分の使命が、はやヒトラーを片づけることにあるのではなく、その破壊命令を挫折させることにあるのだと思い当たった。そのことも私の気を楽にした。なぜなら相変わらず、愛着、謀叛、忠誠、反抗などすべてのものが並存していたのだから。いかなる不安も抱かずに、手にピストルを持ってヒトラーに向かってゆくことは、私にはどうしてもできなかったろう。顔と顔を合わせれば、私を支配する彼の暗示力は最後の日まであまりに大きかったのだ。

私の感情のもつれは彼の態度の非道徳性をすっかり見抜いていたにもかかわらず、彼のとどまることのない没落と、自己意識の上に築かれた破滅に同情する気持ちを押えることができなかったのだ。そのときから私は彼に対して、嫌悪と同情と魅惑のまじりあったものを意識せざるを得なくなった。

そのほかにも私にはこんな心配があった。三月中ごろ、敗戦という禁じられたテーマを再び取り上げた一通の覚え書きをヒトラーのもとに持っていき、私はそれに私的な手紙を添えて渡そうと考えていた。神経質な筆跡で、閣僚専用の緑色の鉛筆で私は原稿を作りはじめた。偶然私は、私の女秘書がヒトラーに与えるために大きな筆跡で『わが闘争』からの引用を記していた紙の裏にそれを書き下ろした。相変わらず私は彼に、敗戦における謀叛への彼自身の呼びかけをつきつけようとした。

「同封の覚え書きを私は書かないわけにいきませんでした」と私は始めた。「私は軍備および戦時産業の国務大臣として、あなたとドイツ国民に対して責任があります」。ここで私は躊躇して、この文を書き換えた。「私は、この文書が私にとって個人的に困難な結果になるに違いないことを知っています」

ここでその原稿は中断した。この文章でも私はひとつの変更を加えた。私はすべてをヒトラーに押しつけた。変更は微々たるものだった。つまり「……私にとって個人的に困難な結果を招くことになるかもしれない」と。

第29章 「死刑宣告」

戦後に対する危惧

戦争末期になると、仕事をするということは現実から気持ちをそらさせ、かつ気持ちを鎮めることを意味していた。私は、終局に近づきつつある軍需生産のいっさいを、私の協力者ザウルに任せた。これに反して私は、工業の協力者たちとはできる限り密接に接触していた。というのは彼らと、切迫した供給問題や戦後経済への移行について協議するためだった。

モーゲンソー計画（訳注――一九三四～四五年までのアメリカ財務長官ヘンリー・モーゲンソーの案で領土割譲地方分権強化、ルール工業地帯の国際化、賠償、教育制度再編成、ドイツ人の再教育、非軍事化等によって、ドイツを農業国にするという計画）は、降伏とともにドイツの運命を決定づけるものだということを、全国民の眼前にさらす絶好の機会を、ヒトラーおよび党に提供した。事実、この脅威の影響は広い層に及んだ。これに反し、我々は以前から、今後の展開については別の見解を持っていた。というのも、モーゲンソー計画と似たような目的を、さらに強化した決定的な形において、ヒトラーとその政治的腹心たちは占領地帯に対しても追求していたのである。だが、ドイツの意図に反して、チェコスロヴァキア、ポーランド、ノルウェー、フランスでは工業が再興したことを経験が教えてくれていた。自分自身のために働かせることが、ついに過激な観念論者たちの頑迷さよりも大きくなったからである。工業が再び操業しはじめると、国民経済の基本的条件を維持し、人々を養い、人々に衣服を与え、報酬を払うよう強いられることになるのである。

ともかくこれが占領地域における事態の推移であった。それに対する唯一の前提は、生産のメカニズムが大体損なわれることなく残されていることであった。戦争終結に向かっての私の行動は——特に暗殺計画をやめてから後は——イデオロギー的あるいは国家的先入観なしに、あらゆる困難にもかかわらず、工業資産を救うことにもっぱら向けられていた。それも抵抗なしにはできなかった。一九四五年一月、ヒトラーは作戦会議の席上で私に外国の新聞記事を差し出した。「私はフランスでは何もかも破壊するよう命じたはずだ。フランスの工業が数か月後には再び大戦前の水準に近づくということができるなんてどういうわけなのだ」。彼は憤激して私をにらみつけた。「それはおそらく、一種の宣伝報道でしょう」と私は落ち着いて答えた。偽りの宣伝報道ということについてヒトラーはよく承知していた。この問題はそれでかたづいた。

一九四五年二月、私はもう一度、ハンガリーの石油産出地や、我々にまだ残されているオーバーシュレジエンの石炭地帯、およびチェコスロヴァキアやダンツィヒへと飛んだ。いたるところで、本省の出先職員を我々の方針に従わせ、司令官たちの理解をうることができた。その際私は、ハンガリーのプラッテン湖畔で、ヒトラーから特命を受けたらしい親衛隊の数個師団の出動に遭遇した。この作戦計画は最高機密にされていたに違いない。これらの部隊が、その制服につけていた部隊章から、精鋭な部隊であることがわかっていたので、奇妙な印象を受けた。だが、奇襲攻撃のための作戦よりも、もっと不可解だったのは、わずか数個の戦車師団でちょうどバルカン半島を占領したソ連軍を壊滅しようというヒトラーの考え方であった。ヒトラーの考えでは、東南ヨーロッパの諸国民は、数か月もすればソ連の支配に飽きてしまうだろうというのだった。最初に少しばかり成功したとしても、間もなくソヴィエトに対しバルカン諸国民の反乱が勃発《ぼっぱつ》し、彼らは共通の敵に対して勝利をうるまで我々と共同行動をとるであろうと、この数週間の絶望的な気分にあって、ヒトラーは自分にいい聞かせていた。まさに空想的なことだった。

引き続き私は、ヴァイクセル軍集団司令官ヒムラーの司令部を訪れた。ドイチュ・クローネにある司令部は、快適な設備をもった特別列車の中に作られていた。私は偶然、彼がヴァイス大将との電話で、敵の手に落ちた陣地を放棄するといういい分を、形式通りに拒否しているのを目撃した。「私はあなたに命じておく。もしこの陣地が敵の手に落ちたなら、私はあなたにいっさいの個人的な弁明をさせないつもりだ」

だがその翌日、私はプロイシッシュ・シュターガルトにヴァイス大将を訪れたが、その陣地は既に放棄されていた。ヴァイスは、ヒムラーのおどかしなどなんとも思っていなかったのだ。彼はいった。「私は自分の部隊を、実現しがたい要求のために出動させたりはしない。ひどい損害を蒙るだけだ。私は可能なことだけをする」。ヒトラーとヒムラーのおどかしもその威力を失いはじめていた。この旅の途中、私は本省の写真師の手で、黙々と西へ移動する数限りない避難民の列を写真に撮らせた。後日、ヒトラーはまたもこの写真を見ることを拒否した。怒るというよりはむしろ諦めたように、彼はそれを大きな地図台のずっと端のほうへ押しやった。

オーバーシュレジエンへの旅の途中で、私はハインリツィ上級大将という物わかりのよい人物に出会った。その後、戦争末期の数週間、私は彼と互いに信頼し合って、一緒に仕事をすることとなった。当時——三月の中ごろだったが——我々は、将来、東南地方の石炭輸送のための鉄道施設を破壊から守らなければならないという点で意見が一致していた。我々はリブニック付近の鉱山を訪れた。ソヴィエトの部隊は、その鉱山が前線のすぐ近くにあったにもかかわらず、操業を許可していた。敵も我々の破壊回避策を尊重しているようにみえた。ポーランド人の鉱山労働者たちは状況の変化に応じ、サボタージュを断念していた。仕事を続けさせるという我々の保証に対し、平時と少しも変わらない能率で働いていた。

三月初め、私はルール地方へ出かけた。そこでもまた、目前に控えた終結とその後のために何が必要であるかを検討するためだった。とりわけ輸送路に対して、工業家たちの関心は集中していた。というのは、炭鉱や製鋼所が無傷で残ったとしても、橋が壊されてしまったなら、石炭、鉄鉱、圧延工場というサイクルに分断されてしまうからであった。そこで私は、その日のうちにモーデル元帥のもとへ行った。彼は憤慨して語った。ちょうどヒトラーが、数個師団をもって、レーマーゲン付近の敵を側面から攻撃し、橋を再占拠するよう命令してきたというのだ。諦めたような口調で彼はいった。

「師団は武器の損傷によって戦闘力をすっかりなくしている。一個中隊よりも戦闘力は落ちているのだ。大本営は相変わらず何もわかっていない。……そうして失敗の責任は私が負わされる」。ヒトラーの命令に対する不満が、モーデルをして私の提案に耳をかす気にさせた。彼はルール地方の戦闘にさいし、占領されていない橋と、鉄道施設の保存に特に気をつけることを保証してくれた。

将来にとっては、災厄ともいうべき橋の破壊を防止するために、私はグデーリアン上級大将と「国内における破壊措置」について原則的な例外をとり決めたが、それは「国内の住民の生活を阻害するようなあらゆる爆破」を禁じることになっていた。どうしても必要な破壊も最小限に制限されねばならない。その際、交通遮断をできる限り最小限度にとどめること。グデーリアンはこの指令を、自分の責任において東部戦線で出すつもりだった。彼が西部戦線を指揮しているヨードル上級大将をそそのかして署名させようとしたとき、ヨードルはそれをカイテルに報告した。カイテルはこの指令案を受けとり、ヒトラーと一度話してみようといった。結果ははじめからわかっていた。次の作戦会議でヒトラーは、現行のきびしい破壊命令を追認し、同時にグデーリアンの提案にひどく憤激していた。

ヒトラーへの覚え書き

三月中ごろ、私は再びヒトラーにあてた覚え書きの中で、現段階における必要措置についての私の見解を率直に提示した。私は承知の上で、ここ数か月来、彼によって作られたすべてのタブーを破ったのである。だが、私は数日前に、ベルナウに工業界からの協力者たちを呼び集めて、こう説明しておいた。「私は、軍事状況がこれ以上に悪化しようとも、決して企業を破壊させはしないことを、自分の一身をかけて保証する」。私は再び書面をまわして、破壊は絶対に阻止するという義務を出先機関に課した。

とにかくヒトラーが覚え書きを読む気になるように、最初の数ページは普通の調子で、石炭産出についての報告で始めた。だが、軍需産業は、二ページめの一覧表でも最下位となっていた。むしろ上位には生活必需品、すなわち食料、生活物資、ガス、電気などが並んでいた。「ドイツ経済の決定的崩壊は間違いなく四ないし八週間のうちにくると予想される。そうなれば軍事的にも戦争を続けることはできない」と覚え書きははっきりと述べていた。さらに、ヒトラーに対する個人的な嘆願の形で「何びとといえども自分の個人的な運命をドイツ国民の運命と結びつけるという立場を取ってはならない。戦争末期のここ数週間における、最も大切な統率者の義務は、どこであれ、そのおもむくところで国民を助けることであろう」。私は覚え書きをこう結んだ。「我々には、戦争のこの段階において、我々の側から国民の命取りにもなりかねない破壊に手を下す権利はない」

これまで私は一貫して政府筋の不誠実な楽観主義とヒトラーの破壊の意図に反対して、企業は再占領後、短期間に操業再開を可能とするために、破壊から守らなければならない、と力説してきた。この論法に対してヒトラーはすぐさま強く反対してきた。今度は私も初めて反論した。「たとえ再占領などありえないようにみえても、財産は維持されねばならない。……多くの橋を破壊し、戦後の制限された手段で、再建に数年を要するようなことは、ドイツ国内における戦争指導の本義であるはずがない……橋の破壊こそは、ドイツ民族の生存の可能性を無視することを意味する」

今度は、この覚え書きが唐突にヒトラーに渡されることを恐れた。彼はあまりにも解しがたい人間だった。性急な結論を下すことがよくあったのだ。そこで私は、二二ページにわたる文書を、私の大本営連絡将校フォン・ベロー大佐に渡し、それを適当なときにヒトラーのもとに持っていくようにと頼んだ。それから私はヒトラーの副官ユリウス・シャウプに、もうすぐ私の四〇回目の誕生日なので、ヒトラーに自筆の献詞のある写真を一枚頼んでほしいと依頼した。一二年の間、こうした願いをしなかったものは、ヒトラーの側近のうちで私のほかにだれ一人としていなかった。彼の支配と、我々の個人的関係が終末を迎えている現在こそ、私はこのことを彼にわからせたかったのだ。つまり、私はもちろん彼に反抗し、覚え書きであからさまに彼の失敗を口にしたが、以前と同様に彼を尊敬していたし、写真を献呈されるという名誉を重んじていることをわからせたかったのだ。それでもなお私は不安だったので、覚え書きが渡されるとすぐ、彼の手の届く地域から立ち去るように準備した。その夜のうちに私はソ連軍に包囲されているケーニヒスベルクへ飛ぶつもりだった。不必要な破壊を避ける件についての、部下たちとの定例会議がその口実となった。また会議では、私は彼らに別れを告げておくつもりだった。

三月十八日の夜、私は自分の覚え書きを諦めざるをえない状態となった。作戦会議はしばらく前から私が設計したヒトラーの豪華な執務室では、開かれなくなっていた。最近は、議場を防空壕の小さな執務室に移していた。憂鬱《ゆううつ》な皮肉をこめて、ヒトラーは私に向かっていった。「シュペーア君ご存じかね。君の見事な建築芸術は、もはや作戦会議にふさわしい場所ではなくなってしまったのだ」

この日の作戦会議はパットンの軍の攻撃によってひどく苦境に追い込まれたザール地方の防衛だった。ロシアのマンガン鉱山が危機にあった時のように、ヒトラーは突然、私に支持を求めるような調子でいった。「ザールの石炭の損失が何を意味するか、君からみんなに説明したまえ」。思わず私の口からもれてしまった。「それは崩壊を早めるに過ぎないでしょう」と。唖然《あぜん》とし、また狼狽《ろうばい》して、我々は顔を見合わせた。私自身もヒトラーと同じように驚いてしまった。白けきった沈黙の後、ヒトラーはテーマを変えた。

同じ日、西方総軍総司令官ケッセルリング元帥は、「アメリカ軍との交戦に際し住民が現われ、戦闘の妨げになっている。どうも住民は、自国の軍隊を村に入れさせないようにしていると思える。将校たちは、村落を戦闘行為で破壊しないように申し合わせたようだ。多くの場合に部隊は絶望的な要求すら聞き入れている」と伝えてきた。ほんの一瞬も結果について考えることもなく、ヒトラーはカイテルに向かって、西方総軍総司令官と大管区指導者たちに、全住民を強制的に立ちのかせる指令を作成するように命令した。カイテルは直ちに隅の机にすわって、命令書の作成に取りかかった。

そこに居合わせた将官の一人が、鉄道はもうまったく使えないし、交通はとうに破壊されているのだから、一〇万人もの立ちのきは不可能である、とヒトラーを諫《いさ》めた。ヒトラーは動じなかった。「それなら彼らは歩いて行けばよい」といった。「それを組織化することはできない。彼らには食料を与えることも必要だ。彼らは人口の少ない地帯を通らされるし、靴さえも持っていない」と、将官は答えた。彼は最後まで続けることができなかった。動じる色もなくヒトラーは顔をそむけた。

カイテルは指令書を仕上げ、それをヒトラーのところへ持ってきた。ヒトラーはそれに同意した。その指令は「敵の脅威にさらされた戦闘地帯に住民がいることは、戦っている部隊と同じく住民自身にとっても負担である。ゆえに総統は次のことを命じる。ラインの西側、もしくはザールプファルツ等、主戦場の後方の全住民は、直ちに退去しなくてはならない……避難先は、東南方面へ向かって、またザンクト・ヴェンデル＝カイザースラウテルン＝ルートヴィヒスハーフェン線の方向である。詳細については、G師団が大管区指導者らと協力して規制する。大管区指導者には党事務局長を通じて同じ指示を与える。総司令官カイテル元帥署名」

最後にヒトラーが「住民のことを顧慮することは、我々にとってもはや不可能である」といったとき、だれも異議を申し立てなかった。

会議は終わった。真夜中過ぎ、私の四〇歳の誕生日は明けた。私はなおもう少し話したいとヒトラーに頼んだ。彼は召し使いを呼んで「この写真をあげよう。私はそれに署名しておいた」といって、誕生祝いの言葉とともに、金の紋章が刻印された赤皮の小箱を私に手渡した。そのなかに彼はいつも彼の銀縁の写真を入れて渡すのだった。礼をいって私は、それを机の上に置き、覚え書きを取り出そうとした。するとヒトラーがいった。「最近、自分の手でほんの数語の字を書くのさえ困難になった。ごらん、手がこんなに震えている。署名を最後までできないこともある。君のために書いたものはひどく読みにくいものになってしまった」。そこで私は小箱を開いて献詞を読んだ。事実、ほとんど読みとれないほどだったが、非常に心がこもっていて、私の仕事に対する感謝と変わらない友情の約束を結びあわせていた。その返礼として、冷静に彼の生涯の仕事の崩壊を断言している覚え書きをいま手渡すのは、私にはつらいことだった。

ヒトラーはそれを黙って受け取った。気まずい気分を解消するために、今夜にも西部地域へ向かうつもりであることを報告した。そして私は別れを告げた。私が防空壕から電話で車と運転手の手配を頼んでいる間に、私はヒトラーに呼び戻された。「よく考えてみたのだが、私の車で行きたまえ。私の運転手ケンプカが君を乗せて行ったほうがよいだろう」。私はいろいろと口実をつけてこれをことわった。やっとヒトラーは、私が自分の車を使うことに同意したが、ケンプカが運転しなくてはならないといった。私はなんだか気味が悪くなった。というのも写真を渡してくれるときに私をひどく魅惑した彼の暖かさが、また消えてしまっていたからである。彼は私に、返答を許さないためであるかのごとく「今度は、君の覚え書きに書面で答えることにしよう」といったとき、私はもうドアに向かっていた。少し休んでから、氷のような冷たい調子で彼は付け加えた。「戦争に敗北すれば、民族も失われるだろう。ドイツ民族は、きわめて原始的な生存に要する基礎的なものなどを顧慮する必要はない。むしろ反対に、自分でそれらの物を破壊するほうがよい。なぜなら、この民族は弱い民族であると実証され、未来は結局、より強い東方民族に支配されるからである。この戦いの後に残るものは、どっちみち劣等なものばかりだ、よきものは滅びるのだから」

ドイツ民族への死刑宣告

すがすがしい夜気のなかで車のハンドルを握ったとき、私はいくらか気が軽くなった。私の横にはヒトラーの運転手がおり、後ろの席に参謀本部との連絡官、陸軍中佐のフォン・ポーザーがいた。私は、代わる代わる運転しようとケンプカと申し合わせた。そうこうするうちに、午前一時半ごろになっていた。ナウハイム近郊の西方総軍司令部までアウトバーンを五〇〇キロも走って夜明け前に、つまり低空飛行をする航空機が姿を現わす前に走破するつもりなら、どうしても急がなければならなかった。ラジオをわが軍の夜間戦闘機のための放送にセットし、膝《ひざ》の上に区域地図を置いて、「××地区に夜間戦闘機、〇〇地区に相当数のモスキート機、△△地区に夜間戦闘機……」と我々は敵の侵入路の確実な位置を追跡した。敵の飛行機が我々に近づいてくるたびに、ヘッドライトを消し、道路の端をゆっくりと進まなければならなかった。しかし我々のいる地区に敵の心配がなくなるとすぐ、巨大なツァイス・サーチライト、二個の濃霧用ランプに探索用サーチライトを最大の明るさにともして、コンプレッサーをうならせて我々はアウトバーンを突進した。朝を迎えた。低くたれこめた雲が敵の空襲を不可能にしていた。司令部に着くと、私はまず数時間横になって休んだ。

昼ごろ、ケッセルリングと会ったが、この会談には成果がなかった。彼は徹頭徹尾軍人であって、ヒトラーの命令について議論するつもりはなかった。ところが驚いたことに、司令部にいる党代表が理解してくれたのである。我々は城のテラスを行ったり来たりしていたが、そのとき彼は、ヒトラーに好ましくない反応を起こさせた住民の態度についての報告を、今度はできるかぎり差し控えることにしようと確約してくれた。

幕僚とともに簡素な昼食をとっている間、ケッセルリングが私の四〇回目の誕生日にあたり、短い乾杯の言葉を唱えたちょうどそのとき、突然、敵の戦闘機の一隊が鋭いキーンという音をたてて城を襲撃して、窓ガラス越しに機関銃の集中攻撃をしかけてきた。全員身を伏せた。そのときようやく警戒警報が鳴り響いた。同時にすぐ近くに最初の爆弾が落ちた。我々の周囲に次々と落とされている間、我々は煙と落ちている壁土の中を防空壕へと急いだ。

明らかに、西部地域の防衛本部が攻撃の目標だった。爆弾は休みなく投下された。防空壕は揺れ動いたが、命中はしなかった。攻撃が過ぎ去ると、今度はザールの工業家ヘルマン・レヒリングも入れて、会談を続けた。会談が進むにつれて、ケッセルリングはその七〇歳を越えた老紳士に、ザール地方はここ数日中に陥落するだろうと打ち明けた。レヒリングは、目前に控えた自分の故郷と自分の工場の喪失を、冷静にほとんど無関心ともいえるほどに受けとめていた。「我々は既に一度ザール地方を失い、そしてまた再び獲得しました。私はもう歳ですが、それでも我々がザールをもう一度自分のものにするのをこの目で見るでしょう」

我々の次の目的地はハイデルベルクだった。西南ドイツ向けの軍需幕僚がそこにいたのだった。私はこの機会を利用して、両親にちょっとした誕生日のあいさつをしたいと思った。日中は低空飛行の航空機のせいでアウトバーンを走ることはできなかったが、私は少年のころから脇道に通じていたので、レヒリングと私は、暖かく晴れた春の陽気にひたりオーデンヴァルトを走った。我々はまったく心を開いて話し合った。昔はヒトラー崇拝者だったレヒリングは、戦争継続という無意味な行為について意見を隠すことがなかった。我々がハイデルベルクに着いたときには夜も遅くなっていた。ザールからの報告は有利に展開していた。つまり破壊の準備はほとんどなされていなかった。まだ数日ほどの期間があったので、ヒトラーの命令も実施されずにすんだ。

退却を阻止するためにふさがれていた道路をゆっくりと走っていると、我々は、疲労し衰弱した兵士たちから雑言を浴びせられた。真夜中ごろようやく我々はプファルツの酒どころにある師団本部に到着した。親衛隊上級大将ハウサーは戦争継続の命令について、彼は上司よりも理解を示した。ハウサーは、命令された土地の無人化は遂行不可能としても橋の爆破も許しがたいとした。五か月後、私は捕虜となり、一台のトラックでヴェルサイユからザール、プファルツを経由して護送されたが、その地方の鉄道施設や橋は全然破壊されていなかった。

プファルツ、ザール地方の大管区指導者シュテーアは、ついに無人化の命令に従わなかったと言明した。そこでシュテーアと私は注目すべき問答を行なった。「あなたが退却を実行せず、総統から弁明を求められたら、命令はもう有効ではないと私がいったと私を引き合いに出しなさい」「ご親切に。でも私は自分の責任で断行します」。私は屈しなかった。「私はそのためには喜んで私の首を差し出しますよ」。シュテーアは首を振った。「それは私がします。私がその責任を負います」。それは、我々の意見が一致しなかったたった一つの点だった。

我々の次の目的地は、二〇〇キロメートル離れたヴェスターヴァルトにあるモーデル元帥の司令部だった。朝になるとまたアメリカの低空飛行の航空機が姿を現わした。そのため我々は幹線道路を離れ、脇道を通って小さな平和な村落に着いた。ここが軍団の司令部だということを示すようなものは何もなかった。将校も、兵士も、自動車も、あるいはオートバイの伝令の姿も見あたらなかった。日中の自動車運行はすべて禁じられていたのだ。

村の宿屋で、私は直ちにモーデルとルール地方における鉄道施設の確保について、以前行なったジークブルクでの会談を続行した。我々が話し合っている間に、一人の士官が一通のテレックスを届けにきた。「これはあなたあてのものです」と、モーデルは当惑そうに、しどろもどろになっていった。私は悪い予感がした。

それは私の覚え書きに対するヒトラーの「文書による返答」だった。あらゆる点においてその答えは、私が三月十八日に要請したことと正反対であった。「帝国領土内のあらゆる軍事上の設備、交通、通信、工業、供給設備および有価物は破壊されるべきこと」。それはドイツ民族への死刑宣告であり、考えられる限りの最もきびしい焦土作戦の原則だった。私自身、この命令で力が抜けてしまった。工業を確保するという私の指令は、すべて明文をもって無効にされてしまったのだ。破壊処理の遂行は、今度は大管区指導者らに委任された。

その結果は想像もできなかった。電気も、ガスも、水道も、石炭も、また交通もいつ回復するかわからないだろう。鉄道施設も運河も、水門も、ドックも、船も、そして機関車も破壊されてしまうだろう。工業が破壊されていないところがあったとしても、電気、ガス、水の供給が不可能だったら、生産はできないだろう。倉庫もなく電話もない。まったく中世紀に戻ってしまうだろう。

ある決心

モーデル元帥の態度が硬化し、私に対しても変わったことが知らされた。彼は明らかに距離を置いて会談を続けた。我々の本来の会談の対象、すなわちルール工業の維持についてこれ以上取り上げることを、明らかに回避してきた。私は疲れ切って一軒の農家に身を横たえて休息した。数時間後、私は畑を越えてある丘陵に登った。軽くたなびく煙のベールに包まれて村は明るい太陽のもとに平和に息吹いていた。ザウアーラントの丘のはるか向こうまで見渡すことができた。一人の独裁者が、この土地を無人の荒野と化してしまおうなんて、どうしてそんなことが可能なのか、と私は考えた。私は羊歯《しだ》の中に身を横たえた。なにもかも嘘のようだった。しかし大地は芳ばしいかおりを発し、地面から緑色の小さな植物が芽を出していた。戻ったときは太陽が沈むところだった。私は決心した。命令の執行を妨げねばならない。私はその夜ルール地方ですることになっていた会談を取り消した。さしあたりベルリンに状況を照会するよりほかになかった。

車が繁みから引き出された。爆撃が激しかったにもかかわらず、私はその夜の数時間、ヘッドライトを消して東部へ向かった。ケンプカがハンドルを握っているあいだに、私はメモをめくって読んだ。そのうちの多くは、ここ一両日の会談に関することだった。それから私は、それを目立たないように破り、切りくずを窓に向かってばらまいた。停車して休んでいるあいだ、私はふと自動車のステップに目を向けた。走行中の強い風に押しつけられて、紙の切れ端がその片すみにぎっしりつまっていたので、ばれてしまうところだった。ひそかに私はこれを道路の排水溝の中に急いで捨てた。

第30章　ヒトラーの最後通牒

フロムの処刑

　私は、疲労のあまり、放心状態になってしまっていたので、一九四五年三月二十一日の午後、内閣官房府でヒトラーに出会ったときも、少しも興奮しなかった。ヒトラーは旅はどうだったかと簡単にたずねたが、あまり口をきかず、「文書による返答」にも触れなかった。そのことについて彼に話しかけることは無益なように私には思えた。彼は私を呼ばずにケンプカに一時間以上も報告させた。

　ヒトラーの基本的な指令にそむいて私はその夜すぐ、グデーリアンに私の覚え書きの第二の写しを渡した。しかし彼は、それが危険な爆発物であるかのように、びっくりして受け取ることを拒んだ。どのような背景でヒトラーの命令が出されたのかを探ろうとしたが無駄だった。七月二十日の閣僚名簿に私の名が発見されたときと同様に、私の周囲の空気は冷たくなっていた。明らかに、ヒトラーの取り巻きから決定的な不興をかっていたのであった。事実、最も重要な権限領域、すなわち私の指導下にある工業の維持への影響力まで失っていた。

ヒトラーがこの数日間に出した二つの決定は、彼がいかに極端な傍若無人なる振る舞いをしようとしているかを示していた。一九四五年三月十八日の国防軍の報告中に、私はレーマーゲン付近の橋を爆破しなかったとのかどで、四人の将校が死刑に処せられたという事実を知ったが、つい最近になって、モーデルが、彼らはまったく無実であったと教えてくれた。彼がいっていたように「レーマーゲンの恐怖」は戦争終結まで多くの責任ある人々の脳裏に刻み込まれた。

同日、ヒトラーがフロム上級大将の処刑を指令したことも、私はそれとなく耳にした。既に数週間前、ある会食のおりに、法相ティーラクがさりげなく私にいったことがあった。「フロムの首も間もなくとぶでしょうな」と。この夜、ティーラクの気を変えようとした私の努力も実を結ばなかった。彼はほんのわずかたりとも心を動かされなかった。そこで私は数日後、五ページにわたる公文書を彼にあてて書き、そのなかの大部分を、私の知るところともなったフロムに対する非難を否定するのにあて、私を被告弁護の証人として民族裁判所に立たせてくれるようにと書いた。

国務大臣の任にあるもののただ一回限りの申し出が問題となったらしく、その三日後の一九四五年三月六日には、ティーラクが私にあて、私が民族裁判所で発言するにはヒトラーの認可が必要である、と簡単にいってきた。「総統はたったいま私にこう伝えてきた。自分はシュペーアにフロムの件について特別認可を与えるようなことは決してしないと。だから私はあなたの声明も裁判書類に入れないだろう」。フロムの死刑執行は、私にも自分の立場の重大さを明らかにしてくれた。

　私は意固地になった。ヒトラーが三月二十二日、軍備会議に私を呼び出したとき、私はまたもザウルに代理をさせたのだ。彼の草案は、双方が軽率な気持ちで現実を超越していたことを示していた。軍需生産はとうに壊滅していたにもかかわらず、一九四五年丸一年は役に立てられるかのような計画をしていた。こうして彼らはまったく非現実的な粗鋼生産について語ったばかりでなく、八・八センチ対戦車砲を「最大数」の部隊に使わせるようにし、二一センチ投榴弾《とうりゅうだん》を増産しなければならないとさえ断定した。彼らは新兵器の発達にすっかり酔っていたのだ。つまり、それは降下猟兵用の特殊な新兵器で、むろん「一度にたくさん発射すること」ができた。あるいは三〇・五センチの超大口径の新しい投榴弾だった。現在の戦車型式の新しい応用型を五つ、数週間のうちに作製すべきであるとの総統命令もこの草案に書かれていた。さらに彼は古代から知られている「ギリシャの火」（訳注——オストロムで発見された、水中でも燃えている硫黄、樹脂、瀝青、石油を主成分とした燃料）の効果を探知しようとし、ジェット戦闘機メッサーシュミットＭｅ２６２をきわめて早急に哨戒《しょうかい》戦闘機に改装するように命じた。一年半前、自分の強情のゆえに、あらゆる専門家の助言に反対して、いかなる戦術上のミスを犯したかを、彼ははからずも確認したのだった。

ルール地方へ

三月二十一日、私はベルリンへ戻った。三日後の朝早く、イギリス軍がライン地方の北側の広い前線にわたって、さしたる反撃にも遭わずず川を越えたというニュースが私に伝えられた。モーデルから聞いたのだが、ドイツ軍はほとんど無抵抗だったという。一九四四年の九月ならばまだ、我々の軍需生産の能率を最高にあげさえすれば、武器のない軍隊も短期間のうちに再び防衛前線につくことが可能だった。いまとなってはそのような可能性はなくなってしまった。ドイツ軍は完全に席捲《せっけん》されたのである。

私は再びルール地方へおもむくために車のハンドルを握った。ルール地方の維持は戦後期のすべてを決する問題だった。目的地ヴェストファーレンの少し手前で、タイヤの故障のため少し休まねばならなかった。ある農家で私は農民と話したが、うす暗かったので私がだれであるか気づかれなかった。驚いたことに、ここ数年のあいだに叩《たた》きこまれたヒトラーへの信頼はこの状況においてさえ威力をもっていた。ヒトラーがこの戦いに負けることなど決してあり得ないと彼らはいった。「総統はまだ予備に何かを残していて、最後の瞬間にそれを出すだろう。そうすれば局面は大きく変化する。敵を我々のところまで侵入させてしまったのも、ひとつの罠にすぎない」。政府のなかでさえ、何も知らずに国内に侵攻してくる敵を、最後の瞬間にはじめて殲滅する新兵器がいまはわざと秘密にされているのだといった単純な信仰に出会った。たとえばこのころ、フンクが私にたずねたものだ。

「我々にはまだ特別な兵器があるのでしょう。すべてを変えてしまいうる武器が」

その夜のうちに、ルール幕僚部の長官ローラント博士と、その重要な協力者たちとの会議が始まった。彼らの報告は驚くべきものだった。ルール地区の三人の大管区指導者が、ヒトラーの破壊命令を貫徹する決心をしていた。我々の技術協力者の一人で、不運にも同時に党の技術局長であったヘルナーが、大管区指導者の命令で破壊計画をたてたのだった。彼はいやいやながら、しかも服従が習性となっていたので、私に自分の構想のいちぶしじゅうを明かした。その案は、専門家のそれらしく、ルールの工業を永久に立ち直れなくしてしまうに違いなかった。炭鉱は水びたしになり出炭設備の破壊によってその復興は数年にわたって不可能となろう。またセメントを積んだ貨物船を沈没させてルール地方の積み出し港と水路を封鎖するという計画であった。既に次の日には、大管区指導者は最初の爆破を始めようとしていた。敵の部隊が急にルール地方の北部に進撃してきたからだった。もちろん、大管区指導者はわずかな輸送手段しかなかったので、私の軍需機構の助けを頼りにしていた。爆薬、雷管、導火線などは、炭鉱の中に豊富にあるものと考えていたようである。

ローラントは、信頼しうる炭坑代表者約二〇名を、ランツベルクのティッセン邸、すなわちルール幕僚部へ即刻、集合させた。簡単な協議の後、まるであたりまえの事件を処理するかのように、爆薬、雷管、導火線を鉱山の泥沼に投げ込んで、使用不能にしてしまうことが全員一致で決議された。ある破壊の協力者は、我々が所有している自動車とわずかな貯蔵燃料までルール地方から運び出すよう命令されていた。万一の場合にも党に徴発されないために、車と燃料はむしろ戦闘部隊に徴発されてもよかった。とうとう私はローラントとその協力者たちに、発電所と他の重要な工業設備を大管区指導者らの破壊から守るために、五〇丁の自動拳銃を供給することを約束した。自分たちの企業を防衛しようと起ち上がった男たちによって、その拳銃は注目すべき力を発揮したのだった。

大管区指導者フロリアン、ホフマン、シュレスマンたちは、ハーゲン近郊のルメノールに集まった。ヒトラーのきびしい禁止にもかかわらず、私は翌日もう一度彼らの説得に努めた。デュッセルドルフの大管区指導者フロリアンと激論した。フロリアンは自分の信念をこう考えていたのである。「戦争に負けることは、ヒトラーあるいは党の誤りではなく、ドイツ民族の責任なのだ。このような破局を生きのびるのはただ貧弱な生物だけだ」。ホフマンとシュレスマンは、とうとう私の説得に応じた。「だが総統命令には従うべきだ。だれも自分たちの責任を除いてはくれない」と彼らは言明した。そうこうするうちにボルマンから、国民のあらゆる生活の基礎となるものの破壊を強化するようにヒトラーの新しい命令が伝達された。彼らは途方に暮れた。ヒトラーは再度にわたって「現在維持できず、敵に占領されそうなすべての地域から撤退せよ」と命令していた。あらゆる反対論を撃退するために、こう続けていた。「この要請に伴う困難さは、各種の報告によって総統は熟知するところである。総統の要求は綿密かつ慎重な吟味にもとづいて決定された。撤退の不可避性を論議することは許されない」

今ならまだ、ラインの西側とルール地方、マンハイムとフランクフルトの人口密集地帯から何百万人の住民を、人口の少ない地帯、特にテューリンゲンやエルベ低地帯に強制的に移動させることができた。だが、十分な衣服も食糧もない都市住民が、衛生上の配慮もなく、宿泊所もなしに国中にあふれ出なければならなかった。飢餓、伝染病の悲惨さは避けられなかった。

出席していた大管区指導者たちは、党にはもはやこの命令を遂行する能力はないだろうということで一致した。フロリアンだけが、自分がデュッセルドルフの党役員にあてた熱狂的な布告を、声高々と読みあげた。「この町にまだ残っている建物は、敵が接近したとき、すべて、焼き払われねばならない。住民はすべて撤退する。こうして敵は、燃えつくした無人の町に進出してくることになろう」と。

他の二人の大管区指導者は不安になっていた。ルール地方の産業は軍備にとってはあいかわらず重要であり、それゆえに、ルールをめぐる闘いにおいて部隊に直接弾薬を供給できるのだという私の解釈に二人は賛成した。この結果、翌日始められるという電気工場の破壊は、延期され、破壊命令は事実上無視されることとなった。

引き続いて私は、モーデル元帥を司令部に訪問した。彼は、戦闘はできるだけ工業地帯以外で行なうようにし、それによって工場の破壊は最小限にとどめるようにするといってくれた。そのうえ彼は、ここ数週間のうちローラント博士およびその部下たちと密接な接触をしてみようと約束してくれた。

モーデルから、アメリカ軍はフランクフルトへ向かって前進中であるから、ケッセルリングの前線司令部は今夜のうちにもはるか東方へ移動するだろう、ということを聞いた。明け方三時ごろ、我々はナウハイム近在のケッセルリングの司令部に到着した。参謀総長ヴェストファール大将との話し合いで、彼も破壊命令を柔軟に解釈してくれることが明らかになった。西方総軍総司令官の参謀総長ですら、その夜、敵がどの地点まで侵攻してきているのかという戦況を掌握していなかった。我々はシュペッサルトとオーデンヴァルトを通る東側の回り道を抜けハイデルベルクへ向かい、ローアという小さな町を通過した。ドイツの部隊は既に退却していた。町の四つ角に対戦車ロケット弾を持った一人のドイツ兵が立っていた。彼は私をびっくりしたように見つめていた。「いったい何を待っているのか」と私は彼にたずねた。「アメリカ人をです」と彼は答えた。「アメリカ人が来たらどうするんだね」。彼は長くは躊躇しなかった。「私は間に合うように逃げ出します」。ここの場合だけでなくいたるところで私は、戦争はもう終わったのだという印象を受けた。

両親との別れ

ハイデルベルクでは、バーデンおよびヴュルテンベルク地区軍需本部に、既に大管区指導者ヴァーグナーの命令が来ていた。彼は私の故郷の町の水道やガス工場を、ほかのすべての町と同じように破壊するつもりだった。それを中止させる、簡単な解決法を見いだした。つまり命令書をもうすぐ敵に占領されるに違いない町のポストに投函《とうかん》したのだった。

アメリカ軍はほんの二〇キロばかり離れたマンハイムを既に占領しており、ゆっくりとハイデルベルクへ向かって前進中だった。その夜、ハイデルベルクの市長ナインハウス博士と会談した後、私は自分の故郷の町への最後の奉仕として、ザール時代からの知人親衛隊司令官ハウサーに、ハイデルベルクを野戦病院都市に指定し、この町を戦わずして引き渡すように頼んだ。朝まだ暗いうちに、私は両親に別れを告げた。我々がともに過ごした最後の数時間、両親もまた、苦悩する国民を襲った無気味な静かさと覚悟を現わしていたのだった。私が出発したとき、両親は門口に立って見送っていた。父はもう一度自動車に走りより、最後の握手をしながら黙ったまま私の目をじっと見つめた。我々はもう二度と会えないだろうと感じていた。

武器も装備もなく後方へ退却する部隊がヴュルツブルクへの道にあふれていた。一頭のイノシシが明け方のうす明かりのなかに突如森から飛び出てきた。兵隊たちは大騒ぎしてそれを追っかけていた。ヴュルツブルクで私は大管区指導者ヘルムートをたずねた。彼は私を豊かな朝食に招いてくれた。我々がいなか風ソーセージと卵を食べている間、ヘルムートはまるであたりまえのことのように、ヒトラーの命令を遂行するためにシュヴァインフルトのボールベアリング工場の破壊を命じたと語った。工場と党支部の代表者たちが、別の部屋で彼の命令を待っていた。計画はよく準備されていた。すなわち特殊機械の油浴設備に火が放たれることになっていた。空襲の体験からすると、それだけで機械は使用不能の鉄くずになろう。彼は、このような破壊は無意味であるということを納得せず、いつになったら総統は新兵器を配置するのかと私に質問した。彼は司令部のボルマンとゲッベルスからの情報で、その配置は間近だと確信していた。これまでにもたびたびそうしたように、私は彼にも、新兵器など存在しないことを説得しなければならなかった。私は、この大管区指導者は理性があることを知っていたので、ヒトラーの破壊命令を遂行しないように説得した。私は続けた。「この状況に直面して、工業設備を爆破することは、国民から必要な生活物資を奪うことであり、まったく無意味である」と。

私は、我々の軍備産業の中心地を奪回するためにシュヴァインフルトの東側にドイツ部隊が集結させられているといった。とはいっても私は嘘をついたわけではなかった。事実、上層指導部には近々の反撃の計画があった。ヒトラーは、ボールベアリングなしに戦争を継続することはできないという私の主張にとうとう納得したからである。大管区指導者は、自分たちが勝利の確信もなくシュヴァインフルトにある工場を破壊してしまうという、歴史的責任を負う意思はもちろんなかった。

ヴュルツブルクへ向かう途中、空は晴れわたっていた。ときどき我々は、重装備もなく敵に向かって徒歩で行軍している小部隊に出会った。それは、ついこの間、召集されたばかりの訓練部隊だった。村人たちは庭で一生懸命穴を掘っていた。彼らは先祖代々の高価な銀具類を隠していた。いたるところで、我々は親切な歓迎を受けた。もちろん、低空飛行の航空機にそなえて、家と家の間に防空壕を作ることは望ましくなかった。そんなことをすればその家も危険にさらされるからだった。

住民は、諦めきった平和な気分になっていた。見渡す限り、どこにも武装した部隊は見られなかった。やがて爆破される数多くの橋を見ていると、ベルリンの机の前にすわっているときより、はるかに矛盾が大きく感じられてならなかった。

テューリンゲンの町や村には、党部隊やSAが制服のまま目的もなくぶらついている姿が目についた。ザウケルから発せられた「大召集」はたいていは年配の男子あるいは一六歳以上の少年だった。彼らは国民突撃隊として敵に向かわねばならなかった。彼らに武器を与えることはできなかった。ザウケルは数日後、最後の一人まで戦うようにと激しい呼びかけを行ない、自分は車で南ドイツへ向かったのである。

三月二十七日夜おそく、私はベルリンに到着した。まったく状況が変わったことに私は気がついた。

折伏

私のいない間にヒトラーは、親衛隊中将カムラーに、ロケット兵器と、今後あらゆる近代航空機の開発と生産の責任を与えると決めていたのだ。私は空軍の軍備に関する権限を再び失っただけでなく、カムラーが私の部下を使用することができるという、官庁の慣例上でも組織上でも、まったく異例な状態が作り出されていたのだった。ヒトラーは、カムラーの命令権に従うことを、署名をもって承認するよう、ゲーリングと私にきびしく命じた。抗議もせず私は署名した。私はこの屈辱に憤怒し、傷つけられていたこともあり、この日の作戦会議には出席しなかった。ほとんど同じころ、グデーリアンが罷免されたということをポーザーから教えられた。公式には一応健康を害したという理由で休暇を与えられたのだが、内部の先例に通じているものならだれでも、彼が二度と戻ってこないことを知っていた。こうして私は、ヒトラーの軍事的側近者のうち、私の味方となり、かつ常に私を元気づけてくれていた数少ない友人の一人を失ってしまった。

おまけに、私の女秘書が、あらゆる施設を破壊せよというヒトラーの命令に関する通信隊長の施行規定をもってきた。それは、こと細かにヒトラーの意図を反映していた。あらゆる通信設備はもちろん、国防軍に属するものばかりでなく、郵便、国鉄、運河管理、警察、大発電所の破壊をも命じていた。「爆破、焼却あるいは破壊」によって、全テレックス、電報、変電所、長距離ケーブルの中継所、送信装置のアンテナ、送受信装置を「徹底的に使用不能」にしなければならなかった。これが実行されれば、敵に占領された地域では通信網の一時的再建すらが、不可能となったろう。というのは、予備部品やケーブル、送電線の在庫品ばかりでなく、配線ダイアグラム、ケーブルダイアグラム、装置説明書までもが破棄されねばならなかったからである。アルベルト・プラウン大将は、むろん彼がこの過激な命令を緩和するつもりだと私に内々でほのめかした。

さらにある内密な報告が私のもとに届けられた。それによると、軍備はザウルに委任され、戦時生産総監に予定されているヒムラーの指揮下に置かれた。ヒトラーが少なくとも私を見捨てようとしていたことが明らかとなった。その後すぐ私はシャウプから呼び出しを受けた。今晩ヒトラーのもとに来るようにと私に命じたものだった。

地下深い執務室にいるヒトラーのもとへ連れて行かれたとき、私はいく分不安を感じた。彼は一人きりで、私をひややかに迎えた。手も差しのべず、私のあいさつにほとんど答えもせず、きびしく低い声で問題にはいった。「ボルマンから君がルール地方の大管区指導者たちとした会談についての報告を受けた。君は私の命令を遂行しないように彼らに要求し、戦争は負けると説明したそうだね。その結果がどうなるか、わかっているだろうね」

昔のことを何か思い出したのか、ヒトラーの顔からきびしい表情が消え、緊張がゆるんだ。そして、ほとんど正常な人間のように、彼は付け加えた。「君が私の建築家でなかったなら、私はこのような場合に必然的な結論を実行しただろう」と。私は公然たる反抗心と過労から、勇敢というよりは衝動的にこう答えた。「私個人を顧慮しないであなたが必然的だと思われる結論を実行してください」

見たところヒトラーはあわてたようだ。ちょっと間を置いてから彼は親切そうに、しかも慎重にいった。「君は過労で病気になっている。だから私は君がすぐに休暇を取るように決めた。他のだれかが君の代理として省を管理するだろう」「いえ、私は元気です」ときっぱりと答えた。「私は休暇をいただきません。あなたが私をもう大臣としてお望みにならないなら、私を解任してください」。このとき、ゲーリングがもう一年も前に、この解決法を拒絶したことを思い出した。ヒトラーは決着をつけるかのように断固としていった。「私は君を罷免するつもりはない。だが私は、君が今すぐに病気休暇にはいるよう強く主張する」。私は頑強に続けた。「私は大臣としての責任を保持することができないのに、他のものが私の名において行動する……」。ほんの少し和解的に、誓うように私は付け加えた。「私にはできません。総統閣下」。初めて私はこの言葉を用いた。ヒトラーは動じなかった。「君には他の道はない。君を解任することは私にはできない」。そして、自分の弱さを身振りでほのめかすように彼は付け加えた。「内政・外政の諸理由から君を断念することができないのだ」。勇気づいて私は返した。「休暇を取ることは私には不可能です。職についている限り私は省を管理します。私は病気ではありません」

話は途切れた。ヒトラーは腰をかけた。私も同じようにした。がっかりした調子でヒトラーは続けた。「シュペーア、君が戦争に敗れることはないと確信できるならば、君の職務をそのまま続けてよいのだが」。私の覚え書きやボルマンの報告からも、私が状況をどのように見、そこからどういう結論を引き出していたか彼にはわかっていた。彼は公然と今後いかなる場合にも、私が他の人々に本当の状況を教えることを口頭の命令によって不可能にしようとしたのだ。「私がそれを確信することはできないことを、あなたはご存じです。戦争は負けます」と私は正直に、しかも反抗的にでなく答えた。ヒトラーは彼の生涯の苦難な状況についての思い出を語りだした。それはすべてを失ったように見えたが、忍耐と熱意と狂信の結果を克服した過去のことだった。いつ果てるともない、いろいろな思い出から、さらに戦争期へと話は進んだ。一九四一年から四二年にかけての冬のこと、破局的な交通状態のこと、私の軍需生産の成功なども、彼は引用した。私はそのいずれも既に聞かされていた。そしてこのセリフはほとんど暗記できるほど知っていた。彼が中途でやめたとしても、私はほとんど一言も間違えずに続けることもできたであろう。彼はほとんど声の調子を変えずに話していたが、おそらく、強制的とはいえない呪文《じゅもん》を唱えるようなこの口調は、説得しようとする折伏《しゃくぶく》的な効果があった。私は数年前、茶室でヒトラーの暗示的なまなざしを避けようとしなかった、あのときと同様の気持ちにおちいった。

私は黙ったままヒトラーをじっと見つめた。驚いたことに彼は、要求をすこし小さくした。「もし君がこの戦争に勝つことを信じるなら、少なくともそう信じることができるなら、万事がうまくいくのだが」。そういいながらも、明らかに懇願するかのような調子になった。私はちょっとのあいだ、彼は支配的な態度をとっているときより、弱みを見せているときのほうがずっと折伏的なのだと思った。ほかの場合なら、私は多分譲歩してしまっただろう。だが今度は、彼の破壊の企てが、私を守った。興奮したために、多少声を高くして答えた。「私にはできません。どうしてもできません。私は、勝利を信じてもいないのに、信じているあなたの取り巻きのブタどもの仲間にはなりたくないのです」

ヒトラーは反応しなかった。しばらく彼は前方をじっとにらみ、それからまた闘争時代の彼の体験を語りはじめた。ここ数週間たびたびあったように、フリードリヒ大王が奇跡的に救助されたことについての話になった。「一切がよいほうに向かうだろうと信じなくてはいけない」と彼は付け加えた。「君はこの戦争の成功を望んでいるかね。それとも君の確信はぐらついているのか」。再度ヒトラーは、私を束縛するような形式的な和らかい調子で彼の要求を続けた。「少なくとも君は、我々が負けないことを望むことさえできたなら……君がそれを望みさえすればよいのだ。それだけで私は満足するだろう」。私は一言も答えなかった。

しばらくの間、耐えがたい沈黙が続いた。ヒトラーはさっと立ち上がり、突然、まったく不親切に、最初に示したきびしさを持っていった。「二四時間の猶予を与える。君は返答を熟考するがよい。明日、まだ戦争に勝ちうることを望んでいるかどうか、報告しなさい」。握手もせず、私は立ち去ることを命じられた。

「私は無条件であなたに従います」

私はこの会談の直後、輸送関係責任者から一九四五年三月二十九日付けのテレックスを受け取った。「目的は、放棄された地域における交通の荒廃を作り出すことにある。爆薬は払底している。破壊を持続させるためにはあらゆる可能性を考え役立てることである」。命令は細部にわたって規定していた。あらゆる種類の橋、鉄道施設、転轍《てんてつ》装置、企業および工場設備、水門や運河の船揚げ機までも含まれていた。同時にすべての機関車、客車、貨車、そして貨物船、荷船も全部破壊し、船を沈めることにより運河や河川を遮断せねばならなかった。あらゆる種類の軍備品も焼き払うか、重要部分を破壊するかしなくてはならなかった。綿密に作られた命令を遂行することによって、どのような災禍がドイツを襲うか推測できるのは専門家だけだった。命令は細部にわたって遵守《じゅんしゅ》すべきことを詳細に示していた。

省の裏にある私の小さな仮住居のベッドに、私は疲れて横たわっていた。どうやってヒトラーの二四時間の最後通牒《つうちょう》を解決しようかと、ぼんやりと考えていた。ついに身を起こして一通の手紙を書きはじめた。手紙の文ははじめは首尾一貫せず、ヒトラーを説得しようという試みと、彼に迎合しようとする心が執拗《しつよう》に迫ってくる真理とのあいだに揺れ動いていた。私はきっぱりと続けた。「一九四五年三月十九日付けの破壊命令と、その後間もなくく出された移転命令を読んだとき、私はそこにこの企ての第一歩を見たのです」。私は最後にこう結びつけた。「我々が最終的にしかも組織的に国民生活の土台を破壊するなら、私はもはや我々の成功を信じるわけにはいきません。これは国民に対する余りにも大きな不正であり、運命はもはや我々に恵みを与えてはくれないでしょう……私はあなたにお願いする。どうかこのような処置を国民にほどこすことのないように。もしあなたにどんな形にしろこの決心がおありなら、私は再び全力をつくして働き続ける確信と勇気があります。運命がどちらへ方向転換するかは、もはや我々の自由にはなりません」と最後通牒に回答を与えた。そして最後にこう結んだ。「より良き先見のみが我々の未来をささえる。我々の強い信念と国民の永遠の未来に対するゆるぎない信仰のみがこれに貢献できるのです」

このような私的な文書では「総統万歳」という言葉で終わるのが普通だったが、私はそうせずに「神がドイツを守ってくださるように」という言葉で、なおも期待される唯一のものを示した。

手紙にもう一度、目を通すと、あまりその出来がよくないように思えた。多分ヒトラーはこの手紙にある反逆的な態度を見いだし、それが私を攻撃してくるかもしれない。私が彼の秘書のひとりに、この手紙はヒトラーにだけあてたものだから、手書きのものでは読みにくいので、ヒトラー用の特殊タイプライターで複写させてくれるよう頼んだとき、彼女は電話でこういってきた。「総統はあなたからのお手紙を受け取ることを禁じられました。総統はあなたがここにおいでになり、口頭であなたの答えをお聞きになりたいそうです」。私は即刻ヒトラーのもとへ来るようにという命令を受けとった。

真夜中ごろ私は、すっかり爆撃されていたヴィルヘルム通りをぬけて、数百メートル向こうの内閣官房府へ、何をなすべきか、あるいはなにを答えるべきかわからないままに車をとばした。二四時間は経過していたが、とにかく答えが出なかった。何をいうかはその瞬間に委ねることにした。

ヒトラーは確信がなさそうに、まるで不安そうに私の前に立ってつっけんどんにたずねた。「それで」。一瞬私は困惑した。答えは出てこなかった。それから、ともかく何かいうためだけに、深い考えもなく、言葉が口を突いて出てきた。つまり「総統閣下、私は無条件であなたに従います」

ヒトラーは何もいわなかった。しかし彼は感動していた。ちょっとためらってから彼は私に手を差し出した（引見のさいにそういうことはしなかったのだが）。そのころときどきあったことだが、彼の目はうるんでいた。「これですっかり解決した」と彼はいった。彼はどんなに安心したかをはっきり表わした。私も彼が不意に示した暖かい反応にふれてしばらく心を動かされた。二人のあいだに昔の関係が少し戻ったように思えた。「私があなたに無条件に従うのですから」と私はこの状況を利用するように直ちに言葉をはさんだ。「あなたは、大管区指導者の代わりに、再び私に命令の遂行を委《ゆだ》ねて下さるでしょうね」。彼は私に文書を作成する権限を与え、すぐにそれに署名しようといった。だが工業設備と橋の破壊となると、彼は自分の意見を曲げなかった。私はヒトラーに別れを告げた。そうこうするうちに夜の一時になっていた。

内閣官房府の一室で私は、一九四五年三月十九日付けのヒトラーの破壊命令に関する「実施指令」を作成していた。議論を避けるために、私はこの命令を無効にしようとはしなかった。ただ二つのことだけを明確に決めた。「本実施は、もっぱら軍備・戦時生産相の機関ならびに組織によってのみ行なわれること。実施規定は、私の同意をもって軍備・戦時生産相が布告する。当該国務大臣は、国家防衛委員会に個々の指令を与えることができる」と。こうして私は再び活動することを許された。ある文章で私は、今後のヒトラーに次の点で制限を加えた。つまり工業設備においては「ただ操業不能にすることによっても同じ目的が達せられる」ということである。特に重要な工場に対する全面的破壊は、彼の指示により私を通して決定されるという追加文で、ヒトラーをなだめた。

震える手で二、三か所訂正してから、ヒトラーはほとんど何の意見もいわずに鉛筆で署名した。この文書の最初の文における変更は、彼がまだ状況を一応理解していたことを示していた。私はそれをできるかぎり一般的に把握《はあく》し、命じられた破壊措置は、我々の設備や企業が「敵の戦闘力を高める」ように利用されるのを「不可能にする」という目的にのみ役立つようにとりはからおうとした。地図用机の後ろに疲れきって腰掛けていたヒトラーは、この言葉を自分の手で工業設備に制限してしまった。

これによって、彼の破壊命令の一部はもはや実施されないだろうことを、ヒトラーははっきり知ったと思う。この会話で私の意見はヒトラーと一致した。「『焦土作戦』はドイツのような狭い場所では意味がない。それはロシアのような広い国土でのみ目的を果たすことができる」と。私はこのことをある記録ノートに書きとめた。

よくあることだったが、ヒトラーは二重人格的に振る舞った。その同じ夜、彼は総司令官に「移動している敵に対する戦いに全力をあげたまえ。この際目下のところ住民へのいかなる顧慮もなさなくてよい」と命じた。

破壊に抗して

一時間後、私は自分の自由になるオートバイ、自動車、伝令などすべてを集めた。再び獲得した権限を行使して、既に進行している破壊工作を阻止するために、印刷所とテレックスをフルに活動させた。明け方の四時、ヒトラーの同意を得ないまま、私の実施規定を配布させた。ためらうことなく私は、工業設備、発電所、ガス、水道、および食糧関係企業についての私のこれまでの維持に関する指示――ヒトラーは三月十九日、それを無効宣言したが――を全面的に再度有効なものとした。工業の全面的破壊に対して私は、個々に指令することを予定していたが、実行しなかった。同じ日私は、ヒトラーの承認を得ないで、トット機関の建築現場を「敵による包囲の危険に放置しておく」よう、そして包囲されたルール地方近辺へ、一〇本から一二本の食糧列車を運行するよう手配した。私は、国防軍最高司令部幕僚部のヴィンター大将と、橋の爆破を中止させる指令について――むろんカイテルはそれを妨害したが――とりきめを結んだ。国防軍の衣料・食糧倉庫の責任者で親衛隊大将フランクと、在庫品を一般住民に分配することで折り合いがついたし、チェコスロヴァキアとポーランドにおける私の代理人マルツァヒャーは、オーバーシュレジエンの橋の破壊を妨害してくれることになった。

翌日、私はオランダ民政長官ザイス゠インクヴァルトと会いにオルデンブルクに行く途中、自動車を止めて初めてピストル射撃の練習をした。驚いたことに、ザイス゠インクヴァルトは自分は敵と連絡をとっていると無造作にいった。彼はオランダでは破壊を行ないたくなかったし、ヒトラーの意図した低地洪水化は絶対阻止するといった。オルデンブルクから帰る途中に訪れたハンブルク大管区指導者カウフマンも、協力を約してくれた。

四月三日、ベルリンに戻るとすぐ私は、水門、堤防、ダム、運河、橋の爆破をさらにきびしく禁じた。工業施設に対する特別な破壊措置を申請するテレックスはますます数を増し、事態の急を告げていたが、それに対して私は、例外なく、ただ使用不能にすることだけにとどめるよう指令した。

私はこのような決断を下すときにも、多くの支持を期待することができた。私の政治的な代理人であるフプファウアー博士はヒトラーの政策を防止するために、有力な次官たちと申し合わせた。彼の仲間には、ボルマンの次官クロプファーもはいっていた。我々はボルマンの足もとをすくったのだった。ボルマンの命令はほとんど骨抜きにされていた。彼は第三帝国の最後の段階において、おそらくヒトラーを左右していたのであろう。しかし防空壕の外では別の掟が支配していた。親衛隊の保安長官オーレンドルフは、シュパンダウ刑務所にいるとき、私の行動について常時報告を受けていたが、上層部に伝えるようなことはしなかったと私に教えてくれた。

事実、私は一九四五年四月、私の専門分野において次官たちと一緒に仕事をしたほうが、ヒトラー、ゲッベルス、ボルマンらと一緒にしたときよりも大きな能率をあげることができた。軍事面では、新任の陸軍参謀総長クレープスがモーデルの司令部から着任して来たので、私は彼と親しく接触した。また、ヨードル、ブーレ、それに通信隊長プラウンも、次第に現在の状況に対して理解を示すようになった。

もしヒトラーに私の行動がわかっていたら、彼は今度こそ決着をつけるだろうと、私は意識していた。命令に反したことを行なっていたここ数か月間、私は簡単な原則に従った。私はできる限りヒトラーの近くを離れなかったのだ。少しでも遠ざかれば嫌疑のもとになったが、反対に間近におれば、かえって嫌疑をかけられないですんだ。ともあれ、自殺する勇気は私にはなかったが、ベルリンから一〇〇キロのところにある質素な狩り小屋に、非常時用の司令部が用意されていた。ローラントが、フュルステンベルク侯爵所有のたくさんある狩り小屋の一つに、避難所を用意しておいてくれた。

机上演習

四月初めの作戦会議で、ヒトラーは作戦上の反撃について、つまりカッセルを通過して、日中アイゼナハへと移動している無防備の連合軍の側面を攻撃することについて語った。ヒトラーは師団をある場所から他の場所へ移動させていた。それは残忍な机上演習だった。前線視察のおり、私は、地図上で動かされている部隊にはほとんど出会わなかったし、たまに見た部隊も小銃ぐらいの武器しかもっていなかった。

私のところでもそのころは毎日ちょっとした作戦会議が開かれていた。そこへ私の大本営の連絡官が最近の情報を持ってきた。ちなみにそれは、非軍事職に対して軍事状況を報告することを禁じたヒトラーの命令に違反するものだった。かなりの正確さでポーザーは、毎日、次の二四時間以内にどこが敵に占領されるかを指摘した。この事実だけを伝える情報は、内閣官房府の防空壕《ぼうくうごう》でなされているごまかしの状況説明とは、まったく異なっていた。当時、クレープス大将のもとにあった参謀本部は、ヒトラーに正しい戦況の報告をすることをまったく断念していた。ヒトラーを彼は机上演習に熱中させていたにすぎなかった。たとえば前夜の状況判断と反対に翌日は町やその他が陥落してしまっていても、ヒトラーにはまったく落ち着いた状況しか報告しなかった。いまはもうヒトラーはつい数週間前までのように、部下をどなりつけるようなことをしなくなった。彼は諦めているようだった。

四月初旬のある日、ヒトラーは西方総軍総司令官ケッセルリングを呼び寄せた。私は偶然この会談に同席した。ケッセルリングは、ヒトラーに状況の見込みのないことを納得させようとしていた。だが、彼が二言、三言いううちにヒトラーはこれをさえぎってしまい、いかにして数百台の戦車で敵の側面を攻撃し、アメリカ軍の侵攻部隊をアイゼナハで殲滅し、彼らを再びドイツから追い出すかということを講義しだした。ヒトラーは、かつてアルデンヌ攻撃の際にまったく逆の経験をしているのに、アメリカ兵の無能さを長々と論じることによって、自らの敗北を認めることを拒否してしまったのである。ケッセルリング元帥は少しさからっただけでこの妄想《もうそう》に同意した。見たところ真面目にヒトラーの計画の相手になっていたので、私は彼に腹を立てた。だがいずれにせよ、もはや存在していない戦いについて興奮することなどどうでもよかった。

引き続いて行なわれた作戦会議でヒトラーは、またも側面攻撃という彼の考えを説明した。できるだけそっけなく私は言葉をはさんだ。「何もかも破壊されてしまうなら、その土地の再占領は私にとって少しも必要ではありません。私にはそこで再び生産を開始することはできませんから」。ヒトラーは黙っていた。「そんなに早く橋を再建することはもうできません」。明らかに機嫌のよいヒトラーは答えた。「心配しないでよろしい、シュペーア君。私が命じたほど多くの橋は破壊されていないよ」。私は、ほとんどからかうように答えた。「命令が遂行されていないのに、それを喜ぶとは奇妙です」。驚いたことにヒトラーは、私によって計画された指令をそのままにしておいたのだった。

私が草案を示したとき、カイテルは一瞬、自制を失った。「どうしてまたも変更するのだ。我々には破壊命令が出されているではないか……橋を爆破しなければ戦争を続けることはできない」。結局彼は私の草案に少し修正を加えただけでそれを承認し、ヒトラーが署名した。その草案とは、交通および通信機関が麻痺させられるだけで、橋は最後まで維持されるというのだった。戦争終結の三週間前、私はもう一度ヒトラーにそのことを確認させた。「いっさいの破壊および撤去の規定は、失われた地方の再獲得のさい、ドイツ産業に再び役立たせることができるよう考慮されねばならない」と。

通信関係の責任者プラウン大将はその日のうちに、一九四五年三月二十七日付けの彼の指令を取り消して、いっさいの破壊命令を撤回した。そのうえ内々に在庫品も維持するよう命令した。それは戦後の通信網の再建に役立つからだった。ヒトラーから命じられた通信手段の破壊は、どっちみち意味のないものだと彼は考えた。というのも、敵は自分たちのケーブルと放送設備を携行してくるだろうからである。運輸関係責任者が、交通荒廃の指令を撤回したかどうか、私にはわからなかった。ともかくカイテルは、ヒトラーの最新の命令で実施が可能になっても、そのように解釈することを拒否した。

四月七日付けのヒトラー命令によって、命令系統が不明確になったと、カイテルが私を非難したのは当然だった。一九四五年三月十八日から四月七日までの一九日間にも、あい矛盾した一二の命令が出された。だが、この混乱した命令系統も、破壊そのものを減らす助けとなったのだ。

第31章 「神々のたそがれ」

没になった放送

九月に私は、宣伝省次官ヴェルナー・ナウマンから、全ドイツの放送を通じて抵抗への意志を強めるよう呼びかけることを要求された。ゲッベルスの罠ではないかと思ったので私はこれを拒否するつもりだった。だが、ヒトラーが私の起草した指令を進めるようにみえる今こそ、できるだけ広い範囲の人々に無意味な破壊を避けるよう勧告するためにラジオ放送を利用することにした。私は承諾し、ヒトラーの指令が出てくると、マルク地方の寂しいシュテヒリンゼー湖畔の狩り小屋にいるミルヒのもとへ車を走らせた。

最後の局面にあたって我々はすべてのことに備えた。万一の場合に身を守ることができるように、私はその湖畔で人形に向かって射撃の練習をした。そのあいだに折りを見てラジオ放送の草稿を練った。夜が近づいてきたころ私は満足した。私の射撃の腕は急速にあがったし、放送用の構想も、まったく私の手になるとはわからず、誤解のないもののようにできあがった。ぶどう酒のグラスをかたむけながら私は、それをミルヒと彼の友人の一人に読んで聞かせた。「奇跡の兵器の出現を信じ、その効果によって戦士の配置の代用ができると思うのは間違いである。我々は占領地域の工業を破壊しなかったし、いまでも自国で生きるための必需品を維持することが義務だと思っている。この種の措置の意義を理解しようとしない過激な狂信者たちはみなきびしく罰せられる。なぜなら彼らは」と私は当時習慣となっていた激越な文体で書いた。「ドイツ民族のために存在する最も聖なるものに対し、すなわち我々の民族の生命力の源泉に対して罪を犯すことになるからである」

私は簡単に再占領の理論に言及し、次いで、運輸事務長官が用いていた「交通荒廃」という言葉を取り上げた。「国民は全力をあげ、あらゆる手段を用いて無制限に、この企てが妨げられるようにしなければならない。あらゆる措置が理性的に遂行されるならば、食糧は量を制限すれば次の収穫まで保つことができるだろう」と。私が読み終わると、ミルヒは平静に、自制してこういった。「よくわかります。ゲシュタポにとってもまたそうでしょう」

ラジオ放送の録音車が四月十一日に省の玄関に乗りつけてきた。技師たちが私の事務室に機具をすえつけたが、そのとき私に呼び出しがかかった。「総統のもとへ放送の草稿を持ってくるように」と。私は印刷にまわすことに決めた叙述では、きびしい調子のところは十分にやわらげておいたが、放送ではもとの草稿を朗読するつもりであった。危険のない叙述のほうを私は持っていった。ヒトラーはちょうど彼の防空壕の部屋で秘書の一人とお茶を飲んでいた。私のために三つ目の茶わんが取りよせられた。もう長いこと私はこんなに個人的に、打ち解けて彼と向かいあってすわったことがなかった。ヒトラーは、薄い金属縁の教師風な眼鏡をかけ、鉛筆を握って、二、三ページ進むともう数段落を削りはじめた。討論をすることなく、彼は時折り、まことに親切げに意見を述べた。「これは取ったほうがよい」とか「この部分は余計じゃないか」とか。彼の秘書はヒトラーが脇へ置いた紙に無遠慮にざっと目を通して、気の毒がった。「きれいな文ですのに、残念だわ」と。ヒトラーは親切に、ほとんど親しみをこめて私を去らせた。「もう一度新しい草案を作りなさい」と。削られて縮めた草案では演説は骨抜きになってしまい、目的のないものとなってしまった。ヒトラーの承諾を得なければ、国立放送局は私の意のままにはならなかった。ナウマンもうこの問題を持ち出さなかったので、私はそれを忘れられるに任せた。

最後のコンサート

ヴィルヘルム・フルトヴェングラーが一九四四年十二月中旬に行なった最後のコンサートのとき、彼は私を指揮者の控え室へ招いた。純粋な超世俗性をもって彼は、「我々にはまだ戦争に勝つ見込みがあるのか」と率直にたずねた。私が、「最後は目に見えている」と答えると、彼は同意してうなずいた。ボルマン、ゲッベルス、ヒムラーが、彼の腹蔵のない発言の数々、それに追放された作曲家ヒンデミートのためにした彼の仲裁のことを忘れていなかったので、私は彼が危険にさらされていると思った。そこで私はフルトヴェングラーに、予定されているスイスへの演奏旅行からもう戻ってこないようにと助言した。「けれども私のオーケストラはどうなるのですか。私にはその責任がある」。私はここ数か月は音楽家たちのために尽力すると約束した。

一九四五年四月初め、フィルハーモニーの監督ゲアハルト・フォン・ヴェスターマンから、ゲッベルスの命令でオーケストラのメンバーがベルリン防衛のための最後の召集に予定されていると伝えてきた。そこで私は電話で、彼らが国民突撃隊に召集されないようかけあった。ゲッベルスは鋭く私を叱責した。「このオーケストラをこれまでになかったまでの高みへ引き上げたのはこの私なのだ。私のイニシアティブと私の資金で初めて今日世界に示しているようなオーケストラになったのだ。我々のあとに来るものに、オーケストラに対する権利はない。我々とともにオーケストラも滅びるのだ」と。私は、戦争初期にヒトラーが寵愛する芸術家の徴兵を阻止した先例を持ち出し、フォン・ポーザー中佐に国防軍登録課でフィルハーモニーのメンバーの召集状を無効にさせた。このオーケストラを経済的にもささえるために、私の役所が二、三のコンサートを催した。

「ブルックナーの交響曲『ロマンティーク』が演奏されたら、それが最後だ」と私は友人たちにいった。このさよならコンサートは、一九四五年四月十二日の午後に開かれた。フイルハーモニーの暖房もないホールで、マントにくるまって、この脅かされた都市における最後のコンサートを聞きたい者が、自分で集めてきたいすに腰かけていた。ベルリンっ子は驚いたことだろう。なぜなら私の命令で、この日この時間に止められることになっていた電気が、このホールを照らすために止められなかったからだ。幕あきにブルュンヒルデの最後のアリアと「神々のたそがれ」のフィナーレを演奏するよう私はとりきめていた。それは帝国の最後の悲愴《ひそう》かつメランコリックな暗示だった。ベートーヴェンのバイオリン・コンチェルトの後、ブルックナーの交響曲が演奏され、その建築的に組み立てられた終楽章をもって、私の生涯の音楽体験は当分のあいだ閉ざされることになった。

ローズヴェルトの死

私が省に戻ってくると、直ちに連絡するようにという総統副官の要請が私を待っていた。「いったいどこにいらしたのですか。総統がお待ちかねです」と。ヒトラーは私を見ると、彼には珍しく生き生きと、憑《つ》かれたように、手に一枚の新聞を握り、私に向かって挑戦的に話しかけた。「ほら、ごらん。ここだ。君はこれを決して信じようとはしなかった。ほら」。彼はあわてふためいて、性急にいった。「私がいつも予言していた大きな奇跡がとうとう起こった。さあ、だれが正しかったのか。戦争は敗けない。読んでごらん。ローズヴェルトが死んだのだ」。彼はまったくとどまるところを知らなかった。結局、彼は彼を守護する摂理の不可侵性が証明されたと信じた。ゲッベルスや、そこにいた多くのものは、いかに彼のたびたび繰り返された信念が正しかったかを、大げさに確認してみせた。ここでまた、絶体絶命だったフリードリヒ大王を最後の瞬間に勝利者となしたあの話が繰り返された。ブランデンブルク家の奇跡！　またもやロシアの皇后が死に、歴史的転回期が始まった、とゲッベルスは数えきれぬほど何度も繰り返した。この場面はほんの一瞬、過去数か月の虚偽のオプティミズムからベールを取り除いた。後でヒトラーは疲れて、ほっとすると同時にぼんやりしたようにいすに腰を下ろした。だがそれでもなお彼は失望していた。

数日後ローズヴェルトの死の報道に刺激されて事態はほしいままに進行した。数えきれないほどの妄想が横行し、ゲッベルスは、私が西側市民のあいだに絶大な信用があるのだから、長距離飛行機で新大統領トルーマンのもとへ飛ぶべきかどうかよく考えてみてはどうかと伝えてきた。この種の妄想は出てくるのと同じように速やかに消え去った。

殺人光線

同様にこの四月の初旬に私は、かつてのビスマルクの居室でライ博士に出会った。彼はあるグループに取り巻かれていたが、そこにはシャウプやボルマン、副官や召し使いの姿が見え、みな入り乱れて立っていた。「殺人光線が発明されたぞ」という言葉で、ライは私に向かってきた。「大量生産できるきわめて簡単な道具だ。私は基礎をひととおり学んでしまった、疑いはない。決定的だ」。ボルマンが彼を勇気づけるようにうなずいていた。ライは相変わらずどもって、とがめるように先を続けた。「だが、むろん発明者はあなたの省では退けられた。彼が私に書いてよこしたのは幸運だった。いまや、あなたは自分でこのことの始末をつける必要がある。直ちに……今これより重要なことはない」。ライは私の組織が官僚的で硬化しているといって憤激していた。それはみなあまりにばからしいことだったので、私はまったく抗弁しなかった。「あなたのおっしゃることは本当です。あなたはご自分でそれをなさったらいかがですか。私は喜んで『殺人光線受任者』の全権をあなたにゆずりますよ」。ライはこの申し出に感激した。「もちろん、お受けします。このことでは私はあなたの部下にもなりましょう。とうとう私は本来の化学者になれます」。私は実験をしたらどうかと提起し、数匹のウサギを使用するよう彼に勧めた。というのはたいていの場合は、実験用動物によって失敗するものだからである。それから数日後、私はドイツのある遠く離れたところから、彼の副官の呼び出しを受けた。彼は実験に用いられる電気器具のリストを伝えてきた。

我々はこの喜劇じみた実験を続けることに決めた。私の友人で、全ドイツ電気工業会会長リュッシェンが秘密を明かされ、発明者から要求された器材を調達するように頼まれた。それから間もなく彼は戻ってきて報告した。「私はなんでも調達することができましたが、回路の遮断器だけは無理でした。だが『発明者』は頑強にこの要求をしています」。リュッシェンはさらに、笑いながら続けた。「ところがこの遮断器なるものは、四〇年来もう作られていないのです。それは一九〇〇年の『グレーツ』（中学校用物理教科書）の古い版に述べられているようなしろものなのです」

敵は刻一刻と接近しつつあった。当時ライは、まったく真面目くさって、次のような理論を主張していた。「ロシア軍が東から押し寄せてくれば、ドイツの亡命者の流れは非常に強力なものとなる。その流れは民族大移動のように西方に押し寄せ、そこに侵入し、そこに広がり、それからそこを占領してしまう」と。ヒトラーは労働戦線指導者のこのようなうがった理論をあざ笑っていた。それにもかかわらずヒトラーは、まさに彼こそを、個人的な取り巻きのなかでも特に寵愛していたのである。

逃亡準備

驚いたことに、四月の初めごろに、呼ばれもしないのにエーファ・ブラウンがベルリンへやってきて、もうヒトラーのそばを離れないといいだした。ヒトラーは、再びミュンヘン戻るようにと彼女を叱った。私も彼女に公用飛行機を提供しようとした。だが彼女は頑固にこれを拒絶した。防空壕にいたものはみなが、なぜ彼女がここに来たかを知っていた。彼女がここにいることは、死の使いが象徴的かつ現実的に防空壕に侵入してきたことを意味していたのだ。

ヒトラーの侍医ブラント博士は、一九三四年来オーバーザルツベルクの仲間の常連であったが、当時テューリンゲンにいる彼の妻と子供をアメリカ軍によって、亡命させていた。ヒトラーはゲッベルスと全国青少年指導者アクスマンおよび親衛隊将官ベルガーからなる略式軍法会議を開かせ、自分から原告と最高裁判権所有者（軍司令官）を一身にかねて、その処置に干渉し、死刑を求刑し、ブラントに対して挙げられるべき罪状を作成した。すなわち、「ブラントはその家族をオーバーザルツベルクにかくまうことができるのを知っていながらこれを回避した。さらに、彼は妻とともにアメリカ人に対し秘密行為をなした嫌疑が成立する」と。ヒトラーの長年の秘書長ヴォルフは涙ながらにいった。「私にはもうヒトラーを理解できません」と。ヒトラーが防空壕へやってきて、激昂した人々をなだめた。「まず一人の重要な証人が審問されねばならないが」といって彼はずる賢く付け加えた。「この証人は見つからないだろう」

こういう予期しない突発事件によって、私もあわてた。というのは四月六日以来、私は家族をバルト海の都市から疎開させて、ホルシュタインのカペルンに近いある農場にかくまっていたからである。いまやそういうことが犯罪になってしまったのだ。だから私は、ヒトラーがエーファ・ブラウンを通じて、私の家族がどこにいるのかと問い合わせてきたとき、ベルリン近郊のある友人の農場にいると嘘をついたのである。この答えはヒトラーを満足させたが、同時に、彼がオーバーザルツベルクへ退くときには、私の家族もそこへ来るようにと確認させてきた。彼は当時なお、いわゆるアルプス要塞で最後の戦いをするつもりでいたのだった。

ゲッベルスは、ヒトラーがベルリンを去ってもなお、彼自身は自分の最後をベルリンで迎える、といっていた。「妻や子供たちには私のあとを追わせる。彼らを捕えれば、アメリカ人たちは私に対する宣伝とするよう訓練するだけだろうから」。それとは逆にゲッベルス夫人は、私が四月のなかばシュヴァネンヴェルダーの彼女のもとにいたとき、子供たちが殺されることになるなんてとても耐えられないといっていたが、見たところ夫の決意に服従していた。数日後、私は彼女に、最後の瞬間になったら「輸送艦隊」の一隻の荷船をシュヴァネンヴェルダーのゲッベルスの土地にある舟着き場につながせよう、と申し出た。彼女が子供たちとともに、ボートがエルベの西側のある支流の岸に着くまでおおいの下に隠れていられる、と考えたのだ。食糧は十分に積み込まれるようにするはずだった。そうすれば彼らはしばらく発見されないでも生きていけるだろうから。

ヒトラーが敗戦後まで生きのびないと宣言してからというもの、彼の側近たちの多くは、自分たちにも自殺以外の道はないと無理して誓っていた。それに反して私は、彼らがむしろ犠牲を引き受け、敵の裁判的措置に身を任せるべきだと思っていた。空軍の二人の有能な将校、バウムバッハとガラントが戦争終結直前の毎日、私とともに、ヒトラーの重要な側近を保護し、自殺をさせないようにするという冒険的な計画を実行に移した。我々が偵察したところによると、ボルマン、ライ、ヒムラーの三人は毎晩ベルリンを出て、中心部を遠く離れ、空襲警報を免れているいろいろな場所へ行っていた。我々の計画は簡単だった。つまり、敵の夜間飛行機が白い照明弾を投下したら、自動車はみな止まり、乗客は畑へ避難する。照明弾用ピストルから発射された照明弾用ロケットも同じような反応をひき起こすに違いなかった。そこで、機関銃で武装した一部隊が六人組の護衛隊を打ち負かすはずだった。照明弾は既に私の家に持ってこられたし、部隊の選択については話し合いがつき、詳細が吟味された。混乱が一般化しているので、拘留者を安全な場所へ連れてゆくことが可能であるに違いなかった。ライ博士のかつての第一の協力者だったフプファウアー博士は、前線の経験がある党員によってボルマンを奇襲すべきだと主張して、私をびっくりさせた。党で彼ほど憎まれているものはない、というのだ。大管区指導者カウフマンは『総統のメフィスト』を個人的に片づけたがっていた。けれども、装甲兵総監部参謀長トーマレ大佐は、ある夜、国道上で話を交わして、我々の空想的な演出を知り、神の裁きに干渉してはならない、と私を説得した。

ボルマンも自分の計画を追求してきた。彼は誤ってブラントをヒトラーの部下の中で最も私の影響を受けた人物だと思いこんでいたが、そのブラントが動きがとれなくなってのち、クロプファー次官が私にこう警告した。つまり「ヒトラーではなくボルマンがこの拘留の黒幕であり、それはあなたにも向けられている。だから無思慮な言動をしないよう注意せねばならない」と。敵のラジオの報道も私を不安におとしいれた。それは、私が、レーニンの文書を印刷したかどで軍法会議によって処罰されるべきだった一人の甥《おい》を助けて自由にさせたというのである。そのうえ、いつも党から敵視されてきたヘットラーゲが捕えられる寸前だということだったし、スイスの一新聞がとうとう、前陸軍総司令官フォン・ブラウヒッチュと私だけが、降伏条約を取り交わしうる相手だという覚え書きをもたらしたということだった。多分、敵はそのような報道で指導部の中に抗争をひき起こさせようとしたのだろう。

そのころ、軍の側から数名の信用できる前線士官がひそかに私に配属された。彼らは機関銃で武装して私の住居に宿泊した。危急の場合のために我々は一台の哨戒用装甲車を用意した。それで我々はもっともらしくベルリンから逃れきることができたろう。私は今日になるまで、どういう動機で、あるいはどういう情報にもとづいてそれが起こったのか知らなかった。

包囲されたベルリン

ベルリンへの空襲が切迫していた。ヒトラーは既にライマン中将を首都防衛軍司令官に任命していた。さしあたり大将はなおハインリツィ上級大将――バルト海からオーデル川にそってフランクフルト＝オーデルの南約一〇〇キロのところまで広がった師団の総司令官――に従っていた。私はハインリツィを信頼していた。昔から彼を知っていたし、つい最近も、彼はリブニクの炭田につながる工業を破壊せずに引き渡すことで私を助けてくれたからである。ライマンが、ベルリンの橋をみな破壊するよう主張したとき、ロシアのベルリン大攻勢が始まる前日の四月十五日のことだったが、私はプレンツラウにあるハインリツィの司令部へ車を走らせた。専門的な支持をうるために私は、ベルリン道路・地下工事建築監督官ランガーとベルリン国鉄総裁ベックをともなっていった。いっぽうハインリツィは、私の要望に答えてライマンを協議に呼んでいた。

二人の専門家は、計画されている破壊はベルリンの死を意味するだろうと断言した。都市司令官は、あらゆる手段でベルリンを防衛するようにというヒトラーの命令に従っていった。「私は戦わねばならないし、そのためには橋を破壊してもよいのだと思う」とハインリツィが口をはさんだ。「だが、それならおもな突撃の側だけでよいのではないか」。中将は否定した。「いや、戦いのなされるいたるところです」。市街戦になった場合には市の中心部でもすべての橋が破壊されるのか、という私の質問をライマンは肯定した。これまでにもたびたびしたように私は自分の最後の論法に訴えた。「あなたは勝利を信じるから戦うのですか」。中将はちょっとくちごもったが、この質問を肯定せねばならなかった。「ベルリンがまったく破壊されるなら」と私は続けた。「工業がいつ回復するか見通しもつかない。しかもそれがなければ戦争は敗けるだろう」。ライマン中将は途方にくれてしまった。けれども、もしハインリツィ上級大将が、ベルリンの鉄道および路面交通の二、三の重要な動脈では、弾薬庫から爆薬を遠ざけておくべきこと、重要な戦闘行為のあるところでのみ橋は爆破してもよいことを命じなかったら、我々には何もうるところがなかったろう。

協力者たちを去らせてしまった後、ハインリツィと私はもう一度、二人きりで話し合った。「この指示によって、ベルリンの橋はひとつも破壊されないであろう」と彼はいった。「というのもベルリン付近では戦いは行なわれないだろうから」「それではベルリンはすぐに占領されてしまうのだろうか」。上級大将はこれを肯定した。「いずれにせよ、とりたてていうほどの抵抗もなしにね」

翌朝、四月十六日だったが、私は非常に早く起こされた。陸軍中佐フォン・ポーザーと私はヴリーツェンのオーデル断層のある丘の上で、この戦争最後の決定的な攻撃、ソヴィエト軍のベルリン攻撃を見物するつもりだった。霧が濃くて視界をさえぎっていた。数時間すると一人の林務官が、みんな退却してしまい、ソヴィエト軍が間もなくここへ来る、という知らせをもたらした。そこで我々も引きあげた。

我々はニーダーフィノウの巨大な船揚げ設備のところを通りすぎた。それは三〇年代の驚くべき技術的建築物であり、またオーデルからベルリンを結ぶ航行の要《かなめ》でもあった。高さ三六メートルの鉄骨建築のいたるところに適切な爆発物が仕掛けてあった。少し離れたところで我々は早くも砲火の音を耳にした。一人の工兵少尉が、すべて爆破する用意があると伝えてきた。ここではまだ三月十九日のヒトラーの破壊命令に従って行動していたのだった。少尉は、爆破してはならないというフォン・ポーザーの指令をほっとしたように承認した。同時にこの経験は私の勇気を失わしめた。なぜなら一九四五年四月三日に出された、運河を破壊しないようにという指令は明らかに行き渡っていなかったからである。

とうに与えられた指令を変更することは、途中次第に瓦解してゆく通信網のためにとても徹底させる見込みがなかった。いずれにせよ、この方法で、このように盲目的に荒れ狂う破壊の企てを妨げようと望むのは意味がないように私には思えた。ハインリツィ上級大将が理解してくれたので、公衆への直接の呼びかけによって、人々の理性を呼び覚まそうという計画を再び取りあげた。私はこんなふうに望んでいた。戦闘の混乱にまぎれて、ハインリツィが彼の師団の領域にあるラジオ放送局のひとつを私に自由に使用させてくれることができるだろうと。

三〇キロも行くと我々はゲーリングの狩猟場ショルフハイデの寂しい森にはいった。私は護衛兵を去らせ、切り株に腰を下ろして、既に放送するはずだった草案が五日前ヒトラーによって挫折してしまった後なので、ある謀叛的な演説を起草し、それを一気に書き下ろしてしまった。この中で私は抵抗を呼びかけ、率直に、工場、水路、橋、鉄道および通信設備の破壊を禁じ、国防軍と国民突撃隊の兵士たちに、あらゆる手段を用いて、必要な場合には銃をもってしても破壊を阻止するよう命じるつもりだった。この草案はさらに、政治犯、それとともにユダヤ人を無傷で占領軍に引き渡し、戦争捕虜や外国人労働者が国へ帰る道を妨げないよう要求していた。草案は非人道的行為を禁じ、それに加えて、町や村を戦うことなく引き渡すよう説いていた。再び私は少しおごそかすぎるしめくくり方をした。我々は「ゆるがず、永遠に存在し続けるわが民衆の未来を信じよう」と。

ポーザーを通して私は、ベルリン発電所総監リヒャルト・フィッシャー博士に、鉛筆でざっと書いた紙片を渡してもらった。それによって私は、ケーニヒスヴスターハウゼンのドイツ最強の送信装置の電力供給を敵が占領するときまで確保してもらおうと思ったのだ。この装置は、日々「ヴェアヴォルフ放送」（訳注――Werwolf　人が狼に化身して敵と戦うというドイツの民話の一つ。ベルリン最後の防衛活動をヴェアヴォルフ活動と呼んでいた）を流していたのだが、あらゆるヴェアヴォルフ活動を禁じた私の談話を最後に放送する羽目になった。

その夜おそく、私はダムスミユールに後退した大本営でハインリツィ上級大将に会った。放送施設が「戦闘地域」の中にあり、従って政府の管轄下から軍の施設になるという短い時間を利用して、私は演説をしようと思った。もちろん、ハインリツィは私が話しおえる前に、放送局がロシア人によって占領されると信じていた。それゆえに、演説を録音して、それを自分に預けるようにと、彼は私に提案した。ソ連軍の占領直前に、彼はこの録音を放送しようというのだ。リュッシェンがいくら努力しても、録音装置はどこにも見つからなかった。

二日後、カウフマンが、海軍が港湾施設を爆破する準備をしているからといって、直ぐ私にハンブルクに来るようにと要請してきた。工業界、造船所、港務局、海軍の主要な代表者を含めての会議で、大管区指導者カウフマンの精力的な努力のおかげで結局爆破しないことに決まったのである。アウセンアルスター湖に面したある家で、私はカウフマンとさらに話しつづけた。完全武装の学生がその家の前で警備していた。「あなたがこのハンブルクにとどまるのが一番いいと思う。ここだったらあなたは安全ですよ。どんな場合だって、我々の部下を信頼できるんです」と大管区指導者は私にいった。しかし、私はベルリンに戻った。そして、ゲッベルスに「ベルリンの征服者」として党の歴史に残っている彼が、「ベルリン」の破壊者として彼の生涯を閉じるならば、彼の名声は地におちるだろうと述べた。この言葉は奇妙に聞こえるかもしれないが、当時の我々全部の考え方、特に自殺によって自分の評判を高め得ると信じているゲッベルスの考え方にピッタリだった。四月十九日夜、作戦会議の前に、ヒトラーは、自分はゲッベルスの意見と同感であり、予備力のすべてをあげて、帝国首都の入り口で決戦をいどむのだ、と述べたのである。

第32章　第三帝国の崩壊

「死者達の島」

終局が近づくにつれて、ヒトラーはそれまでの一徹さを失ったようにみえた。昔のように、人あたりがよくなり、ときには、自分の決定について議論することすらあった。一九四四年の冬ごろには、彼が私と戦争の見通しについて意見をたたかわせることなど、とても考えられないことであった。

「焦土作戦」命令についての彼の譲歩的な態度、あるいは私のラジオ演説に対して口をつぐんだことなどは以前では想像もできないことであった。一年前だったら、おそらく反論に耳を貸そうともしなかったのに、今では快く応じてくれた。おそらく、寛大になったというよりも、むしろ、内に貯えられたエネルギーで線路上を走ってきたのに、いまや命をかけた仕事が破壊されてしまっていると感じ取り、すべてを手放し、あきらめていたのだろう。

彼はまさしく抜けがらのような印象を与えた。おそらく、少しも進歩のないままだったのだろう。このつかみがたく、また実質を欠いている点が、子供のころより自らの生命を断つまでの彼の特徴だったのかと、私はときおり思い起こしている。ますます無謀さを加えたようであった。いかなる人間的な情感も彼には無駄であった。既にその本質は生命を失っていたからでもあり、また、もともと空っぽでもあったから、どんな人でも彼に近づくことができなかった。

こういった状態は歳のせいでもあった。手足は震え、背をまるめ足をひきずって歩いていた。声の通りは悪く、かつての毅然《きぜん》たる態度は失われ、話し方もつっかえながらの一本調子な口調になった。老人にはよくありがちなように、興奮するといまにも倒れそうになった。ときどき頸部硬直の発作も起こしたが、老人のそれを思い起こさせるものであった。顔はむくみ、常にきちんとしていた制服もだらしなくなり、震える手で食事をするため、汚れたままであった。

このような状態は、彼の最盛期を知る人々を明らかに動揺させた。私もまた、いろいろな面で往時と比較してしまいがちであった。彼が、既にずっと以前から望みがなくなっていたのに、架空の師団の出動を命じたり、燃料不足でとても活動もできなかった航空機による輸送を命令したりしても、私は黙って耳をかたむけていたのは、そんな事情があったからだ。ヒトラーはそういった議論をすることによって、現実から逃避し、彼の幻想の世界へはいっていった。緊迫した東西間の不和は避けられ得ないものであろう、と確信をもって話したりしていた。彼の周囲の人間がみな、この予想は根拠のないものであるとみなしていたにもかかわらず、彼のこの妄想はますます拡大していって、彼自身の力と西側とが一緒になれば、共産主義を克服できるまでになった。彼が単にこの転換に尽力しただけであり、死を頼っていただけというのなら、それも信ずるに足るように思われる。彼が死に直面しているということは周囲の同情をあおり、尊敬の念を高めていた。

彼はまた再び、より人あたりの良い気やすい人間になってきていた。二、三の点では我々の共同の仕事の初期、一二年前に知り合った当時のヒトラーを私は思い出したが、今の彼は影がまったく薄くなっていた。彼の愛想のよさは、数年来、彼の側近や数人の婦人たちの上に集中していった。戦死した召し使いの未亡人ユンゲ夫人に長いこと特別な好意を向けていたが、ウィーン生まれの食餌療法の料理人にも心を寄せていたし、長年の秘書ヴォルフ夫人、クリスチアン夫人も同様に、彼の生涯の最後の数週間での私的なグループに属していた。既に数か月前から、彼は好んで彼女たちとお茶や食事を一緒にし、男連中は側近からは閉め出されていた。私も長いこと食事を共にしていなかった。そのうえ、エーファ・ブラウンが到着したために、彼の側近の夫人たちとの罪のない関係は続いていたにもかかわらず、生活方式に若干の変化が生じてきた。おそらく、部下の男性連よりも、不運なときにも失われなかった婦人たちの単純な信頼の情が彼を動かしたのだろう。彼は男たちの信頼感を信用していなかったようであるが、ボルマン、ゲッベルス、ライなどに対しては例外であった。

このような得体の知れないヒトラーの周囲でも、その命令系統は機械的に動いていた。指導者がそのエネルギーを奮い起こさずとも活動を続ける力、速やかに仕事をする力が、おそらくまだ残っていたのだろう。ヒトラーの溢れんばかりの意志力が衰えはじめた今になっても、こうした慣性的な力が将軍たちをあらかじめ決められた線にそって動かしていた。たとえば、ヒトラーがそれを断念していたのに、カイテルは橋の破壊をなおも要求していた。

彼の側近の規律がゆるみはじめたことをヒトラーは気づかねばならなかったはずである。以前は、彼が部屋にはいってくると、そこに居合わせた人々はみな、彼が腰をおろすまで立っていたものだが、話は今では、すわったままで続けられ、使用人たちまでがお客とおしゃべりを続け、アルコールに酔った部下たちは安楽いすに眠りこむか、勝手に大声でおしゃべりしているという有様であった。おそらくヒトラーは、こういった変化をわざと黙認していたのだろう。このような姿は、私にとっては悪夢のようであったが、彼らにとっては、好都合であったのだろう。ゴブラン織りの掛け物、絵画類は壁から取りはずされ、絨緞《じゅうたん》ははがされて、高価な家具類と一緒に防空壕の中に片づけられた。壁掛けのあとがくっきりついた壁、取りはずした家具のあと、あたりに散らばった新聞、空っぽのコップ、汚れたままの皿、いすの上に置かれたままの帽子にいたるまで、まるで引っ越し最中の光景のようであった。ヒトラーは、ひっきりなしの空襲がうるさくて眠れないし、仕事の邪魔にもなるからといって、だいぶ以前から上の部屋を引き払っていた。防空壕ならばぐっすり眠れるとのことだった。彼は地下に生活の本拠をもったのである。

「将来の地下墓所」への逃避は、象徴的な意味をもつように思われた。周囲をコンクリートと土で囲まれたこの地下室は完全に隔絶されていて、地上にあふれていた悲劇からの逃避となっていた。彼が「終局」について話すときは、それは「彼の」終局であって、「民族の」ではなかった。終局は、彼自身子供のころから嫌っていた「現実からの逃避」という結果になった。当時、私はこの非現実的世界を「死者達の島」と名づけた。

一九四五年四月、彼の生涯の最後の時期ですら、私はときおり、ヒトラーと防空壕でリンツの設計図を囲み、黙って昔の夢を追っていた。彼の事務室の天井は五メートル、床は二メートルの厚さで、ベルリンの中で最も安全な場所であった。強力な爆弾が近くで爆発しても、この地下室はその余波でわずかに揺れるだけだった。それでもヒトラーは安楽いすに腰をおろして、肩をすくめるだけだった。第一次世界大戦当時の勇敢な伍長と比べると何という変わりようだろうか。老いた身体と神経は正直な反応を示したのだった。

国家最高指導部の解体

ヒトラーの最後の誕生日祝賀パーティーは開かれなかった。以前ならこの日には、無数の車が門前にとまり、儀仗兵《ぎじょう》が立ち、内外の高官たちが祝いの言葉を述べたものだった。今はまったくひっそりとしており、ヒトラーは防空壕を出て一階におもむいたが、そこは彼のみじめな境遇にふさわしい様相を呈していた。実戦で評判をとっていたヒトラー・ユーゲントの代表者たちが、庭で紹介された。ヒトラーは二言、三言話しかけ、一人一人の肩をたたいた。彼の声は小さく、それもすぐやめてしまった。彼はきっと、もう確信がもてないという感じを抱いたのだろう。祝いの言葉につまった人々は、いつものように作戦会議に来たということでその場を切り抜けた。だれもが何を話すべきか迷っていた。ヒトラーはその事情に応じて、冷静にお祝いのあいさつを受けた。

その直後、我々はいつものように、狭い防空壕の一室にテーブルを囲んで集まった。ヒトラーと向かいあって、ゲーリングが席についた。常に服装を気にしていたゲーリングのここ数日の制服姿はまったく変わっていたのである。驚いたことに、いぶし銀の制服地は、アメリカ軍の制服と同じ灰褐色地に変わっていた。今まで金を編み込んでいた五センチ幅の肩章も、簡単な布製の肩章に変わっていたが、彼の階級章である金色の帝国元帥の鷲《わし》は縫いつけられていた。「アメリカの将軍のようだ」と会議の出席者の一人が私にささやいた。ヒトラーはこんな変化にさえも気づかなかったようだった。

「会議」では、さし迫ったベルリン中心部への攻撃が討議された。首都防衛ではなく、アルプスの要塞へ退却するという前夜の決定も、一夜すぎると一転して、ベルリン市街戦ということに変えられていた。大本営を南ドイツのオーバーザルツベルクへ移すことが、目的にかなっているし最後の機会でもあると、ヒトラーは周囲から批判された。ゲーリングが、バイエルンの森を抜けて南と北とを結ぶ道路はまだ我々の手中にあるが、このベルヒテスガーデンへ通じる逃げ道はいつ遮断されるかわからない状態であると説明した。即刻ベルリンを退去すべしという要求に対して、ヒトラーは激昂した。「一方で自分の身の安全を確保しながら、どうして軍隊をベルリンをめぐる決戦へ動かせるのか！」。ゲーリングは顔面蒼白となり、ひや汗をかき、目を見開いてしまった。「首都で死ぬか、いよいよとなってからオーバーザルツベルクへ飛ぶかは、私の運命に任せる」とヒトラーはますます興奮して叫んだ。

作戦会議が終わり、将軍たちが立ち去るやいなや、ゲーリングは取り乱してヒトラーにいった。「自分は南ドイツで早急に始末せねばならない仕事があり、今夜すぐにベルリンを出発しなければなりません」。ヒトラーは彼に、うつろな視線を向けた。私には、この時初めてヒトラーがベルリンにとどまり、そこに命をかけようと決意をしたように思われた。さしさわりのないことをいいながら握手の手をのべて、ゲーリングの本心を見抜いているとは気づかせなかった。私はこの二人からわずか数歩離れたところに立っていて、これこそ歴史的瞬間であると感じた。国家の最高指導部は解体した。かくて誕生日の作戦会議は終了した。

私は他の出席者たちと一緒に、ヒトラーに個人的な別れを告げることもなく部屋を出た。我々の本来の意思に反して、フォン・ポーザー中佐はその夜、いつでも出発するようにと私に勧めた。ソヴィエト軍は最終的にベルリン攻撃に踏み切り、非常な速さで進軍してきていた。既に数日前から、避難の準備はしてあった。大切な荷物はあらかじめハンブルクに送られ、国鉄の二両の寝台車が、プレーンにあるデーニッツ司令部に近いオイティーナー・ゼー湖畔に用意されていた。

ハンブルクでは、私は再度、大管区指導者カウフマンを訪れた。私と同様、彼もまた、この状況ではどんな犠牲をつくしても戦争を続けるのは不可能だとみていた。それに力づけられて、私は、一週間前ショルフ草原の木の根っこに腰をおろして書きあげた演説の草稿を見せた。彼がどのように反応するか予想もできなかったのだが。「あなたはこの演説をしなければいけない。なぜ今までやらなかったのですか」と彼はいった。私が、それが困難であった事情を話すと、彼はさらに続けた。「ハンブルク放送局を通じて話しませんか。局の技術部長には私から連絡をとりましょう。少なくとも放送局で録音をとることぐらいできるだろう」

同夜、カウフマンは私を、ハンブルク放送局の技術部が避難していた防空壕に連れて行った。ひと気のない部屋を通り抜けて、小さな録音室にたどりついた。そこでカウフマンは、既に意向を通じてあった二人の技術者に私を紹介した。その瞬間、私は「この見知らぬ人間に、自分が引き渡される」と感じた。私は自分を守るためと、また、彼らにも責任の一端を負わせるために、演説を始める前に、内容に共鳴するか、あるいはあとでレコードを壊してしまうかは、彼ら自身で決めればよいといい渡しておいた。マイクに向かって原稿通りに読みあげた。二人の技術者は黙ったままだった。おそらく驚いていたのだろう。あるいは反論する気も起こさず、たった今聞いたことを納得したからだろう。いずれにせよ、何の抗議もしなかった。

カウフマンがこのレコードを保管することになった。私は彼にいくつかの条件をつけたが、その中には、彼が自分の判断で私の同意なしに自由に放送させることができるという項目もあった。私が政治上の敵対者——特にボルマンをあげねばならなかったが——に殺される場合とか、ヒトラーが私の目論みを聞き私に死刑を宣告する場合とか、あるいはヒトラーが死んでその後継者が絶望的な破壊政治を続けていく場合などを前提としたことは、ここ数日来の私の感情の動きを特徴的に表わしていた。

再びヒトラーのもとへ

ハインリツィ上級大将がベルリンを防衛しようとしなかったので、数日のうちにこの都市は占領され、戦争は終わるだろうと予想された。事実、私がベルリンを訪ねたとき、親衛隊将官ベルガーやエーファ・ブラウンも同じような予想を私に語った。

ヒトラーは四月二十二日に自殺するつもりであった。しかし、ハインリツィは空挺部隊司令官シュトゥデント将軍を更迭した。ヒトラーはシュトゥデントを実行力のある将校の一人と見ており、彼を信頼していたのだろう。ヒトラーはもう一度勇気を奮い起こして、カイテルとヨードルに、あらゆる師団を出動させ、全部隊をベルリンに投入するように命じた。

このころはもう軍需工場もなく、私自身にはこれといった仕事はなかった。しかし心は激しい不安にかられ、夜になると特別意味もなく、家族のいるヴィルスナク近郊の農家を訪ねようかと思った。昔はよく、そこで家族と共に週末を楽しんだものだった。私はそこでヒトラーの主治医ブラント博士の同僚に出会った。ブラントは、ベルリン西郊のある別荘に軟禁されているとのことだった。彼は場所を説明し電話番号を書いてくれた。親衛隊の監視要員もあまりきびしくないとのことであった。間もなく混乱状態下のベルリンで、ブラントを救い出すことが果たしてできるかどうかを話し合った。リュッシェンにはもう一度会いたかったし、ロシア軍が侵入してくる前に西側へ逃げるように勧めたかったのだった。

　というわけで、私はもう一度ベルリンへ戻ることにした。表面上はこれが動機であったが、心の底では、ヒトラーに強くひきつけられていた。二日前にこっそりと出てきてしまったというように思われたろうし、最後に彼に会って別れを告げたかったのだ。これが、長年にわたる我々の協力関係の結末となるのだろうか。何日も何か月も、我々は親密な仲間同士として共通の目的に取り組んできた。何年ものあいだ彼は、私や私の家族をオーバーザルツベルクに迎えて、親切で細かく気のつくホストぶりをみせてくれた。彼にもう一度会っておきたいという私の強い願望は、私の分裂した感情の証左でもあった。つまり理性的には、時既におそかったにせよ、ヒトラーの生命が終わりを告げることが是非とも必要であると私は確信していた。ここ数か月、私が彼に対して企てたことのすべてには、彼によって行なわれる民族絶滅政策を阻止しようとする意図が根本に流れていた。私が前日に録音した演説と、私が今では彼の死をいらいらしながら待っているということほど、私のうちにある矛盾をはっきりと証明するものはないだろう。しかし、ここで改めて、私と彼との感情的な結びつきに気がついた。彼の死後に初めて演説を放送したいという私の希望も彼との対立感を弱めることになったようであったからだ。滅びゆくものへの同情の念がますます強くなっていった。おそらく彼について来たもののほとんどが同じように感じたことだろう。義務の遂行、誓い、忠誠、感謝の念と、個人の不幸および国家の不運に対する不満とは互いに相対立するものであった。その双方とも一人の人間を通じて生じたのである。それはヒトラーであった。

ヒトラーにもう一度会いたいという私の願いが成功したことは、今でも幸福に思っている。一二年間の協力関係の後、あらゆる対立を越えて、このような動きを示したのは当然のことだった。私がヴィルスナクを出発したときは、ほとんど抗しがたい力によって行動していたのであった。出発の前に、私は妻に一筆書き送ったのだが、それは彼女を勇気づけると同時に、私にはヒトラーと死をともにする気がないことを明らかにしていた。ベルリンの九〇キロほど手前で、ハンブルク方面への道路の車の流れは渋滞していた。クラシックカー、デラックスカー、トラックや軽四輪トラック、オートバイ、ベルリン消防隊の消防車などがあふれていた。この数万の車の流れに逆らってベルリンへ行くのは不可能であった。これだけの燃料が、一体どこから突然出てきたのか私には謎であった。おそらくこのようなときに備えて、何か月も前から貯えられていたのだろう。

キューリッツには師団の司令部があった。そこから私は、ブラント博士が監禁され、死刑執行を待っているベルリンの彼の別荘に電話をかけた。ヒムラーの特別命令で、彼は既に北ドイツの安全なところに移されていた。

リュッシェンとも連絡がとれなかったが、私は決心を変えないで、ヒトラーの副官の一人に、その日の午後にも、できれば訪ねていくかも知れないと簡単に連絡した。この師団司令部で私は、ソヴィエト軍がかなりの速さで迫ってきているが、ベルリン包囲はそれほど近い将来ではないだろうということを耳にした。ハーフェル河畔のガート飛行場は、まだ当分は我々のものであった。そこで我々はメクレンブルクのレヒリンテスト用飛行場へ向かった。

そこでは、私は度々のテスト飛行でよく顔を知られていたので、航空機を一機都合してもらえそうだった。この飛行場からはポツダム南方のソヴィエト軍に対する低空爆撃のために戦闘機が飛び立っていた。そこの司令官は練習用戦闘機で私をガートへ運ぶ用意をしてくれた。同時に、滑走速度の遅い「シュテルヒ」（コウノトリの意）単発偵察機が二機整備され、私と私の連絡将校にベルリン市内および帰路用として提供されることになった。飛行機の整備が済むまで、私は参謀のところで、地図に書きこまれた印によりソヴィエト軍の包囲状況を調べた。

我々の護衛についてきた戦闘機隊に囲まれて戦闘地点から数キロ離れた約一〇〇〇メートル上空を、有視界で南へ飛んで行った。上空から見ると、首都をめぐる攻防戦はたいしたことではないように見えた。およそ一五〇年ぶりにベルリンが再度敵軍に征服されるとは！　すべては下に広がる無気味なほどおだやかな光景の中で実際起こっていたのだ。その道路、村、町などは数えきれないほど往復してよく知っていた。火を噴いている大砲や銃の小さく短い閃光がすぐに燃えつきるマッチほどの強さもなくひかり、農家がゆっくり燃えくずれていくのがみえた。ベルリンの東側境界地点ではもやにかすんで煙がもくもくと立ちのぼるのがわかった。飛行機のエンジンの音で下の戦闘のざわめきは聞こえなかった。

我々がガートに着陸すると、編隊はポツダム南方の地上目標物に向かって出撃していった。飛行場はひっそりとしていた。ただヨードル派の一人でヒトラーに直属していたクリスチアン大将だけが出発の準備をしていた。我々は当たりさわりのない言葉を交わして、連れと一緒に私は準備の整った「シュテルヒ」に乗って——自動車ででも行けたのであるが——低空飛行で、ロマンチックな冒険を味わいつつ、ヒトラーの五四回目の誕生日前夜に、彼と一緒に通ったことのある東西を突き抜けている同じ道路上を飛んで行った。ブランデンブルク門のすぐ前に着陸した。広い路上に車が少ないのに驚きつつも、軍の車をとめて内閣官房府へと向かった。既に夕方になっていた。ヴィルスナクとベルリン間一五〇キロにおよそ一〇時間もかかってしまったのだ。

ヒトラーとの会見には何らかの危険があるかどうか、またこの二日間に彼の心境に急変があったかどうかもまったくわからなかった。私には、そういうことはある意味ではどうでもよかった。この冒険が好い結果に終わればよいと望んでいたが、結果が悪くてもがまんしたことだろう。

私が七年前に建てた内閣官房府は既にソヴィエト軍の重砲火に包まれていたが、まださいわい命中弾はなかった。ここ数週間に何度かアメリカ軍が私の建築物を日中攻撃したためにでき上がった瓦礫《がれき》の山をみても、爆弾の影響はたいしたことはないようだった。焼けおちた梁《はり》を越え、くずれ落ちた天井をくぐり抜けて居間のほうへたどりついた。数年前にはそこで夜の集まりが延々と続けられ、かつてはビスマルクが会議を開いたものだったが、今やヒトラーの副官シャウプが、私とはほとんど面識のない人々とブランデーを飲んでいた。前もって電話しておいたのに、私を待っていたという様子もなく、私が戻ってきたのを見て驚いたようだった。シャウプは私に心からのあいさつをしたので、私の不安は解消した。私はハンブルクにおける私の録音の件はまだ発覚していないと推察した。

彼は一団から離れて、私の到着を知らせに行った。私はその間、内閣官房府の電話交換室に頼んでリュッシェンを捜して、内閣官房府まで来るように伝えてほしいとフォン・ポーザー中佐に頼んだ。

生ける屍

ヒトラーの副官が戻り、「総統が会われるそうです」と告げた。過去一二年の間、一体何度この型にはまった言葉で私はヒトラーの前に呼び出されたことか。だが、この五〇段はある階段をおりながら私が考えていたのはそのことではなく、むしろ、またこれを無事に登ってこられるだろうかということであった。地下では、最初にボルマンに会った。彼は異例な丁寧さで私に近づいてきたので、私はすぐ大丈夫だと感じた。というのは、ボルマンやシャウプの顔の表情は、ヒトラーの気分を忠実に反映するからであった。遠慮がちに彼はいった。「総統と話をなされば、彼はきっとベルリンにとどまるべきか、ベルヒテスガーデンへ行くべきかという問題にふれるだろう。今が南ドイツで指導権を握る絶好のときであり、それが可能な最後のチャンスなのだ。もちろんあなたも出発するよう勧めることだろうね？」。この地下室で、命を惜しむものがいるとすれば、それは明らかにボルマンであった。彼は三週間前には党幹部に、あらゆる弱点を克服しこれに打ち勝つように呼びかけていたのに。私は彼に適当に返答しつつも、哀願せんばかりの人間と向かいあって、一種の勝利感を味わっていた。

私は防空壕内のヒトラーの私室に案内された。彼は、私が数週間前忠誠を誓ったときと同じように、ほとんど無表情で、私を迎えた。改めて私は、彼がうつろで燃えつきた生ける屍《しかばね》となっていると感じた。彼はすべてを隠すことのできるような事務的な表情で、デーニッツの仕事ぶりはどうかと聞いた。私はそのときは、きっと、彼の関心は偶然デーニッツに向けられたのではなく、後継者の問題についてであるということを感じ取った。今日でもなお私は、デーニッツが、予期せずして彼にころがり込んできたありがたくもない遺産を、ボルマンやヒムラーよりもずっと賢明に品位をもって、慎重に整理していたと思っている。ヒトラーには私の印象を肯定的に述べて、ときには、彼の気に入るように詳しく報告もした。しかし、私は過去の経験から、デーニッツの不利になるようなことはしなかった。

いきなり、彼は私にたずねてきた。「ここにとどまるべきだろうか、それとも、ベルヒテスガーデンへ行くべきだろうか。ヨードルは明日がその最後のチャンスだというのだが」。ごく自然に私は「ベルリンにとどまるように」と勧めた。オーバーザルツベルクで何をしようというのだろうか。ベルリンが陥落すれば戦争はどのみち終わりを告げるのに。「総統としてあなたの生命を終えねばならないのなら、ここ首都のほうが、別荘よりもふさわしいと思っています」。再び私は胸がいっぱいになった。当時は、それがよい助言だと思っていたがそうではなかったようだった。というのは、彼がオーバーザルツベルクへ行っていれば、ベルリンでの戦闘は一週間ほど短くなっていたかもしれなかったからだ。

転機がさし迫っていること、望みが消えたわけでないことなどについては、その日は一言もふれなかった。無感動に、疲れたように、淡々と彼は自分の死について話しはじめた。「私もここにとどまろうと決心している。もう一度君の考えを聞きたかったのだ」。ヒトラーは冷静に言葉を続けた、「私は戦うつもりはない。しかし傷ついて生きながらロシア軍の手に陥るという危険も非常に大きい。敵軍に、私の死体をもてあそばせたくはない。私は私の身体を焼くように命令した。エーファは私と命をともにし、ブロンディはその前に私が射殺する。信じてくれシュペーア君、命を断つのは簡単だ。一瞬にして私はすべてから解放され、この苦悩に満ちた存在から抜け出せるのだ」。私はまるで死者と話しているような気がしていた。その場の雰囲気はますます無気味なものとなり、悲劇は終局に近づいていた。

最後の数か月には、私はときには彼を憎み、彼と争い、偽り、だましたこともあったが、この瞬間、私は狼狽《ろうばい》し衝撃をうけた。

取り乱した私は、自分でも驚いたのだが、破壊行為をしなかったこと、さらに破壊を妨げてきたことを小声で告白した。一瞬、彼の目に涙があふれた。彼はそれを押さえようとはしなかった。数週間前であったら重大な問題であったことも、今では、はるかかなたに押しやられてしまっていた。私がベルリンに残ることをためらいがちに提案すると、彼は放心したように私を見つめ、黙り込んだ。おそらく私の不誠実を感じていたのだろう。それ以来、私はしばしば考えてみた。私がヒトラーの立場で動いていたことを、私の覚え書きから推論を下して、直感的に知っていたのではないだろうか。あるいはまた、彼の命令に逆らっている私をやりたいようにさせたことは、彼の計り知れない複雑な性格を証明したのではないのだろうか。私はそれを知ることはないだろう。

二枚舌

ちょうどそのとき、陸軍参謀総長クレープス将軍が戦況報告にきた。その点では、以前とちっとも変わってはいなかった。国防軍の最高司令官としてのヒトラーは、いつものように前線からの戦況報告を受けた。三日前には、この防空壕の作戦室は上級将校や国防各軍および親衛隊の司令官でいっぱいであったが、いまではほとんど全員が去って行った。それでもゲーリング、デーニッツ、ヒムラーを除いて、カイテル、ヨードルおよび空軍のコラー参謀総長、ベルリン以外の師団のおもだった将校たちが出席していた。ほかに残っていたのは、下級の連絡将校だけであった。戦況報告自体も変わってきていた。外部からはあいまいな報告しかこなかった。参謀総長も推測以外に何もできなかった。ヒトラーの前に広げられた地図は、ベルリン、ポツダム周辺地区のものだけだった。ここにおいてさえも、ソヴィエト軍前進状況の情報は、私が数時間前に戦闘機基地で見たものとはくい違っていた。ソヴィエト軍はこの地図が示すよりもずっと接近していた。驚いたことには、つい先刻まで、私とさし迫っている死や、死体の処置について話していたばかりのヒトラーが、会議の席上、再び楽観論をみせようとしていた。もちろん、かつての説得力はほとんど失われていたが。クレープスは辛抱強く、慇懃《いんぎん》に聞いていた。ヒトラーが絶望的な状況下で、ためらわずによき結果を切望するとしたら、彼の信念は麻痺《まひ》しているのだ、とむかし私は考えたことがあった。いまや、彼が二枚舌を使っているのがはっきりとわかった。どれほど長い間、彼は我々を欺いていたのだろうか。いつごろから勝ち目はないと知っていたのだろうか。モスクワ郊外の冬以来か、あるいはスターリングラード以来か、それとも失敗に終わった一九四四年十二月のアルデンヌ攻撃以来なのか。何が偽りで、何が打算であったのだろう。おそらく私がたったいま、突然の気分の変化を味わったのであり、そしていま、クレープス将軍を前にしても、彼は先刻の私に対してと同じように正直であったのだ。

いつもなら数時間にわたった戦況報告も、早々に終わり、この大本営の残骸も苦悶に満ちたものであった。その日、ヒトラーはもう奇跡を夢見ることもしなかった。我々は簡単に別れのあいさつをかわし、過誤、過失、犯罪など、陰気な事柄を体験したこの部屋を出た。わざわざ彼のためにベルリンまで出てきたのではないとでもいうように、ヒトラーは私を単に普通の客としてもてなした。まだここに滞在するのかとも、もう帰るのかとも聞かなかった。まるで明日また会うことになっているかのように、握手もせず、いつものように別れたのであった。外に出るとゲッベルスに出会った。「きのう総統は、歴史的にも重要な意味をもつ重大決断を下した。西側に対する戦闘を停止された。西側の軍隊は、何の妨害もなくベルリンにはいれるようになった」。またも、この妄想！　そのころ、この種の妄想は非常な早さで人々を刺激し、新たな希望をもたせたが、また同じような早さで別のものと代わっていたのだった。ゲッベルスは続けて私に語った。彼の妻と六人の子供たちは、彼の言葉によれば、地下のこの歴史的な場所で死を迎えるために、ヒトラーの客としてここに住んでいるということだった。彼はヒトラーとは逆に、自分の心情の動きを正しく自制してはいたが、命を捨てるとは見えなかった。

ゲーリング解任

夕方になって、親衛隊の医師がきて、ゲッベルス夫人が心臓発作でひどく衰弱し、床についていると知らせてきた。私は彼女に面会を乞うた。私は彼女と二人だけで話したかったのだが、ゲッベルスは既に入り口の部屋で待っていて、私を夫人の寝ている小さな一室に案内した。彼女は顔面蒼白で、ささやくようにとりとめのないことを話していたが、子供たちが死を無理強いされる避けがたい瞬間が刻々と迫っているのを思い悩んでいるのが感じられた。しかし、彼女との会話は単にいまの病気のことに限られていた。最後になってやっと、彼女の心を本当に動かしたものが何であったかほのめかした。「せめて、ハラルト（最初の結婚による彼女の息子）だけでも生きていてくれるのがとてもうれしい」。私も言葉につまった。だが、そのような状況において何か言葉がでるものだろうか。黙ったまま、途方に暮れて別れを告げた。ゲッベルスは名残りを惜しむ余裕さえ与えてくれなかった。

その間、廊下のほうではちょっとした騒ぎが持ち上がっていた。ゲーリングからの電報が届き、ボルマンが大急ぎでヒトラーに届けた。私はむしろ好奇心から、不作法にも彼の後についていった。ゲーリングは、ヒトラーがベルリン要塞にとどまる場合、彼が継承権の規定にもとづいて、政権を引き継ぐことになるのか、と問い合わせてきただけであった。しかしボルマンはこれがゲーリングの完全なクーデターであるとみなしたのである。ゲーリングはおそらく、ヒトラーに対して、秩序回復のために一応ベルヒテスガーデンへ移るようにと最後の勧告を試みたのだろう。いっぽうヒトラーは、この知らせを聞いても、その日一日そうであったように、まるで無関心を装っていた。もう一つのゲーリングの電報が伝えられると、それがボルマンの猜疑《さいぎ》心をいっそう深めた。私はごたごたにまぎれて、その地下室に散らばっていたコピーを一枚ポケットにつっ込んだ。「極秘！　将校を通じてのみ！　電信番号第一八九九号。発信人――ロビンソン選挙侯。着信日――四月二十三日一七時五九分。リッベントロップ外務大臣あて。四月二十三日二二時までに、私に指示をしてくれるよう総統に依頼した。総統の国家統率についての行動の自由が剝奪されていることが、そのときまでに明らかになっているならば、総統の一九四一年六月二十九日の訓令が発効し、私が代理人として各任務を代行する。もし、四月二十三日二四時までに総統から直接、または私から何の連絡もなければ、直ちに飛行機で当方へこられたし。署名者――帝国元帥《ライヒ》ゲーリング」。ボルマンはこれで新しい証拠を握ったようである。「ゲーリングは謀反を企てている。彼は既に各閣僚に電報をうち、彼の権限で、総統、あなたの職務を、今夜一二時に引き継ぐといってきている」と興奮して叫んだ。

最初の電報の時には、ヒトラーはむしろ落ち着いていたが、いまや、ボルマンの思う壺《つぼ》であった。昔からの競争相手であったゲーリングは、ボルマン起草のにせ電報によってその継承権を失い、同時に、ヒトラーとナチス政権に対する反逆の責任を問われた。ヒトラーはさらに、ゲーリングが健康上の理由ですべての職務を辞任するならば、それ以上の措置は見合わせよう、と彼に通達した。ボルマンはついにヒトラーの無関心を刺激するのに成功した。ヒトラーは、激怒し、無意識と自己憐憫《れんびん》と絶望感とが入り混じって、せきをきったように怒りがほとばしりでた。顔を真っ赤にし、目を見開いて、周囲のことなど忘れてしまったようだった。「前からわかっていたが、ゲーリングは役に立たないやつだ。彼は空軍を破滅させた。彼は堕落した。彼のためにわが国家の堕落が始まった。彼は以前からのモルヒネ中毒だ。前からわかっていたことだが」。確かにヒトラーはすべてのことを知っていたにもかかわらず、何の対策も施さなかった。あっけにとられるほどす早く、彼はまた元の無気力さに戻ってしまった。「もうどうでもいい。ゲーリングが降伏の交渉にあたってもよろしい。どうせ負けるのなら、だれがそれにあたろうと同じことだから」。ゲーリングが適任であるというのは、ドイツ民族に対する軽蔑であろう。ヒトラーは精根つき、その日は特に目立ったあの気だるい調子に戻った。長年にわたって、彼はあまりに多くのものを望みすぎた。長年にわたって、その法外な望みのために、こういう結末となることを、自分も他の人々も見過ごしていた。いまではもう力つきて、場を取りつくろうエネルギーすらなかった。

約三〇分後に、ボルマンがゲーリングの返電をもってきた。ゲーリングは心臓病ということで辞任した。いままでにヒトラーは何度も、解任ではなく病気という名目で、自分の意に添わない人物を排除してきた。それは、国民に首脳陣の内部統一に対する信頼を維持するためであった。ヒトラーはいまもなお、これにこだわっていたのだった。

ついに土壇場になって、ボルマンがその目的を達したことになった。ゲーリングは排除された。可能な方法で、彼の不完全さをつきとめていたのだった。ゲーリングがあまりにも権力を集中していたので、ボルマンは彼を憎み倒したのだ。ある意味で、私はゲーリングに同情をおぼえた。私は、彼が私に向かって、ヒトラーに対する忠誠を誓ってみせたときのことを思い出した。

ボルマンによって引き起こされた一時的な嵐は間もなくおさまり、「神々のたそがれ」の二、三の場面が次第に消えていき「ハーゲン」役も退場した。驚いたことに、私が初めに躊躇《ちゅうちょ》しながら切り出した頼みをヒトラーは簡単に聞き入れてくれた。シュコダ社の重役たちが数人、当然の成り行きなのだろうが、我々と協力関係があったということで、ロシア軍から追及される羽目になろうとしていた。そこで彼らは、以前のアメリカ産業界との関係を頼って、アメリカ軍司令部へ行くことに希望をつないだのだった。数日前だったら、ヒトラーはそのような無理な要求は頑としてはねつけたのだろうが、いまでは適切な指示を与えるのに必要な書類に、いつでもサインをする用意があった。

このことで私がヒトラーと相談していたとき、ボルマンは、リッベントロップが面会を求めて待っているのを思い出した。ヒトラーは神経質な反応をみせた。「彼には会いたくないと何度もいったはずだ」。ヒトラーには、リッベントロップとの話し合いがなんとなくわずらわしかったのだが、ボルマンは強引に「リッベントロップはあなたが呼び入れるまで忠実な犬のように入り口のところで待っているといっています」と取りついだ。この比喩《ひゆ》がヒトラーの心をやわらげ、彼を招き入れ、二人だけで話をした。察するところヒトラーはチェコの工業家たちが来るかも知れないと話したらしい。この絶望的な状況に至っても、外務大臣は自分の権限維持にこだわっていた。控え室で彼は私にぶつぶつと不平をいった。「これは外務省の管轄なのだが、もしあなたが『ドイツ国外務大臣の提案にもとづき』と付け加えるならば、私はこの布告に対し何ら異議は唱えない」。私はその通りに補充し、リッベントロップは満足して、ヒトラーが署名した。私の知る限りでは、この会談が、ヒトラーと外務大臣との最後の公的話し合いであった。

最後の別れ

その間、ここ数か月私が特に信頼していた助言者リュッシェンが官邸に到着した。彼にベルリン退去を勧める試みは、すべて無駄なことになった。我々は別れを告げた。後にニュルンベルクで聞いたのだが、リュッシェンはベルリン占拠後、自殺を企てたということだった。

深夜になって親衛隊隊員の召し使いを通じて、エーファ・ブラウンが、私を彼女の寝室兼居間となっていた地下室の一室へ来るように呼び出してきた。室内は居心地よさそうに整えられており、私が数年前、上の二部屋のために設計した贅沢《ぜいたく》な家具類を持ち込んできていた。全体との釣り合いも、精選した材料も、薄暗いこの部屋にふさわしかろうはずがなかった。特に不釣り合いだったのは、タンスの扉に施した寄せ木細工に彼女のイニシアルが四つ葉のクローバーに象られていたことだった。

ヒトラーは既に引きとったあとだったので、我々は落ち着いて話し合うことができた。彼女こそ、この地下室において死に直面してもなお動じない唯一の卓越した人物であり、称賛に値するほど冷静であった。他の人々がみな、たとえばゲッベルスのように興奮のあまり英雄気取りだったり、ボルマンのように助かることだけを考えていたり、ヒトラーのように死人同様であったり、ゲッベルス夫人のようにあきらめ切っていたり、そのような状態のなかにあって、エーファ・ブラウンだけは快活といえるほどの落ち着きがあった。「お別れにシャンパンとチョコレートでもいかがですか。しばらく何も召し上がっていないのでしょう」。この地下室で既に数時間が過ぎたのだが、彼女が初めて私の空腹を思いやってくれたことに気づき、感動した。召し使いが「モエ・エ・シャンドン」を一本と菓子やチョコレートを運んできた。我々のほかにはだれもいなかった。「あなたが再び戻ってこられて本当によかったのです。総統は、あなたが反逆的なことをしていると思っていましたが、あなたは戻ってこられたことでその逆であることを証明しましたわ」。私は返答しないでいた。「そのうえあなたがきょう彼にいったことは、あなたもご存じの通りです。彼は私をミュンヘンに帰そうとしましたが、私はそれを断わりました。私はここで一生を終えようとやってきたのですから」。彼女は人間的な思慮を失わずにいた唯一の人物だった。「なぜ、こんなに多くの人間が死なねばならないのでしょう」と彼女はいった。「すべて空しいことですわ。それにしてもあなたは、私たちにもう二度と会うことができなかったのかも知れませんわ。昨日は特に絶望的で、予想より早くロシア軍によってベルリンを占拠されるのを覚悟しなくてはならなかったほどです。総統はあきらめていましたが、ゲッベルスが説き伏せたので、それでいまここにこうしているわけです」。思いのままに彼女と私は語り合った。いまだに陰謀を企てているボルマンに対する非難をまじえながら。そして、つまるところはいつも、ここにいられて幸せであるということだった。

明け方の三時ごろになっていた。ヒトラーはまた起き出していた。私は別れを告げたいむねを伝えた。その日私は疲れ切っていたので、その場に臨んで自分を押さえきれないのではないかと恐れた。震える身体でご老体が私の前に立っていたが、いよいよそれが最後であった。その人こそ、私が一二年前に私の生涯を賭けた人だった。私は感きわまって落ち着きを失った。対照的に彼は、何ら動揺した様子もみせなかった。手と同じく彼の言葉も冷たかった。「いよいよ出発するのかね。さよなら」。私の家族に対するあいさつも感謝の言葉も何もなかった。ほんの一瞬、私はあわてて「もう一度参りましょう」といったのだが、それが単なるお世辞にすぎないことを見てとると、彼は私に背を向けた。私は退出した。一〇分後、私はひっそりとした官邸を辞した。最後にもう一度だけ、私は自分が手がけた周囲の建物の中を歩きたかった。照明設備が破壊されていたので、「記念館」ではわずか二、三分だけ留まったにすぎなかった。真暗な夜空にその外郭さえはっきり見えず、私はそれを頭に浮かべた。深山の中のように、無気味なほど静寂そのものだった。昔だったら、こんな深夜でも大都会の喧騒《けんそう》はここまで押し寄せてきたものだが、今はまったく静まり返っていた。ごくまれに、ロシア軍の榴弾《りゅうだん》の爆発音が聞こえてきた。これが、私が官邸を訪れた最後であった。この官邸は数年前に、将来の計画と希望を夢に盛り込んで私が建設したのだった。いま私は、この廃墟と建物だけではなく、私の生涯でもきわめて貴重なものとなった過去の数年と訣別するのだった。

後継者を自任するヒムラー

「どんな様子だったのですか」とポーザーがたずねた。「どうやら『マックス・フォン・バーデン公』（訳注——旧ドイツ帝国最後の宰相。休戦条約、憲法改正を実施。連合国の要請でヴィルヘルム二世皇帝を廃位、革命政権エーベルトに政権を渡す）とならずにすんだようだ」と私ははっとして返事をした。私には別れぎわのヒトラーの冷たさがよく理解できた。というのは、それから六日後、彼は遺言状から私をはずし、後任に以前から彼のお気に入りだったザウルを任命したことがわかったのだった。

ブランデンブルク門と戦勝記念塔を結ぶ街路は、赤いランプをつけて滑走路に転用されており、兵士たちが爆撃によってできた穴をふさいでいた。なんの面倒も起こらずに我々は出発した。右側を黒いものが、さっと通り過ぎた。戦勝記念塔であった。車は順調に走った。ベルリン市内とその周辺で、数知れない火炎を見た。照明弾はまるでホタルのように見えたが、それはベルリン大空襲の比ではなかった。火を噴く大砲の隙をぬって暗闇《くらやみ》の中を走っていった。夜が白みはじめた五時ごろ、私たちは再びレヒリンのテスト用飛行場へたどりついた。

私は戦闘機を一機準備させた。プラハ駐在の総督カール・ヘルマン・フランクに、シュコダ社の重役に関する総統指令を伝達するためだったが、無事に行き着くかどうかはわからなかった。イギリス戦闘地区では、低空飛行の戦闘爆撃機による路上掃射を避けねばならなかったが、ハンブルクへは夕方までに行きたかった。飛行場で聞いた通り、ヒムラーは、私が一年ほど前に不可解な後遺症のためにいたことのある病院に滞在していた。我々は「シュテルヒ」機で近くの広場に着陸した。ヒムラーは私の出現に驚いたようだった。彼は私を、私がいた例の病室に案内したが、奇妙なことにはそこにゲープハルト教授も一緒にいた。いつものようにヒムラーの態度には、人を寄せつけないものがあった。彼は特に、私がベルリンで何をしたかを知りたがった。ヒトラーの行なったゲーリング解任の一件は、明らかに彼の耳にはいっていたのだが、それには触れず、私がごく控え目にゲーリングが辞任したことを伝えると、彼は別に大したことではないというように振る舞った。「ゲーリングが確かに後継者となるだろう。私は彼の下で総理大臣になることを以前、約束したことがある。ヒトラーがいなくても私がゲーリングを元首にすることができるのだ。あなたは彼をよく知っているはずだ」と、彼は同意を促すような笑いを浮かべて、堂々といってのけた。「もちろん私が決定権を握ることになろう。私の率いる内閣に入閣する人々と、私はもう既に連絡をとっている。カイテルもすぐに来ることになっている……」。おそらくヒムラーは、私も入閣をねらって彼のご機嫌伺いに来たとでも思っているようだった。

ヒムラーの行動している世界は空想的なものであった。「自分がいなければヨーロッパには将来がない」と思い込んでいた。「ヨーロッパの治安維持のためには、警察長官としての自分が必要なのだ。アイゼンハウアーと会って一時間も話せば、彼も同じように確信するに相違ない。私を必要とするか、絶望的な混乱状態に陥るか、彼らはすぐに察しがつくだろう」。彼はまた、強制収容所が国際赤十字に委譲されることも予知していた。ベルナドッテ伯爵との関係についても語った。数日前、ハンブルク近郊のザクセンヴァルトでたくさんの赤十字社の車が止まっているのを見たが、その意味がやっとわかった。以前彼らは、戦争が終わる前に政治犯は全部釈放するといっていた。今、ヒムラーは自分の一存で戦勝者と和解を結ぼうとしていたが、ヒトラー自身は先刻の話し合いでも明らかだったように、そのようなことは考えなくなっていた。

とうとうヒムラーは、私が彼の下で大臣になれる見込みがあるかも知れない、とほのめかした。それに対して、私は皮肉たっぷりに、ヒトラーのところへ別れのあいさつに行くよう私の飛行機の提供を申し出た。もちろん彼は拒否した。それどころではなかったのだろう。彼は冷静だった。「新政府の準備をせねばならないし、私という人間がドイツの将来にとって欠かせないものだから、今はあえて冒険をすることはできない」

カイテルの到着が伝えられたので、我々の会談は中断した。隣室にいて、私は、元帥がかつてはヒトラーに対して行なっていたのと同じようなおごそかな調子で、いまは全面的にヒムラーに対して服従を誓うという場の証人となることになった。

ヒトラーの死

夕刻、私は再びハンブルクに戻った。大管区指導者は私に、いますぐ、つまりヒトラーが死ぬ直前に、ハンブルク放送局を通じて例の演説をするように勧めた。今この時にも、あのベルリンの地下室での様子を思い浮かべると、非合法的なことをしようという衝動を失った。いまもって、私はヒトラーとの心理的なつながりを断ち切ることができなかった。私は私自身および他の人々に対し、私の変心が悲劇の終末とかかわりをもつのは妥当でないし、無意味なことであると理由づけたのであった。

カウフマンと別れて、私はシュレスヴィヒ＝ホルシュタイン州へと向かった。我々はオイティーナー・ゼー湖畔でトレーラーに住むことにした。折りをみて私は、デーニッツをはじめおもだった人々を訪れた。彼らは私と同様、何もせずにことの成り行きを見守っていた。

一九四五年五月一日、ヒトラーの後継者としてデーニッツに権限を委譲するという電報が届いたときも、その場に居合わせていた。ヒトラーが閣僚人事を指示してきたのだが、それによるとゲッベルスを首相に、ボルマンを党首に、ザイス＝インクヴァルトを外相にというものであった。ほどなくボルマンが到着するという連絡もはいった。「そんな馬鹿なことが」とデーニッツは自分の職務が干渉されたので不平をいった。「ほかにだれかこの電文を見たものはいるか」と彼は自分の副官リュッデ＝ノイラートにたずね、それが受信されると、すぐに元帥に届けられたことを確認した。そこでデーニッツは電文を厳重に保管し、通信士には他言せぬようにと口止めした。「ボルマンとゲッベルスが本当にここにきたら、どうすればいいだろうか。自分は、彼らとはどんなことになっても協力することはないだろう」といい切った。その夜、我々はボルマンとゲッベルスを何らかの形で遠ざけねばならないと考えていた。

デーニッツはそのようなわけで、最初の公務において早くも非合法的行為をせざるを得なくなった。公文書隠匿は、欺瞞、反逆、偽善や既にそのころではあたり前になっていた陰謀に比べれば、些細な罪科に過ぎなかった。たとえばヒムラーは、対敵交渉において総統を欺き、ボルマンはヒトラーを欺くことによってゲーリングに対する陰謀に成功し、ゲーリングは連合軍との和解を考えており、カウフマンはイギリス軍に放送局を売り渡そうとしていた。カイテルは、ヒトラーがまだ生きているのにもかかわらず、ほかの人に仕えようとしていた。私自身は、結局自分を見いだして支持してくれた人を裏切り、ときには排斥さえも考えたのだった。我々は、自分たちの作った組織によって強制され、ヒトラーによってもまた強制された。いっぽう、ヒトラーは、我々と、自分自身を、そして民族すらも欺いたのだ。かくて第三帝国は終焉を告げた。

ヒトラーの死が公表された五月一日の夜、私はデーニッツの宿舎の一室で眠っていた。

トランクを開けてみると、私はヒトラーの写真のはいった赤い皮の小箱を見つけた。秘書が私にもたせておいたものだった。私の神経は張りつめていた。写真を自分の前に立てたとき、急にヒステリックに泣きたい衝動に駆りたてられた。これが、私のヒトラーとの関係の終わりであった。いまようやく、彼の束縛から解放されたのだ。私は戦死者でいっぱいの戦場、崩壊した町々、深い悲しみに沈んだ数多くの人々、そして強制収容所を思い浮かべた。そしてこのことはすべて瞬間的に私の頭をかすめたのではなく、現実のことでもあったのだ。私は深い眠りについた。

それから二週間後、私は強制収容所における犯罪の暴露ともいえる一文を、閣僚評議会の議長であるシュヴェリン・フォン・クロージクに送った。「いままでのドイツ政府は、ドイツ民族が直面している運命に対して連帯責任を負うべきである。政府関係者各自が、ドイツ民族全体に帰せられる責任を、それぞれの立場に応じて負わねばならない」

こうして、現在に至る私の新しい人生が始まったのであった。

エピローグ

第33章　捕虜行

新国家元首カール・デーニッツ

新しい国家元首カール・デーニッツは、私が予想した通り、また我々のだれもが予想した以上にまだナチス体制にとらわれていた。一二年間も我々はこの政権に仕えてきたのだし、この期におよんで急激な転向をするのは、安直な日和見主義であると考えていた。いずれにせよ、ヒトラーの死にともない、いままでごく普通の思考力さえも妨げていた極度の精神的緊張もやわらぎ、経験豊かな軍人のもつ客観性が間もなく発揮されてきた。デーニッツは開戦当初から戦争はできるだけ早く終結させるべきであり、その任務の遂行と同時に自分たちの仕事も終わるという見解に立っていた。

一九四五年五月一日、新しい国防軍最高司令官としてのデーニッツとエルンスト・ブッシュ元帥とのあいだで、最初の軍事会談が行なわれた。ブッシュは、優勢な戦力でハンブルクに向けて進んでいるイギリス軍に反撃を加えることを主張したが、デーニッツは、いかなる反撃戦法も不適当であり、ただ、リューベック近くで停滞中の東部からの避難民のために、西に通ずる道路をできる限り長いあいだ確保しなければならないし、ドイツ軍の最後の抵抗はこの任務を行なうためにのみあると考えていた。ブッシュはこれはヒトラーの意図に反するといって激しく非難したが、デーニッツは自分の意見を固守していた。

四月三十日、新国家元首と論争して以来、ヒムラーは新政権内に権力的地位を占めることを断念しなければならなかったにもかかわらず、その翌日、総司令部のデーニッツのところへ、予告もなしにやって来た。ちょうど昼時であったので、デーニッツは彼と私とを昼食に招いたが、それも親しい関係だからというわけではなかった。デーニッツは、ヒムラーに対する嫌悪とは別に、いまなお勢力をもっているものに敬意を表さないのは無礼であると思っているようだった。ヒムラーは、大管区指導者カウフマンが、ハンブルクを戦わずして引き渡し、イギリス軍進駐のための準備として市民のためのビラを印刷するとの情報を持って来た。各人が勝手に独断で交渉するならば、デーニッツの任務は無意味なものとなってしまうといって、私は自分がカウフマンのもとへ行くことを提言した。

カウフマンもまた、大管区本部で学生から成る防衛隊に厳重に警備させていたが、デーニッツと同じように興奮していた。市司令官は、ハンブルクを守るために戦おうとしていたし、イギリス軍は、ハンブルクが引き渡されないのなら、今までのうちで最大の空襲を行なうと通告していたということであった。「大空襲で破滅状態になったにもかかわらず、最後まで戦うよう市民に呼びかけ、自分はこっそり姿を消したブレーメンの大管区指導者のようにするべきか」と彼はいった。彼は、ハンブルクでの戦闘を妨げようと決心していたようだったが、必要とあれば、民衆を動員して町の防衛のため、積極的に抵抗しようと考えていた。ハンブルクのこの緊急事態が、暴動へと拡大することもありうる、と私はデーニッツに電話した。彼は考える時間を乞《こ》うて、約一時間後、ハンブルクを戦闘行為なく引き渡すことを命令してきた。

四月二十一日、私がハンブルク放送局で演説を録音した日、カウフマンは、我々は一緒に捕虜となるべきだと提案したことがあった。彼は改めてまたこれを提案してきた。かつて、最も優秀な戦闘機パイロットであるヴェルナー・バウムバッハが勧めた逃亡計画を拒否したときと同様に、私はこの提案をも拒否した。戦争中、ノルウェー北部からグリーンランドのドイツ測候所へ生活必需品を補給していた四発式の長距離飛行艇が、ドイツ占領直後の数か月の間、バウムバッハと私、そして数人の友人たちを、グリーンランドの数ある穏やかな入り江の内の一つに運んでくれるはずであった。書籍、薬品、筆記用具、紙(私は、そこで回想録を書くつもりだった)、武器、折りたたみ式ボート、スキー、テント、漁猟用手榴弾、当座の食料品などを箱に詰め込んでいた。ウーデットの「SOS——氷山」という映画を見て以来、グリーンランドは私が休暇を過ごしたいと思った土地の一つであった。恐怖感とロマンチックな気持ちとが不思議にもまじり合ったこの計画を、私はデーニッツが政権にある限りあきらめたのである。

勇気ある人々

私がオイティンへ戻る途中、道端では石油運搬車が燃えており、たったいまも自動車が射撃されて火を噴きはじめ、上空をイギリスの戦闘機が飛びかっていた。シュレスヴィヒでは、軍の自動車、民間の自動車、兵隊や一般人が入り乱れ、交通量もきわめて多かった。私がいることがわかっても何ら不満の言葉は投げられず、むしろ私は、親しげな同情的なまなざしにぶつかった。

五月二日夜、プレーンの司令部に到着したときに、デーニッツはイギリス軍を避けてフレンスブルクへ逃れていった。私はカイテルとヨードルとに出会ったのだが、彼らは新しい元首と対立しようとしていた。デーニッツは客船パトリア号に投宿しており、船長室で一緒に朝食をした。そのときに、私が彼に「橋を破壊してはならない」という指令案を提案したところ、彼は直ちにそれに署名した。あるいは遅すぎたとしても、私が三月十九日に要求したすべての事項は、ともかく達成されたのである。

デーニッツは、「既に敵に占領された地域においても、ドイツ国民は再建に全力を注ぐよう要請されている」という内容の演説をするようにという私の提案にも直ちに同意した。それは過去数か月のあいだ、麻痺《まひ》させるような恐怖感、計り知れない失望感とによって国民のあいだに広まっている無関心さに対する呼びかけであった。デーニッツは、この演説原稿を、フレンスブルク郊外のミュルヴィクの海軍学校にある新政府本部で、シュヴェリン・フォン・クロージク外相にあらかじめ見せるようにという条件だけはつけたのであった。シュヴェリン・フォン・クロージクは新政策解説のために二、三行付け加えさせただけであった。私がフレンスブルク放送局の録音室でした演説は、わずかにドイツの勢力圏内に残った二つの放送局、コペンハーゲンとオスロの局に接続されていた。

放送局から出てくると、ヒムラーが待ちかまえており、次のようにいった。「我々にはまだノルウェーとデンマークのような貴重な地域が残っている。この両国は我々自身の身の安全を保障する担保なのだ。この両国を破壊せずに引き渡すことを特定人物の安全を保障することと交換条件にして交渉することは、敵にとっても十分に意味のあることだろう。君の演説を聞いた人は、ドイツがこの両国を平和裏に無条件で引き渡すと思うであろう。それゆえに君の演説は有害なものである。あらゆる政府の公式声明には検閲を設けるべきであり、私自身がその役目を引き受けよう」。このヒムラーの提案には、さすがのカイテルも驚いていた。しかし、デーニッツは同じ日に、ヒトラーの代理人たるノルウェー民政長官テルボーフェンに対しても、同じような提案を拒絶して、五月六日にはまだ手中にある地域、オランダ、チェコスロヴァキア、ノルウェーなどの一部に対する破壊活動禁止命令に署名した。ヒムラーの名づけた、いわゆる「担保方式」は最終的に否定されたのである。

さらにデーニッツは、イギリス軍に占領されるおそれのあるフレンスブルクから、デンマークかプラハかへ避難して、そこから政務をとるようにという最終案をも拒否した。ことに、ヒムラーはプラハ行きに固執して、歴史的には何の意味もないフレンスブルクより、古い王都こそ政府の所在地として適していると説明した。彼は、プラハなら海軍の勢力圏から親衛隊の勢力圏に移るのだと付け加えるのを忘れていた。我々の行動をドイツの国境の外では続けない、という最終決定をデーニッツが下して、その果てしない議論を打ち切りとした。「イギリス軍が、我々を拘引するというのなら、そうするがよい」

そうこうしながら、ヒムラーは政府専用機隊を率いるバウムバッハに、プラハへ逃亡するための飛行機を要求した。バウムバッハと私は話し合って、この場合は彼を敵側の飛行場に降ろそうと決めたが、ヒムラーの情報機関はまだ健在であった。「あなた方の飛行機で飛ぶと、一体どこに着くのかわからないのだね」と彼はバウムバッハにささやいた。それから数日たって、モントゴメリー元帥との交渉が成立した直後、ヒムラーはヨードルに一通の手紙を託し、モントゴメリーに渡すよう依頼した。イギリス軍との連絡官キンツル大将の話によると、ヒムラーは、安全通行権を保証させた上で、イギリスの元帥に会談を求めたというのである。捕虜となる場合には、ヴァイクセル軍集団の総司令官であったのだから、戦時国際法によっても将官としての待遇をうけるよう要求するというのである。

この手紙は相手方には届かなかった。ヨードルが後にニュルンベルクで述べたところによると、彼がこの手紙を握りつぶしたらしい。非常事態に直面すると各自の性格がよく表われるものである。一時ウクライナ民政長官をしたこともある東プロイセン州の大管区指導者コッホがフレンスブルクにやってきて、南アメリカへ逃亡するための潜水艦を要求してきた。大管区指導者ローザも同じようなことをいってきたが、デーニッツは遠まわしに拒否した。

いまでは最長老となったナチ党全国指導者ローゼンベルクは党を解散しようとした。彼はそれができる唯一の人物であったのだ。それから数日後、彼はミュルヴィクで、ほとんど息もたえだえの状態で収容された。服毒のことを口にしていたので、自殺ではないかと推測したが、ただ泥酔しているだけであった。

勇気ある人々もいなかったわけではない。プラハ駐在のヒトラーの総督カール・ヘルマン・フランクは、保護領の経済的資産に手をつけずに引き渡すことを確約し、ホルシュタイン州で出会った捕虜の群れにはいって身を隠すようなこともなく、この確約をたずさえて戻っていった。オランダ民政長官ザイス＝インクヴァルトは、夜間高速艇で敵の警戒線を突破してやってきて、デーニッツと私と一緒に協議し、政府部内の地位に就任することを拒否し、再びオランダへ帰っていった。「オランダは私の任務の地だ。戻ったらすぐに捕われるだろう」と彼は悲しげにいった。

無条件降伏

ドイツ北部地域の休戦から三日経った一九四五年五月七日、全戦闘地域で無条件降伏が行なわれ、その翌日もう一度公式に、ベルリン郊外カールスホルストのソヴィエト軍司令部で、カイテルと国防軍側代表三名によって降伏文書が調印された。かつてゲッベルスが、礼儀作法もわきまえぬ野蛮人と称したソヴィエトの将軍たちは、カイテルの話によると、調印が終わった後、ドイツ側代表に食事とシャンパン、キャビアを振る舞ったそうである。帝国《ライヒ》の終焉と、何百万人という兵士が捕虜となるというときに、勝利者の食卓ではシャンパンには手を触れず、必要最小限に空腹を満たすだけにすべきだとは、カイテルはまったく感じていなかったようだ。勝利者のこういった態度に満足していたということは、品位と作法感覚が驚くほど欠落していることを証明しているものであろう。同じようなことが、かつてスターリングラードでも行なわれていたのだ。

イギリス軍がフレンスブルクの周辺を包囲した。フレンスブルクは小さな飛び地となってしまったが、そこではわが政府がまだ主権を握っていた。「パトリア」号に「ドイツ軍最高司令部管理委員会」がルクス陸軍少将を長として設置された。この委員会はその後、デーニッツ政府との連絡機関として活動した。降伏にともない、敗戦の決着をつけるというデーニッツ政府の任務が一応終了したと私は考えた。それゆえに、私は一九四五年五月七日、よしんば行動の自由が我々になくても、この戦争に帰因する諸問題の解決にあたる用意があるという、最後の声明を出すことを提案した。ただし、「敵は、我々の現在の行動とは関係なく、以前の活動並びにナチス政府のすべての責任者たちの責任を追及すると予想される」という注釈をつけて、我々の提案の誤った解釈を防止しようと思ったのだった。

内務大臣となったシュトゥッカート次官は、一つの覚え書きを練っていた。それによると、帝国の継承性が保持され、将来の政府の権利が侵されないためにも、デーニッツは国家元首として、またヒトラーの合法的継承者として、自分の意志ではその地位を放棄することはできない、というものであった。デーニッツは初めから私の提案に賛成しておりこれに同意した。その後一五日間、彼の政府の存続は保証されていた。英米側から報道人の第一陣が到着し、彼らの報告のいずれもが、さまざまな非現実的な希望を喚起したのである。同時に、親衛隊の制服は姿を消し、ヴェゲナー、シュトゥッカート、オーレンドルフなどは制服をぬぎ、ヒムラーの親友ゲープハルトは赤十字の総裁にまでなっていた。政府もようやく重い腰を上げて組閣に乗り出した。デーニッツは第二帝政期の慣例にならい、まず軍事内局長（ヴァーグナー海軍大将）と一般政務内局長（大管区指導者ヴェゲナー）を任命した。

ちょっとしたゴタゴタがあってから、国家元首デーニッツはいままでと同様に「海軍元帥」の称号で呼ばれることとなった。情報局が設置され、古い受信機で最新のラジオ報道が傍受された。さらに、ヒトラーが使っていた大型のメルセデス・ベンツが一台フレンスブルクにいつの間にか運ばれてきて、デーニッツがもっぱら五〇〇メートルほど離れた住居との往復に使っていた。ヒトラーの専属写真師だったハインリヒ・ホフマンのアトリエからカメラマンがきて、執務中の政府の様子を写していた。当時私は、デーニッツの副官に、「悲劇が悲喜劇になった」といったことがあった。デーニッツは、降伏までは正常に行動し、早く結着がつくように理性的に処理してきたとはいえ、我々の現在の状況はますます複雑化していった。新内閣の二人の閣僚、バッケとドルプミュラーが行方をくらましてしまった。うわさによると、アイゼンハウアーの司令部にドイツ再建準備のために連れていかれたらしい。現在もなおドイツ軍の最高司令官であるカイテル元帥は捕えられて、わが政府はただ無気力となったばかりか、まったく無視されていた。

我々が覚え書きを作っても反響はなかった。我々は見せかけの活動で自分たちの無力さを克服しようとした。朝一〇時に、以前は学校の教室だった閣議室で閣議が開かれたが、それはまるでシュベリン・フォン・クロージクが、過去数年間開かれなかった分の埋め合わせをしようとでもしているようだった。テーブルにはペンキが塗られ、いすは本部から持ち出されてきた。あるとき、食糧大臣が倉庫から穀物酒を数本持ってきた。各自自分のコップを持ちよって、現在の状況に適応するために、内閣をどのように改造したらよいかなどを討論した。宗務大臣の補充の問題で議論が沸騰した。著名な神学者の名があげられたり、ニーメラーを最有力候補と見る人もいた。内閣は社会的にも声望のある人によって構成されなければならなかった。社会民主主義者や、カトリック中央党《ツェントルム》の人々をも入閣させ、彼らにも我々の任務の一端をまかせたらよいという私の辛辣《しんらつ》な提案は、まったく取り上げられなかった。食糧大臣の持ち込みのおかげで、その場の空気はかなり活発になった。愚行を論ずるにはもってこいの状態となりつつあった（あるいは既にそうなっていたかもしれない）。この建物の中での例の降伏交渉のあの真剣さはすっかり消えていた。五月十五日、私は、シュベリン・フォン・クロージクに次のように書き送った。「政府は特定の範囲、つまり連合国側に信任のある人々から構成されねばならない。現在の内閣は、ヒトラーと密接なつながりのあった人々を入れ替えたにすぎない。かつてシャンパン商人に外務省をまかせたのと同じように、芸術家に借金の清算を行なわせるのは、まったく大胆な冒険といわざるを得ない」。私は軍需大臣を解任してくれるよう頼んだが、何の返事もなかった。

連合国爆撃調査

降伏以来、アメリカやイギリスの下級将校たちがあちこちに現われて、内閣本部の建物の中をわがもの顔で歩きまわった。五月中旬のある日、アメリカ人の中尉が私の部屋にきて「シュペーアはどこにいるか知っているか」と聞いた。私が名乗り出ると、アメリカ軍司令部が連合軍側の行なった爆撃の成果についての情報を集めているむねを説明したので、私は協力すると返答した。

フォン・ホルシュタイン公が、数日前、フレンスブルクから数キロ離れたところにあるグリュックスブルク城を私の宿舎に提供してくれた。その日のうち、私は、この十六世紀に建てられた濠《ほり》で囲まれた城で、アイゼンハウアーの幕僚である米国戦略爆撃調査団（USSBS）の二、三人のほぼ同世代の文官と相対していた。我々は、双方の爆撃の欠点と特徴について話し合った。翌朝、私の副官が、将官も含めた米軍将校たちが大勢城の入り口のところにきていると知らせてきた。ドイツ装甲軍から派遣されている歩哨がささげ銃をして、いわば、ドイツ軍の兵器に護られて、アメリカ第八空軍爆撃部隊司令官アンダーソン大将が私の部屋にはいってきた。引き続き会談に応じてもよいという私の申し出に対して、彼は丁重に礼を述べた。それから三日間続けて、我々は爆撃の実態を系統的に調査した。五月十九日、ワシントンの戦時経済局長ドリアーが、アレキサンダー次官と、ポール・ニッツェ、ジョージ・ボーア、ギルクレスト大佐、ガルブレイス博士、ウィリアムズ軍曹などの部下を連れて私のところへやって来た。職務上、私は、この機関がアメリカの軍事行動に対してもっていた重要な意味を知っていた。

この「爆撃戦大学」は、引き続いて数日間、和やかな雰囲気に包まれていたが、パットン大将も含めたゲーリング主催の朝食会を新聞が問題視したので、やがてそれも終わりを告げてしまった。しかし、それ以前にアンダーソン大将は、私の人生のうちで、最も意義のある最大のお世辞をいって報いてくれた。「もしあなたの軍需生産の成果を前もって知っていたならば、あなたを地下に葬《ほうむ》るために、第八空軍の全機を派遣したことだろう」。この空軍は、二〇〇〇機以上の「ジェット爆撃機」を持っていたのであり、このことが後になってわかったのはよかったことだと思っている。

捕虜

私の家族は、グリュックスブルクから四〇キロ離れたところに避難していた。イギリス軍の不注意のおかげで、私は車で、フレンスブルク周辺の飛び地から占領地域を難なく抜け出すことができた。私の車をチェックすることもせず、イギリス人たちは散歩をしていた。町には戦車が止まっていたが、砲身には麻布が掛けられていた。家族の泊まっていた農家の階段の前で車を降りた。私たちはうまくいったことを喜び合った。その後も何度かそのようなことがあった。しかし私は、イギリス人を甘くみすぎていたようだった。五月二十一日、私は車ごとフレンスブルクへ連れ戻され、諜報部の一室に監禁された。兵隊が一人、自動小銃を膝《ひざ》にのせて私を監視していた。数時間で釈放されたが、車は戻らなかった。イギリス人は、私を彼らの車でグリュックスブルクへ送ってくれた。

二日後の明け方、私の副官が寝室に飛び込んできて、私が既に敵の手中に陥っていると説明し、拳銃のはいったベルトを何気なく外し、机の上に置き、部屋を出て行った。身仕度のための時間的余裕を与えるためだった。間もなく私は、トラックでフレンスブルクへ連れて行かれた。グリュックスブルク城の周囲には、おびただしい数の対戦車砲が配置されているのが見えた。同じころ、海軍学校では、毎日掲揚されている軍旗が引き下ろされていた。あらゆる努力にもかかわらず、デーニッツ政府の下では何らの改革も始められていないということを、この古い旗に対する執着がよく表わしていた。初めのうちは、デーニッツも私も軍旗はそのままにしておかねばならないと考えていた。フレンスブルクは「第三帝国《ライヒ》」の最後の拠点になっていたからであり、単にそれだけであったのである。

平時であれば、おそらく大きな打撃を受けたであろうこうした権力の座からの転落には、意外にも私は、何ら精神的動揺を感じなかった。私は捕虜の境遇に素早く順応したが、これも、一二年間にわたる服従訓練の賜ものであった。というのは、私はヒトラー国家によって捕えられた人間であると自覚していたからであった。日々の責任から解放されて、最初の数日は、今までになく眠気に襲われ、また一種の精神衰弱状態となったが、それを表に出さないよう努力した。

フレンスブルクでは、デーニッツ政府の連中が、まるで待合室にでもいるように一室に会した。壁に沿って置かれた長いベンチに腰をおろして、身の回り品を詰めたトランクを足もとに置いている光景は、移民が船の出航を待つときとも似ていたことだろう。重苦しい雰囲気であった。捕虜としての登録をするために、一人ずつ隣の部屋に呼び出された。そして、おのおの不機嫌そうに、侮辱を受けたかのように、または意気消沈して戻ってきた。私の番になったとき、きびしい取り調べに対する嫌悪感が湧きあがった。ヒムラーが自殺したせいであろう。彼は口に毒を含んでいたのだった。

デーニッツ、ヨードルと私は、小さな中庭に連れ出されたが、そこには、まるでドラマでもみるように、四方の窓から自動小銃が我々に向けられていた。新聞や映画のカメラマンが写真を撮りまくっていたが、私は、これは単なるショーにすぎないといった素振りをみせた。我々は全員トラックに乗せられたが、前後を約三、四〇台の戦車によって護られているのを、ゆるやかなカーブにさしかかったとき見ることができた。私がいままで経験したうちでも最大の規模の護衛だった。ある飛行場で、我々は双発の貨物機に乗せられた。トランクや木箱に腰をおろして、我々は紛れもなく「捕虜」であった。行く先もわからなかった。かつては、我々は目的地を知らないままに旅することなどなかったが、今は、習慣の変化に順応せねばならず、これ以後も移される度に、どこへ行くのか知らないままであった。それでも二回だけ、ニュルンベルクとシュパンダウのときだけは例外であった。

初めは海岸沿いに、その後しばらくは北海上空を飛んでいた。ロンドンか？　機は南へ方向転換をした。風景や村落などの様子から、フランス上空を飛んでいるようだった。大きな町が一つ見えてきて、ランスだというものもいたが、ルクセンブルクであった。飛行機は着陸した。アメリカ軍の哨兵が、各自、自動小銃をいつでも発射できる状態にして立っており、我々はその間をぬって通った。そのような受け入れ方は、犯人の一味がつかまって引っ張られていくというギャング映画の場面でしか見たことがなかった。我々は木製のベンチが二つあるだけの簡単なトラックに乗せられ、その間には兵隊が割り込んできて、毅然とした態度で銃を構えていた。そのようにして我々は、町や村を走り抜けたのだが、町の中では通行人が口笛を吹いたり、何やらあざけりの言葉を投げてきた。これが私の捕虜生活の第一歩だった。

車はモンドルフのパレス・ホテルの大きな建物の前で止まり、我々はロビーに連れていかれた。外には、ガラスドアを通して、ゲーリングが第三帝国のかつての重要人物と一緒に、行ったり来たりしているのが見えた。閣僚、全国指導者、次官、将官などであった。幻でもみているようであった。あの最後のときには、風の中のわらのように散らばっていた人々が、また、ここに集まっている。私はできるだけ静かにしていたかったので、少し離れていた。ただ一度だけ、なぜヒトラーの命令に背いて橋を守らず、破壊したのか、とケッセルリングに問いただしたが、彼は軍人特有の口調で説明した。「戦いを続ける限り、橋は破壊しなければならなかった。司令官として、部下の安全だけが念頭にあったのだ」。ほどなく、序列の問題で意見の衝突が起こった。ゲーリングは、当初ヒトラーの宣言したところの後継者であり、デーニッツは最後になってやはりヒトラーに任命された新元首であった。帝国元帥《ライヒ》としては、ゲーリングが最高位にあった。どちらが食卓で上座につくか、だれが我々の中で長となるかについて、新しい元首と退位した後継者との間の言い争いが静かに続いたのであった。合意はみられなかったが、とにかく衝突を避けて、食堂にはテーブルを二つ用意し、それぞれがその中心にすわることにした。ゲーリングは、自分の特異な立場を意識していた。あるとき、ブラント博士が自分の失ったものについて語っているると、ゲーリングは口をはさんでいった。「いい加減にしてくれ。あなたには不平をいう理由など何もない。一体何を持っていたというのだ。それにひきかえ、私はたくさんのものを持っていたのだ」

パリへ

引き渡された後、二週間とたたないうちに、私は移動させられるとの通告を受けた。それ以来私は、アメリカ人たちからはほとんど気づかれないほどだったが、ある尊敬の念をもって処遇されていた。今回の移送は、ほかの捕虜仲間からは、ドイツ再建の委任を受けるかと思われたほど、きわめて楽観的に解釈されていた。というのも彼らは、自分たちがいなければどうにもならないと思い込んでいたからだった。友人や親類へのあいさつがことづけられ、車が一台、トラックではなくリムジンが、パレス・ホテルの玄関につけられた。銃をもった兵隊はおらず、少尉が一人、丁寧にあいさつをした。車は西に向かって進路をとり、ランスを通過してパリに向かった。町の真ん中にある役所の前で少尉は車を降りたが、またすぐ戻ってきた。地図と新しい命令書が与えられ、セーヌ川をさかのぼっていった。とまどいつつも、私はバスティーユへ行くのだなと考えていた。そこが既に長いこと取り壊されたままであったことをすっかり忘れていた。しかし、少尉はだんだん落ち着かなくなり、しきりに通りの名前を気にしていた。明らかに道に迷ったようであった。私はむしろ気が楽になった。学校時代に習っただけのカタコト英語で「私が道案内をしよう」と申し出たところ、彼はちょっとためらいながらも行き先を告げた。ヴェルサイユの「トリアノン・パレス・ホテル」であった。一九三七年万国博覧会でドイツ館を設計したころ、私はここが気に入って住んだことがあったのだった。

駐車しているデラックス車や玄関先の儀仗《ぎじょう》衛兵からみても、このホテルが捕虜収容所ではなく、連合国首脳陣が使用しているものとわかった。アイゼンハウアーの司令本部でもあった。少尉は中にはいり、その間私は静かに将官たちの車の出入りの模様をながめていることができた。しばらくして、軍曹が我々を案内して、並木道を通り、芝生に沿ってまっすぐ小さな城のほうへ行った。その入り口は開いていた。

それから数週間、シェネイに滞在することになった。建物の後ろ側の二階の小さな一室が私の部屋だった。部屋は質素で、折りたたみベッドといすがあるだけで、窓には鉄条網が張りめぐらされていた。戸口のところには武装した見張りが立っていた。

　翌日、私は正面からその城をながめることができた。城は老木に取り囲まれて、小さな庭園の中にあった。庭の周囲には高い塀《へい》がめぐらされており、塀ごしには、隣合わせのヴェルサイユ宮殿の庭をのぞき見ることができた。美しい十八世紀の彫刻が、牧歌的な雰囲気をかもし出していた。三〇分間だけ散歩の許可がおりたが、一人の兵隊が銃をたずさえて後ろについてきた。仲間同士互いに接触することは禁じられていたが、数日して、ここにいる捕虜の大体のことを知ることができた。その大部分が、第一線の技術者・科学者・農業・鉄道関係の専門家で、中には元大臣のドルプミュラーの顔もあった。飛行機製作者ハインケル教授も、その助手やかつて私と一緒に働いたことのある人々と一緒にいた。一週間後には、見張りも解かれ、自由に散歩できるようになった。かくて孤独で単調な生活は終わり、私の心理状態もよくなった。新たに人の出入りがあった。それは、フレンクやザウルなどを含めた私の役所の部下、および知識を広めたいといってやってきたアメリカやイギリス軍の技術担当将校たちであった。これまでの軍備技術的経験を提供しようという点において、我々は一致していた。

　私自身はあまり役に立たなかったが、ザウルはかなり詳しい知識を持っていた。それゆえ、イギリス軍空挺部隊少佐の収容所長が私をやりきれないほどの無為から連れ出し、ドライブへ誘ってくれた時はとりわけ感謝した。小さな城と庭園のそばを走り、フランツ一世の傑作であるサン・ジェルマンへ向かい、そこからセーヌ川沿いにパリへ行った。ブージヴァルにある有名なレストラン「コック・アルディ」を見て通り過ぎた。かつて私はそこで、コルトー、ヴラマンク、デスピオをはじめ、多くの芸術家たちと豪華な夕食をしたことがあった。シャンゼリゼに着くと、少佐は散歩しようといったが、私が何者であるかわかってしまうこともありうるので、私は彼のためを思って断わった。コンコルド広場を通り、セーヌ河岸通りを曲がった。活気のない通りであったが、散歩をし、サン・クルーを経由して収容所に戻った。

それから数日後、城内に大型バスが一台はいってきた。一種の団体旅行のようなもので、ここに宿泊した。その中にはシャハトや以前の兵器局長官トーマス大将がいた。ドイツの強制収容所にいた名のある囚人ばかりで、彼らは南ティロルでアメリカ軍により解放され、カプリ島に送られて、いままたここに戻ってきたのであった。ニーメラーもいるとのことだった。我々は、彼を直接は知らなかったが、その中の白髪で黒い服を着たいかにも弱々しそうな人こそニーメラーだということで、ハインケル、フレットナーと私は一致した。長期間強制収容所に拘留されていたその人に同情を覚えた。フレットナーが、我々の言葉をその人に伝えようと、口を切るか切らないうちに遮《さえぎ》られてしまった。「私はティッセンだ。ニーメラーは向こうにいる」。ニーメラーは、若々しく神経を集中させ、パイプをくわえて――どのようにしたら、長期にわたる捕われの身からくる苦悩を克服できるかのよき見本であるかのように――立っていた。後になっても、私はときどき彼のことを考えた。このバスは、二、三日後に再び去っていったのである。ティッセンとシャハトだけが残った。

ニュルンベルクへ

アイゼンハウアーの司令部がフランクフルトに移ったとき、我々の宿舎の前にも、一〇台ほどの軍用トラックの列が現われた。綿密にたてられたプランに従って、我々は木製ベンチのついた二台のオープントラックに振り分けられ、残った人々は荷造りにあたった。途中、パリ市内の交差点で、赤信号で車が止まると、すぐ見物人が集まり、罵声《ばせい》を浴びせてきた。パリ東部のある草原で昼食をとったが、監視人と捕虜たちがばらばらになった平和な光景であった。初日の目的地はハイデルベルクということであったが、ありがたいことにそこまでは行かれなかった。故郷に、捕われの身をさらしたくなかったからだった。翌日はマンハイムまで進んだ。道は荒れ果て、家は壊され、生あるものは皆無であった。みすぼらしいなりをした、ひげもじゃの兵士たちが、すり切れた制服を身につけ、ボール箱を背にしておどおどと道端に立っていた。敗軍のありのままの姿であった。ナウハイムでアウトバーンを離れ、急な道を登り、クランスベルク城の庭に到着した。この城は私が一九三九年の冬に、ゲーリングの司令部用に改築したもので、ヒトラーの大本営から五キロほど離れていた。ゲーリングの数多い使用人のために、建物の両側に翼状に二階建ての離れが建て増しされていたのだが、我々はそこに泊まることとなった。

この宿舎には、ヴェルサイユとはちがって、鉄条網はなく、部屋の窓からの見晴らしもよかった。私のデザインした鉄の扉は開け放されたままだった。城の敷地内では自由に動きまわることができた。五年前、私は上のほうに果樹園を設け、一メートルほどの塀で囲ったことがあった。遠くはタウヌスの森をのぞむこともできた。城のずっと下のほうにあるクランスベルクの村の民家の煙突からは、のどかに煙が立ちのぼっていた。

飢餓に苦しんでいる同胞たちと比べて、アメリカ軍用食を支給されていた我々の食糧事情は良かった。小さな村の住民たちの間には、我々は虐待され、食物も与えられておらず、塔内の牢で、レニ・リーフェンシュタールがやつれ果てているといううわさが広まっていた。実際には、我々は、軍事技術上の問題に答えるためにここに連れてこられたのだった。私の部下のほとんど全部といってもいいくらいに、大勢の専門家が集まっていた。弾薬、戦車、自動車、造船、航空機などの各産業界、繊維、化学界の各権威者、ポルシェ教授のような設計専門家たちであった。彼らの知識欲は強烈なものであり、時折り横道にそれることもあった。質問が終われば自由になれることを当然のこととして望んでいたので、捕虜たちは不平をいった。ヴェルナー・フォン・ブラウンも、数日間の予定で何人かの同僚とここにやってきた。彼自身と彼のチームに、アメリカおよびイギリスから技術提供の要請があったので、我々はそれについて話し合った。ロシア側も、目下封鎖しているガルミッシュ収容所の料理人を通じて、同様の要請をこっそりとしてきたとのことである。我々は、退屈しのぎに朝の運動をしたり講演会などを開いた。シャハトが驚くばかりに感情豊かに詩の朗読をしたこともあった。毎週、寄席まがいの演芸会を催し、劇などを上演した。場面は常に、我々自身の現況が描かれたものであり、我々の転落ぶりがあまりにもおかしいので、涙がでるほど笑いこけた。

翌朝六時過ぎ、部下の一人が私を起こしにきた。「たった今ラジオで聞いたのだが、あなたは、シャハトとともにニュルンベルクで裁判にかけられるらしい」。私は平静を装おうとしたが、そのニュースにかなりのショックを受けた。原則的に考えれば、私は国家行政にたずさわった一人として、その責任を問われるのが当然だと思っていたが、現実にそうなってみると、私にはそれがかなり重大なことのように思われた。不安を抱きつつ、私はニュルンベルク刑務所内部の写真を見たことがあった。数週間前、政府高官の何人かがそこへ連れて行かれたという記事を読んだのだった。同じく告発を受けたシャハトは、間もなく、このニュルンベルクと比べたら、はるかに友好的な収容所を出ねばならなかったが、私が引き移されるまでにはまだ数週間あるようだった。

私はかなりきびしい告発を受けていたのだが、監視人の態度には何ら冷淡さがみられなかった。アメリカ人たちは、私を慰めていった。「すぐに無罪となり、すべてを忘れ去ることができるでしょう」。ウィリアムズ軍曹は、裁判に備えて力をつけておくようにと食糧を余分にくれたし、イギリス人収容所長は、通告のあったその日に、また、私をドライブに連れ出してくれた。護衛もつけず、我々はタウヌスの森の中を走り、巨木の下で休息し、森の中を散策した。

静かな九月の日々であった。月末になって、アメリカ軍のジープが一台やってきた。迎えの兵士だった。初めはイギリス側も、自分の捕虜を引き渡すのを拒み、フランクフルトからの指示を求めた。ウィリアムズ軍曹は、私にビスケットをたくさん持たせ、必要な雑誌類はないか、と繰り返し聞いてくれた。私がとうとう車に乗ったときには、その収容所の人間がほとんど全員庭に集まってきて、私の幸運を祈ってくれた。黙り込んだまま別れを告げた善良そうなイギリスの大佐のまなざしを、私は生涯忘れることはないだろう。

第34章　ニュルンベルク

審問

夕方、私はフランクフルト近郊オーバーウーゼルの悪評高い審問所に移され、監視の軍曹から侮蔑《ぶべつ》的な皮肉をいわれたものだ。水のように薄いスープを与えられ、そのスープをすすりながら、イギリス製ビスケットをかじった。私は居心地の良かったクランスベルクをなつかしんだ。夜になると、アメリカ軍の歩哨たちの荒々しい返事や叫び声が聞こえてきた。翌朝、ドイツの将官が一人私のもとに連れてこられた。彼は疲れ切った絶望的な表情をしていた。幌《ほろ》つきのトラックに乗せられて、我々は再び移送された。ぎっしりつめてすわっていたが、その中には、シュトゥットガルト市長シュトレーリン博士やハンガリーのホルティ摂政もいた。行き先は告げられていなかったが、ニュルンベルクであることは明らかだった。暗くなってからようやく、我々は目的地に着いた。門が開かれたが、私は数週間前に新聞で見た独房のある建物の内でしばし立ちつくしてしまった。気がついてみると、私は独房に入れられていた。反対側のドアの隙間からゲーリングがこちらを見てうなずいて見せた。わら蒲団と汚れた毛布、捕虜に気を配るものは一人としていなかった。全階ふさがっていたが、不気味なほど静かであった。あたりの静けさを破って、尋問に引き出されるたびごとに響くドアの開閉音だけが聞こえてきた。向かい側の部屋ではゲーリングが絶えず歩き回っていた。彼の身体が、規則的にのぞき穴をかすめているのがわかった。私もすぐに部屋の中をぐるぐる歩き回りはじめた。初めはただやたらに、それからは空間を有効に使うために一周するように。

およそ一週間ほど、そのままの状態が続いた。普通の人にとってはごく当然なことであるが、私には強引ともいえる部屋替えがあった。私は四階の南側の独房に移された。日当たりがよくてほかの房よりもきれいで、良いベッドが置いてあった。ここで初めて、アメリカ人の所長アンドラス大佐が私のところへきた。「ようこそ」というあいさつがあったが、既にモンドルフにおいて、彼は収容所長としてきわめて厳格だったことから、私はその言葉に嘲笑が込められているような気がした。それはそれとして、ドイツの人間に再び会えるのはうれしいことだった。

料理係、食事配給係、散髪係などが、捕虜のうちから慎重に選ばれていた。しかし同時に彼らも、捕虜としての辛酸《しんさん》をなめていたので、監視の姿が見えないところでは、我々に非常に協力的であった。彼らは新聞のニュースや、慰めや励ましの言葉を伝えてくれた。

独房の高い窓の上のほうを下へ引きおろすと、日光がちょうど具合よくはいって、上半身日光浴することもできた。床に敷物を敷いて私は太陽の動きに合わせて位置を変えていった。電灯も、本も、新聞もなかった。私はますます大きくなる精神的要求をひたすら抑制しなければならなかった。

ザウケルがときどき通りかかった。彼は私を見ると憂鬱そうな困惑したような顔つきをした。ついに私の部屋のドアが開けられ、私の名前と審問の行なわれる部屋を記入した紙片を手にしたアメリカ兵が私を待っていた。道は中庭と脇の階段を通ってニュルンベルク法廷へと続いていた。途中フンクとすれ違ったが、彼はちょうど審問を終えてきたところで、疲れ切って意気消沈していた。我々が最後に会ったのはベルリンであり、そのときは二人とも自由の身であった。「また会いましたね」と通りすがりに彼は私に声をかけた。ネクタイもせず、しわだらけの服を着て、あまり健康そうでない青白い顔をしていたが、私もまた同じような印象を与えたことと思う。何週間も鏡を見ていなかったし、今後も何年かこんな状態が続くものと思っていた。別室にカイテルがいるのを見た。彼もまた驚くほどうちひしがれた様子をしていた。

若いアメリカ人将校が私を迎えて、親切にいすを勧めると、早速説明を求めてきた。ザウケルは明らかに、調査当局をごまかそうとしていた。彼は私を、外国人労働者の使用に対する単独責任者に仕立て上げた。この将校は好意的で、自ら宣誓供述書を作成して、この問題をまた元に戻してくれた。これで私は少し気が楽になった。モンドルフを出発して以来「その場にいないものに罪をなすりつける」という慣例にしたがって、私も何度かそんな経験をしたのだ。そして私は、検察側代理ドッドの前に連れて行かれたが、彼はかなり攻撃的で、終始非常にきびしい質問を行なった。私は勇気を奮い起こしてあとのことなど考えずに、正直に、何らいい訳がましいこともいわずに返答した。弁明というようなことはしなかった。自分の部屋に戻ると「自分は罠《わな》にかかっている」と感じた。事実、この供述が私に対する告発の核心となった。

しかし、私は自分の態度は間違っていなかったと信じていたし、今でもそう思っている。何のいい訳もせず、自己弁護もしなかった。恐る恐るながらも、その態度を貫こうと決心して、既に通告されていた次回の尋問を待ちかまえていた。が、それきり何の音沙汰もなかった。おそらく、私の率直さが彼らを動かしたのだろうが、私はなぜか知る由もなかった。厚化粧をした秘書を従えたソヴィエトの将校は正確な尋問をしただけであった。宣伝によってつくられていた私のソ連人像も、彼らによって著しく動揺したのであった。私が返答するたびに「タック、タック」とうなずいたが、すぐにそれが「そう、そう」という意味であると気がついた。ソヴィエト軍の大佐が「ヒトラーの『わが闘争』はもちろん読んでいるのだろう」と質問した。本当のところ、私はページを繰っただけだった。ヒトラー自身、もうそれは時代遅れだといっていたし、かなり難解でもあったからだ。私が否定すると、彼はひどく面白がった。気分を害されて、私は返事を翻し「読んだことがある」といった。結局それだけが、信じてもらえる回答であったのだ。裁判ではこの嘘が予期せぬ結果を招くこととなり、反対尋問でソヴィエト側は、私の供述が真実でないことをついた。私は真実に則して、嘘を語ったと誓約せねばならなかった。

十月末になって、被告は全員低層階に集められ同時に各独房のある建物には、他の捕虜が入居した。無気味なほど静かであった。裁判を待っていたのは二一人であった。

裁判の開始

さて、イギリスからルドルフ・ヘスもあらわれた。灰青色のコートを着、二人のアメリカ兵に手錠でつながれていた。放心しているようでもあり頑強そうでもあった。数年来、私はこういった被告たちが、堂々とした制服姿で、近寄り難くあるいは愛想よく出てくるのを見なれていた。今はその光景が非現実であるように思われた。ときおり夢を見ているような気分になることもあった。

我々は既に捕虜として振る舞っていた。帝国《ライヒ》元帥、元帥、海軍元帥、大臣、党全国指導者などに就任したものが、従軍心理学者の知能テストに応じようなどと、一体だれが想像し得ただろうか。このテストは抵抗なく行なわれたばかりでなく、各人が自分の能力を確かめようと努力さえしたのだった。

記憶力、反応力、想像力などのテストで、意外であったのはシャハトであった。彼は、年功と水増し点で勝利を収めた。だれも予測しなかったのだが、ザイス゠インクヴァルトが最高点をとった。ゲーリングも優秀グループにはいっていた。私の成績は中位であった。

我々が、ほかの捕虜と離された日から数日たったある日、周囲の静けさを破って、将校の一団が、房から房へ回ってきた。声は聞こえたが、何をいっているのかはわからなかった。やっと私の房の戸が開き、ぶっきらぼうに、印刷した起訴状が渡された。予審が終わり、公判が始まった。私が想像したところでは、各人がそれぞれ異なった起訴状を渡されたようだった。各人が、この書類に詳しく記載されている恐ろしい罪の責任を課せられていた。読み終わると、私は絶望感にとらわれた。

事件と私の果たした役割を思い合わせて絶望的になりながらも、私は裁判に対する私の方針というものを見いだした。つまり、私自身の運命を重要視しないで、自分の生命を守るためではなく、一般的な意味で、責任を取るということであった。弁護側からは反対されたが、また、法廷での彼らの尽力にもかかわらず、私はこの決意を守り通した。

起訴を受けた心境を、私は妻に書き送った。「私の生命は結末がついたと思わねばならない。そこで初めて、私が必要と思うように、決着をつけることができる。私は一国務大臣であり個人ではない。私は、お前たち、また自分自身のことを顧慮してはならない。この立場を守り通せるよう強くありたいと願うのみである。私は、希望が消えてしまっていても、まだチャンスがあると信じているという、奇妙に思えるが、そんなお人好しなのだ。多分、私はもう一度、私の行動を通して、ドイツ国民の手助けをすることができるだろう。それができる人が、ここにはあまりいないのだ」

同じころ、収容所の心理学者G・M・ギルバートが、起訴状を手に、各独房をまわり、それに対する被告側の意見を聞いていた。同じ被告たちの回避的な、あるいは侮蔑的な言葉を耳にすると、私は次のように書きつけた。「裁判は必要である。このような恐るべき犯罪に対する連帯責任は、権威主義国家にもあるのだ」。一〇か月以上にわたる公判中、私がこの見解を持ち続けたことは、生涯において、心理的に最も強い緊張であったと、今日でもなお思っている。起訴状と一緒に、ドイツ人弁護人のリストが渡された。もし自分でほかの弁護人を指定しないのなら、そのリストの中から自分の弁護人を選び出すようになっていた。いくら思い出そうとしても、私には一人として思いつかなかったし、リストにある人々は私には全然未知の人であった。それで私は判事に、選択してくれるよう依頼した。数日後、私は法廷の一階に呼び出された。やせて、度の強い眼鏡をかけた一人の紳士が立ち上がり、細い声でいった。「あなたが了解なされば、私があなたの弁護人となります。ベルリンのハンス・フレクスナーです」。彼は人の良さそうな目をしており、控え目な態度であった。初めに起訴の内容について検討しているとき、彼はわざとらしくない同情的な態度を示した。そして、私に書類を手渡した。「これで、私を弁護人にするかどうかよく考えて下さい」。私はすぐに署名し、後悔することはなかった。フレクスナーは法廷で、慎重かつ鋭敏な弁護士であることを実証したが、私にとってはそれ以上の意味があった。彼は同情と共感をもってことにあたり、一〇か月の公判の間に、互いに親近感が生まれ、それが現在までも続いている。

予審のあいだ、当局は、捕虜同士が集まることのないようにしていた。今ではその規定もゆるみ、我々はしばしば中庭に出てきたばかりではなく、お互い言葉をかわすこともできた。裁判、起訴状、国際法廷の無効性、この恥辱に対する深い不満……など。散歩に出ると、いつも私は、同じテーマ、同じ反論を耳にした。二一人の被告のうち、たった一人だけ私と同じ考え方の人がいた。フリッチェであった。彼と私は、責任の本質について話し合った。後になって、ザイス゠インクヴァルトとも多少の意見の一致をみることができた。ほかの人々とは、どんなに話し合っても無駄で、骨が折れるばかりだった。通じ合わぬ言葉で語り合っているかのようだった。

ほかの問題についても、我々の間の意見はまったく相反するものであった。最も重要な食い違いは、この法廷で、ヒトラーの握っていた権力をどのように証言するかという問題であった。ゲーリングは、以前はヒトラーの政策に対して批判的であったのに、いまではその正当性を弁護した。この裁判の意義は、ナチスの肯定的な伝説をつくることにある、と彼は臆面《おくめん》もなく述べていた。私は、ドイツ国民をこのような形で欺くのは不謹慎であるばかりか、ドイツ民族の将来を妨げるような危険なものであると思った。真実のみが過去を清算する裁判を促進することができるのだ。

勝利者は我々を殺すこともできるだろうが、五〇年後にはまた我々は大理石の棺に入れられ、国家的英雄、あるいは殉教者として崇められるだろうといったときに、ゲーリングが何を意図していたかが明らかとなった。我々はみな——と彼はいっていた——一様に死刑の判決を受ける。従って弁明に骨を折るのはつまらないことだというのを聞いたとき、私は「彼は、大勢のお供をつれてヴァルハラ（招魂堂）に乗り込むつもりなのだな」と気づいた。ところが、実際には彼が一番自己弁護に執着していたのだった。

ゲーリングはモンドルフとニュルンベルクで、徹底的な療養を受けてからすっかりモルヒネ中毒から立ち直り、別人のようになっていた。彼は非常に精力的に活動し、被告の中でも際立った存在となった。私は、戦争勃発以前の彼が今ほど精力的ではなかったことを非常に残念に思った。当時の彼は、半中毒症状で、気が弱く従順になっていたが、その権威と人望ゆえに、ヒトラーも彼には一目置かねばならなかったのである。事実、彼は先見の明のある数少ない人物の一人であった。彼がここにいたって再び発揮しだしてきたそのエネルギーを、ドイツ民族を誤った方向へ導くのに用いたのは、まさに理に背いたことであり、犯罪的ですらあった。あるとき中庭で、ハンガリーのユダヤ人が二人生き残っていたと聞いたとき、彼は「まだいたのか。全員片づけたと思っていたのだが、だれかが手を抜いたのだろう」と冷ややかにいい切っていた。私はあっけにとられてしまった。

政権全体に対する責任を取ろうという私の決心も、しばしば精神的な危機にみまわれた。責任を逃れる可能性としては、死期を早めて裁判から抜け出すことだった。夜になると、深い絶望感にとらわれ、静脈炎を起こさせるために悪いほうの足を縛りあげてみたりもした。クランスベルクで行なわれた講演会で、ある科学者が、粉々にして水に溶かした葉巻きのニコチンは、人間を死に至らしめることもあるという話をしたが、それ以来私はポケットに葉巻きを粉にして忍ばせていた。しかし、考えることと実行することの間には、非常な距離があるものである。

私にとって、日曜日の礼拝だけが大きなささえとなった。クランスベルクにいたときは礼拝に出るのを拒んでいたが、それも弱くみられるのがいやだったからにすぎない。ニュルンベルクでは、そういった配慮をいっさい捨ててしまった。ヘス、ローゼンベルク、シュトライヒャーを除くほとんど全部の人々と一緒に、私も小さな礼拝堂へと足を向けた。

我々の服は既に回収されており、アメリカ軍は、黒く染めたデニムの作業服を配給した。係員が房にやって来た。我々は裁判に備えてどの私服を洗濯するかを選ぶことができた。カフスボタンにいたるまでの細かい指示がなされていたのだった。

アンドラス大佐によって最後の検閲を受けた後、一人ずつ兵士に伴われ（手錠はなく）、一九四五年十一月十九日、我々は初めて、まだだれもいない法廷へ連れて行かれた。席割りが行なわれ、先頭にゲーリング、ヘス、リッベントロップがすわり、私は気心の知れた人々と、二番目の列の終わりから三番目にすわった。右側にザイス゠インクヴァルト、左側にノイラート、私のすぐ目の前にはシュトライヒャーとフンクが席についていた。

やっと公判が始まり私はありがたかった。ほかの人々も同じように考えていたろう。やっと終わりが来るのだ。

全体責任

アメリカ側の検事長ロバート・H・ジャクソンの、長々とした否定的な起訴状朗読から公判が始まった。起訴状の中の、政権の犯罪に対する責任は、二一人の被告に帰せられるのであり、ドイツ民族に対してではないという一文が常に私を勇気づけた。この見解は、公判の副産物として私が望んでいたものだった。戦争中の宣伝により、ドイツ民族に向けられていた憎しみ、犯罪が露見するに従って増大していた憎しみが、今度は我々被告に集中させられたのだった。私の持論によれば、近代戦争における最高指導部は、自らは一度として危険に遭遇することがなかったが、結局はこうした必然的な結果になろうことは予期されているのだ。我々の基本方針を記した弁護人にあてた手紙で、私は、その弁護になされることはすべて、全体からみれば些細で滑稽に思われるだろうと表明した。

数か月の間に、多くの資料や証言が集まったが、それは行なわれた犯罪を裏づけるためのものであり、被告人のだれか一人と関係があるかどうかについてはまったく顧慮されていなかった。恐るべきことが明るみに出されたが、神経がしばしば麻痺《まひ》させられてしまったので、私はかろうじてそれに耐えられたのだった。今日でもなお、きわめて奇怪で信じがたいような写真、資料、命令などが私を追いまわしているが、それが真実であることは疑う余地はなかった。

こうして日々の日課が過ぎていった。朝から昼一二時まで公判、階上の部屋で昼食、午後二時から七時まで公判、その後独房へ戻り、服をアイロンかけに出し、夕食、それからはたいてい弁護人との相談室に呼び出され、夜一〇時ごろまで、その日の経過と次の日の公判に備えての打ち合わせをした。夜もふけてから、疲れて独房に戻り、床についた。土曜、日曜は公判が行なわれなかったので、弁護人たちとじっくり話し合った。散歩の時間は三〇分くらいしかなかった。

我々被告人たちの間には、同じ境遇であったにもかかわらず、心のつながりといったものはまったくなかった。いくつかのグループが形成された。特に目立ったのは将官たちの分裂であった。刑務所の共同庭園のごく小さな部分が、六メートル四方くらいに仕切られて将官専用庭園が作られた。その中をわが将軍たちは、それぞれ小グループに分かれて歩きまわっていたが、あまり狭いので気分の良いものではなかったことだろう。我々文官はこの分裂を注目していた。昼食では、所長が各部屋ごとに座席順を決めたが、私はフリッチェ、フンク、シーラッハなどと同じグループに入れられた。

各個人の詳しい事情が明らかになるにつれて、我々にはもう一度、命が助かるかもしれないという望みが湧いてきた。それぞれではっきりとした相違もあったが、私とフリッチェは、この時点では、それぞれ死刑を免れる判決を予想していた。というのは、互いに比較的楽な尋問で切り抜けることができたからであった。

法廷では、無愛想な顔、冷ややかな目にいきあった。検察側のアメリカ人やイギリス人の中にも、数人、しげにうなずく人々とぶつかった。通訳室だけは例外で、そこでは親我々に対してある種の同情を表わす人がいた。ジャーナリストたちが判決についての賭けを始め、絞首刑に賭ける者が多いということを聞かされ、びっくりしてしまった。

反対尋問

最後の弁護の準備をするのに数日の休みがあった後、「反対尋問」が始まり、幾人かはそれに大いに望みをつないだ。ゲーリングは、証人席に登るとき、自分が責任を負うから気を楽にするようにと、フンク、ザウケルをはじめほかの人々にも語りかけた。初めのころはその証言はいかにも勇気があり、約束にそいそうであったが、細部にいくにつれて、彼を頼りにしていたものたちはがっかりしていった。彼は自分の責任を徐々に回避していったのだ。

たかった。

ゲーリングとのやりとりでは、検察側ジャクソンが常時優位にあった。ジャクソンが驚くべき証拠を持ち出してきたのに、ゲーリングは、その資料については何も知らぬと押し通そうとした。しまいには彼は、回避と隠匿と否定を武器に、ただ生き延びんがためにたかった。

リッベントロップとカイテルの場合も例外ではなかった。彼らは明らかに責任逃れをしようとしていた。いかなる証拠をみせられても、彼らは「ヒトラーの命令」ということを引き合いに出してきた。私は不愉快になって彼らに「高給取りの郵便配達」というあだ名を与えたが、それが後に、報道関係者の間に広まった。いま考えてみれば、彼らは基本的に正しかったと思う。彼らは事実、ヒトラーの命令仲介者以外の何ものでもなかった。これに対して、ローゼンベルクは、率直であり、終始、首尾一貫していた。世界観を変えさせようとした彼の弁護人たちの努力は、舞台の表でも裏でも功を奏さなかった。ヒトラーの弁護士で、後のポーランド総督ハンス・フランクは自己の責任を認め、フンクは巧妙に同情を刺激するように陳述した。シャハトの弁護人は力みすぎかえって彼の依頼人が扇動者であるかのような論述を行ない、結果的には罪状軽減の力とはならなかった。デーニッツは、自分と自分の潜水艦隊のために頑強にたたかった。彼の弁護人が、ドイツ海軍軍令部と同じ原則に従って、潜水艦戦を指揮していたことを確認するアメリカ太平洋艦隊司令官ニミッツ大将の証言を提示したとき、デーニッツは非常に満足そうであった。レーダーの態度は客観的な印象を与え、ザウケルの単純さはむしろなさけない感じであり、ヨードルは簡潔で控え目な弁論で注目された。彼は、自分の置かれていた境遇を克服した数少ない人物であった。

尋問の順番は席の順と同じであった。私の神経はだんだんいら立ってきた。私の隣の席のザイス゠インクヴァルトの番になっていたからだ。彼自身弁護士であり、自分の状況についてあれこれ空想にふけることもなかった。というのは、彼は流刑とか銃殺刑とかには直接かかわりはなかったからである。彼は落ち着いて、自分は事件の責任をとる義務があると説明し、尋問を終えた。彼の運命を決定的なものとした尋問から数日後、幸運なできごとが彼にもたらされた。それまでロシアで行方不明となっていた彼の息子の消息がわかったのだった。

私の証言

証人席についたとき、私は気おくれがした。ドイツ人医師にもらっていた安定剤を素早く飲み込んだ。一〇歩ほど離れた反対側にフレクスナーが弁護人席についており、左手上壇に裁判官がすわっていた。

フレクスナーは、分厚い原稿をひろげて質疑応答を始めた。開始直後、直ちに私は「もしヒトラーに友人がいたとしたら、きっとその数少ない一人が私であろう」ということを確認して、それまで一度も検察側から審問されていなかったことを主張した。先に提出されていた証拠に関する多数の報告が討議されたが、努めて回避的、弁解的態度はとらないようにした。言葉少なめに、私が行なったヒトラーの命令のすべてについて責任をとると語った。つまり、どこの国においても、命令は下部組織では命令でなくてはならないが、指導層では与えられた命令を吟味し、慎重に考慮せねばならず、たとえおどされて命令遂行を強いられても、責任逃れはできるものではないという見解を私は持っていた。私にとって最も大事であったのは、一九四二年以来、常にどこかでだれかによって行なわれていた犯罪を含めて、ヒトラーの全行動に対しては連帯責任を負うべきであった。「自分の持ち場に対する責任がある」と私は法廷で述べた。「もちろん、それに対して人は完全に責任を負わされている。さらに、もし指導的地位にある場合は、決定的事柄について連帯責任を負わねばならない。元首の周囲のものでなくて、一体だれが事件に対する全体責任を取ることができるのだろう。しかし、この連帯責任は基本的事柄に対してであり、個々の細かなことに対してではない。権威主義的体制下においても、指導層のこの連帯責任は存在するはずである。大事件の後で、責任から逃れるということは、ありうべからざることである。なぜなら、もし戦争に勝っていたとすれば、それはみな自分たちのお陰だというであろう。政府の首脳が、ドイツ民族の責任を世界から回避すればするほど、それだけ私の責任と義務は大きくなるのである」。ザイス＝インクヴァルトに対しては、私は自分のこの考え方を思い切って話した。「もし状況が一転して、我々が戦争に勝っていたらどうであろうか。各人は自分の勲功と業績をどんなふうに誇示するだろう。あなたならどう考えますか。今は事情が異なって、勲章、栄誉、財産の代わりに死刑の判決が待っているだけだ」

フレクスナーは、私が関係していた公務以外の責任を取り除こうと努力した。彼の言によれば、そうしないと致命的な結果を招くということだった。しかし、私は告白してしまって心が軽くなったように感じられ、同時に、自己弁護に走らずにすんだことに喜びを感じた。それから私は、自分で信じていたように納得の上で証言の第二の部分を始めた。それは戦争末期に関するものであった。戦争に負けてから、ドイツ国民の生活条件を破壊するというヒトラーの意図は、これまで知られていなかっただけにヒトラーに対する嫌悪をやわらげ、さらにヒトラーにまつわる有利な伝説を作り上げるに効果的な根拠となったであろうと私は陳述して、ゲーリングや他の人々の鋭い反感をかった。

私は暗殺計画について法廷で簡単に言及したかった。むしろ本当は、破壊的なヒトラーの意図が、いかに危険きわまりないものであったかを明らかにするためだった。「細かいことは、これ以上触れたくない」と私が話をそらすと、裁判官たちはひそひそと相談して、裁判長が私に向かっていった。「法廷は詳しいことを聞きたい。しばらく休廷します」。このようなときに売名的なことはしたくなかったので、私はこれ以上証言を続ける気はなかった。私は仕方なくこの要求に従い、弁護人と相談して、証言のこの部分を弁論には引用しないことにした。

再び、尋問の中に、戦争末期に関する証言の結論的な部分が、何の妨げもなく現われてきた。なにか特別の功績という印象を弱めるために、私は意識して問題を限定した。「これらの処置はすべてそれほど危険なものではなかった。一九四五年一月以来、ドイツ国内では政府の政策に反しても適切な処置を行なうことができた。賢明な人はだれもがそれを歓迎した。関係者は、我々の命令（または反対命令）が何を意味するか知っていた。党の長老たちでさえ、この時期には国民に対する責務を果たしていた。狂信的なヒトラーの命令を引きとめるため、我々は共同で多くのことをすることができた」

フレクスナーは弁論をおだやかな調子で結ぶと、弁護側の自分の席に戻った。合衆国の検事長ジャクソンと、合衆国最高裁判所判事が席に着いた。私にとっては少しも驚くことではなかった。その前夜、アメリカの将校が私の独房にたずねてきて、ジャクソンが私の場合も反対尋問をすることになったと知らせてきていたからだった。彼は、いつもの調子とは違って、静かに好意ある声で始めた。彼はもう一度一〇〇万の強制労働者に対する私の連帯責任を証拠書類や質問などで確認すると、「ヒトラーに面と向かって戦争に負けると直言した勇気あるたった一人の人間である」といって、私の証言の第二の部分を支持した。私は、それがいかに真実であるかを述べ、グデーリアン、ヨードルをはじめ、他の反ヒトラーであった人々を指摘した。検察側の「我々にまだ証言していない陰謀があるだろうか」という質問には、私は回避的に次のように答えた。「陰謀を企てるのは非常に簡単であった。道端で、だれでもかまわず呼びかけ、状況はどうであったかと問われれば、まったく愚かしいことだと答えればよかった。勇気あるものは進んで身を投じた。いまここで思うほど危険ではなかった。というのは、おそらく残りの八〇〇〇万人は、この成り行きを知っていたから非常に冷静であった」

次に、ソヴィエト側の検察代表ラジンスキー大将による反対尋問――通訳のミスにより大きな誤解が生じた――の後で、もう一度弁護人のフレクスナーが進み出て、私は一二人の証人による一包みの証言書類を法廷に委託した。これで私の公判は終わった。数時間前から胃病に苦しめられていた私は、房に戻ると、精神的疲労ですっかりまいってしまい、木製のベッドに横になった。

第35章　人類への告白

最後の弁論

最後に検察側が発言した。彼らの総括演説で公判は終了した。我々は結論を一言述べることになった。それがそのままラジオで放送されるというので、特別の意味を持っていた。つまり、自国民に問いかける最後のチャンス、また、罪を認め過去の犯罪を率直に述べることにより、我々によって誤った方向に率いられた国民に、進むべき方向を示す最後のチャンスでもあった。

この九か月間に及ぶ裁判は、我々に感銘を与えた。ゲーリングまでが、攻撃的な申し開きを意図して裁判に臨んだが、結論では、明らかにされた重大犯罪にふれ、恐るべき大量殺人を非とし、理性が欠けていたことを認めた。カイテルは、再びそのような犯罪に巻き込まれるなら、自ら死を選んだほうがましだと断言し、フランクは、ヒトラーとドイツ民族が負うべき責任について語り、誤りを悟らぬ人々に「破滅と死へ導く政治的愚行」と警告した。それは極端すぎたようだが、私の見解の核心をつくものであった。シュトライヒャーさえも、ヒトラーの「ユダヤ人大量虐殺」を否定し、フンクは深く恥入っていた恐ろしい犯罪について語り、シャハトは、「防ごうとした名状しがたい悲惨さに心を動かされ」、ザウケルは「公判で明らかにされた犯罪に、心の底までショックを受けていた」。パーペンにとっては、「悪の力は善よりも強い」ことが実証され、ザイス＝インクヴァルトは「恐るべき愚行」と語り、フリッチェにとっては「五〇〇万人の殺人は、未来に対する背筋の寒くなるような警告」であった。にもかかわらず、こうした場における自分自身の役割については、それぞれいい争っていた。

私の希望はある意味でみたされた。法律的責任は、ほぼ我々被告人全体に帰せられた。かくも不幸な時代を通じて、歴史上のいかなる暴力支配の先例とも異なり、将来のためにある種の教訓を見いださなければならないような一つの要素が、歴史上初めて現われてきたのである。そこで私は、何らためらうこともなく、人類に対してあらゆる手段を講じ、技術的に高度発展をとげた国の重要指導者として、ただ告発されるだけでなく、過去に起こったことを理解しようとした。私は次のように述べた。

「ヒトラーは、この近代技術の時代における工業国最初の独裁者であり、国民を支配するのに、ラジオやスピーカーをフルに利用した。そして、八〇〇〇万の人間が、ただ一人の人間の意志に服従した。電話、テレックス、無線によって、命令を直ちに下部組織に伝達することを可能にした。そこでは、命令が絶対のものであるがゆえに、何ら批判されることなく遂行された。数多くの官公庁や役人たちは、命令を無批判に受け入れていた。彼らは、国民をすみずみまで監視し、犯罪の秘密保持を可能にした。アウトサイダーにとっては、この国家機構はまとまりのない電話交換室のもつれ合った電線のように見えたに違いない。しかし、このように国家は一つの糸に操られ駆使されていたのである。昔の独裁者は、自主的に行動できる程度の高い部下を必要とした。技術時代における権威体制はそれを必要とせず、通信手段ただそれだけで仕事を組織化できるのだ。その結果として、無批判に命令を受け取るというタイプの人間ができ上がるのだ。

この数か年にわたる犯罪は、単にヒトラーの人格のせいだけではない。犯罪の拡大化は、ヒトラーが技術手段を複雑化した第一人者として貢献したことにもよるのだ。

私は、技術の力をもって——利用し、支配される——将来も無限の支配力を手に入れた場合どうなっていたかについて考えてみた。この戦争は、無線操縦のロケット、超音速飛行機、原子爆弾なども登場したろうし、あるいは化学戦争の観を呈して終わったかも知れない。五年ないし一〇年のうちには、原子ロケットにより、一〇人ほどの人力で、ニューヨークの中心部からわずか一秒間に一〇〇万人もの人間を破滅させることもでき、あるいは化学戦争によって伝染病を広め、収穫物を台なしにすることもできるだろう。世の中が技術的になればなるほど、危険もまた大きくなる。かつての軍需大臣として、次のことを確認するのが私の義務でもある。すなわち、新しい戦争は、人類の文化と文明を破壊して終わるだろう。ひとたび刺激を受けた技術と科学の前には、人類の破壊作業を成し遂げるのを妨げるものは何もない。その技術が、今回の戦争では恐るべき破壊作業を開始したのだった。

技術によって諸民族を支配することができるという構想は、ヒトラーの権威体制によってほぼ現実化した。今日、世界各国は、技術によって恐怖政治がなされるという危機に直面しており、近代的な独裁政治においては、これは不可避であるように思われる。したがって、世界が技術化されればされるほど、均衡を保つためには個人の自由と各人の自意識が必要となってくるのである。ゆえに、この公判は人類の共同生活の原則を確立するのに貢献している。過去においてはいろんなことが起こった。そしてこのような高度の目標にあって、私自身の運命とは一体何を意味するものであろうか」

私の罪状は、公判が終わってからは絶望的であった。私の最後の文章は単に理論的な告白ではなかった。私は自らの生命をあきらめた。

判決

法廷が判決協議のため、しばらく休廷となって、長い四週間が過ぎた。ほとんど耐え難い緊張が続いた。ちょうどこのころ、私は、フランス革命当時のディケンズの小説『二都物語』を読んだ。ディケンズは、捕虜がどのようにして、バスティーユで、静かに、時には陽気に彼らの不安定な運命と対決していたかを描いていた。それに反して、私にはそのような心の余裕はまるでなかった。ソヴィエト側検察代表は、私に死刑を求刑した。

一九四六年九月三十日、我々はアイロンのきいた服を身につけ、再度被告席についた。法廷は、判決本文朗読のときに我々を報道陣のカメラからまもるために、それまで広い法廷を照らしだしていたスポットライトを消した。室内は異常なほど暗くなり、裁判官が入廷すると、被告、弁護人、検事、傍聴者、報道陣は起立した。例によって裁判長ローレンス卿は四方に向かって、また我々に向かっても礼をし席についた。裁判官たちは、数時間にわたって交代で、単調に、ドイツ史上、不幸でいまわしい判決文を読みあげた。指導者たちに対する有罪判決が、ドイツ国民を法律的責任から解放させるように私には思えた。長年にわたってドイツ青年の指導にあたったヒトラー側近の一人、バルドゥーア・フォン・シーラッハが、あるいは初期に軍備拡張で信任のあった経済相ヒャルマール・シャハトが、戦争の準備をし、遂行した罪の告訴が取下げられるのなら、どうして他の兵隊、婦人、子供たちにまで罪を負わせられようか。レーダー海軍元帥、総統代理ヘスが、人類に対する犯罪に加担していたのにもかかわらず、無罪となるのなら、なぜ、一介の技師が、一介の労働者が責任を負わねばならないのか。さらに私は、勝利者の占領政策に、この裁判の精神が直接、反映するよう希望した。彼らがまさに犯罪であると定義づけたことを、逆の立場に立ってわが国民に強制することはできないはずである。そうして私は、特に私に対する罪状を決定的なものとした点について思い浮かべた。それは強制労働のことであった。

判決主文が発表される前に、おのおの判決理由の説明が行なわれた。私の行為は、冷静かつ公平無私に表現されていて、予審で私が述べたことと完全に一致していた。外国人労働者徴用に対して私の責任が追及され、私がヒムラーの計画に反対したのは、ただ生産上の理由からだとし、強制収容所の囚人たちに労働を強制したこと、また、ソヴィエト軍捕虜を軍需工場で働かせたことについても非難が向けられていた。さらに判決は、私が要求し実現化に努力した計画には何ら人間的、道徳的な動機は見られなかったと非難するものであった。明らかに死刑になると予測していた他の被告たちは、法廷でその罪を非難されても、取り乱したりするものはいなかった。彼らは黙々として心の動きをいっさい表面にあらわさず、傾聴していた。私は、この裁判を、途中で挫《くじ》けぬよう耐え抜き、恐る恐る控えめな闘志と自制心をもって判決を聞くことができた。フレクスナーは非常に楽観的にいった。「この判決理由から判断すると、おそらく四年ないし五年ぐらいだろう」

翌日、我々は判決言い渡しの前にもう一度地下室に集まった。一人ずつ小さなエレベーターに乗って行ったが、ここには二度と戻ってこなかった。上では判決が言い渡されていた。ついに私の番になり、アメリカ兵に付き添われて上に登っていった。ドアが開き、私は、一人で法廷の小さな台に裁判官と向かいあって立った。レシーバーが渡され「アルベルト・シュペーア、二〇年の禁錮刑に処す」という声が響いてきた。

数日して、私は判決を承認した。四か国に対して恩赦請願をすることはあきらめた。どんな罰でも、我々が世にもたらした不幸に比べれば取るに足りないものであった。「たとえ謝罪することができてもその罪は消えず、ただその犯罪の規模が非常に大であるために、どんな人間的な謝罪であっても、それは無に等しく、また色あせたものにすぎない」と私は、数時間後、日記に書いた。

この判決から四分の一世紀たった今日でも、私の良心を責めているものは個々の過失ではなく、その過失の大なるがゆえであろう。私の道徳感の欠如は詳細に分析できない。事件全体に協力した事実がはっきりと脳裏に残っているのである。私はただ、側近者の一人として、戦争が世界支配にかかわるものであると確信して戦争に加担しただけでなく、私の能力とエネルギーとで、戦争を数か月も長引かせてしまった。ヒトラーを単にシンボルとしてではなく、実際に手に入れたかった世界に代えて、私は新ベルリンのためのドーム・ホールのてっぺんに地球儀を取り付けた。この要求の別の側面は、諸国民の征服であった。フランスを一小国に格下げしようとし、ベルギー、オランダ、ブルゴーニュもヒトラーの帝国の一部になることを私は知っている。ポーランド、ロシアの国民生活を解体し、彼らを農奴にしようとしていたことも知っている。ユダヤ人撲滅計画も、関心のあるものに対しては決して秘密にしなかった。一九三九年九月三十日の国会演説で、彼はそれを公表した。かつての私は直接ヒトラーに賛同することもなく、彼の目的のために建物を設計し、兵器を生産してきた。

それからの二〇年間を、私はシュパンダウ刑務所で過ごした。例の四か国に所属する人間が私を監視したのだが、その四か国に対して、ヒトラーのために戦争のお膳立てをしたのだった。監視人は、私の六人の囚人仲間とともに、狭い生活圏の一部分でもあった。彼らを通じて、私の行為がどのような結果をもたらしたのか知ることもできた。彼らはこの戦争による死者を悲しんだ。また、ソヴィエトの看守は、身近に親類や兄弟、父親を失っていた。にもかかわらず、一度として私個人の罪を、彼らから追及されることもなく、また非難の言葉も聞かされなかった。私の生命の奥深くで、これらの素朴な人々とまじりながら、服役規則はそっちのけで、純粋な人間の感情を学んだ。共感の心、人助けの心、人間的な理解など……。大臣に任命される前日、私はウクライナで遭難し、農民は私を凍死から救ってくれた。当時はその意味を深く考えることもなく、ただ感激しただけだった。私は敵対関係の環境に置かれているにもかかわらず、寛容の態度を経験した。ようやく私はこのことを理解しようと心に誓ったのである。この本もまたそれを望んでいる。

一九四七年に、私は自分の独房で書き綴った。「この戦争を通じて、何世紀もかけて作り上げられた近代文明はいかに脆弱《ぜいじゃく》であるかが証明された。我々は、耐震建築の建物の中にいるのではない。近代社会の複雑な機構は、相互に上昇しあっても、常にマイナスの作用によって解体している。いかなる意志も、この過程を無視することはできない。こうした進歩が自動的に進められるにつれて、人間の非人格化も一段と進み、ますます個人的責任は薄れていくであろう」

私は、人生における最も大切な年月を、技術のために奉仕した。技術の可能性に眩惑《げんわく》されたのである。結果はこれに反した。そして懐疑だけが残ったのである。

あとがき

この本では私は、単に過去について述べようとしたのではなく、将来に対する警告をも試みたのである。ニュルンベルクでの刑務所生活が始まった最初の月から、私を苦しめる事件の圧迫感から逃れるために、この詳しい手記が生まれた。これが一九四六年、一九四七年の記録と調査の発端となって、一九五三年三月に、まとめて回想録としようと決めたのだった。これが押しひしがれるような寂しさの中で書かれたのは、良かったのだろうか、悪かったのだろうか。当時はしばしば無分別な状態となって他人や自分を判断していた。一九五四年十二月二十六日、この草稿が完成した。

一九六六年十月一日、シュパンダウ刑務所から釈放されたとき、私は、自分の資料が二〇〇〇ページ以上にもなっているのに気づいた。それを、コブレンツ連邦文書館に保管してあった旧軍需省大臣官房の記録と照合して、自伝にまとめあげたのである。

二年前、私の相談相手となってくれたウルシュタインおよびプロピレーン社社長のヴォルフ・ヨプスト・ジートラー、同社役員ヨアヒム・C・フェストの両氏に謝意を表する。

この本のもつ客観性、事件に対する心理的・年代記的考証は、彼らの鋭い設問によるものである。ヒトラーとその体制に対する私の基本的な見解、私自身協力をしていたという解釈は、一四年前、最初の原稿に書いておいたのだが、彼らとの話し合いにより確認され、強調された。

パリのユネスコ本部のアルフレート・ヴァーグナー博士、コブレンツ連邦文書資料庁のトーマス・トルンプ博士、ヘードウィヒ・ジンガー夫人、ならびにヨードルとゲッベルスの未発表の日記を提供してくれたデビッド・アーヴィング氏にも、ここで謝意を表すものである。

アルベルト・シュペーア

訳者あとがき

シュペーアはニュルンベルク裁判の冒頭陳述を「もしヒトラーに友人がいたとしたら、その数少ない一人が私である」という言葉で始めている。この言葉は実に意味深いのである。というのは、本書を通じて描かれているように、ヒトラーの人間としての性格的欠陥――神格化された狂気とニヒル――が、ただ権勢におぼれたナチ党幹部との間に信頼にもとづく友人関係をもたらさなかったのは当然だからである。つまり、ヒトラーには友人が一人もいなかったのである。シュペーアと党・軍部・政府内のきわめて少数の人々との間に合った友人関係は、まさにこの人間と人間の結びつきであった。「ヒトラーに友人があったとするなら」というシュペーアの言葉は、いわば人間と非人間の本質的な問題を指摘しているものであろう。

まれにみる天才的な建築家、そして組織者としてシュペーアは、ヒトラーの建築家として政治のでき事とも関係をもたず、政治的立場も一切とらないで自分に与えられた職分に忠実であればよいと考えながら、またたくまにナチス政権の指導的立場にすすんでいったのであった。そしてまた、シュペーアは、この政権下において行なわれた罪業、非人間的な所業に関して、なぜ自分が積極的に阻止することを試みなかったか、そのことで今日なお、人間的な反省と罪悪感にうたれているのである。この回想録は、いわばシュペーアという「その才能のゆえに成功した中産階級的な平和的人間」（戦争末期の英国『オブザーバー』紙の人物評）の悲劇を物語っている。「まことに愚かな時代」を通じての一人の平均的な良心的ドイツ人の苦しみの記録でもある。

シュペーアが生まれ成長したハイデルベルクは、古城のすぐ後ろが深い緑でおおわれた山になっている。シュペーアは森の中の別荘の一つに父親の代から今も住んでいるのである。この二、三軒先に、日本風の冠木門《かぶき》をもち、日本風の庭園のある家がある。ウンガー家である。本書の翻訳は、このウンガー家の長男エドワード・B・ウンガー氏（酉島製作所取締役、KSB社東洋代表）とのお茶の席での話し合いから生まれてきたといってもよい。私自身、シュペーアの人柄を個人的に尊敬し、常に心をうたれている。シュペーアがまだシュパンダウ刑務所にいるころ、彼の長男で、現在ヨーロッパで一流の都市工学者であり、建築家でもあるアルベルト・シュペーア君が来日した。父親生き写しの天才的な鋭さ、すべての人をひきつけずにはおかない円満な人柄である彼は、戦後ほとんどアルバイトで学業を続けたのである。まことに清潔な一族である。それだけに伝統と歴史のうちに育まれたドイツ人が、過ぎ去った愚かな時代にいかに苦しんだかが私には想像できた。

私はこうした愚かな時代を留学中に体験したのである。この愚かな時代はまた、思想のない幻想の時代でもある。一九二〇年のナチ党綱領は、たとえば、銀行利子、奴隷制度廃止といったような、あらゆる社会層に対して空想的な提案を盛り込んだのである。政権掌握と同時にこの綱領は直ちに破棄され、その作者のフェードラーは地上から行方不明となってしまった。そして党の政策は、公共投資による失業者救済、ユダヤ人排撃にしぼられ、ユダヤ人排撃により、アーリア民族としての優越性と誇りとを大衆に与え、紙幣増発による公共投資で国内の景気をあおったのである。なるほどその当時、ドイツの国境を一歩でると、オーストリアでもフランスでも、町々に失業者があふれていた。ドイツ国内だけに新しく家々が建ち、アウトバーンが作られ、ピカピカの新車がハイスピードで走り、長い間不況のどん底にあったドイツ人に自信と活力を与えていたことは否定できない。大衆はこの表面的な好景気を通じて、ナチスを支持していったのである。大ドイツ、そしてカール大帝の第一帝国がビスマルクの第二帝国を経て、第三の永久帝国になるのだという幻想が大衆の間に浸透していった。大衆は謙虚な内省を忘れ、自信と誇りのみに、そして最後には力の顕示に狂信的に移行していくのである。こうした段階での大衆は、ナチスの政治的規制を何ら圧迫と感じない、むしろ独裁的な政治体制を一つの秩序、「秩序こそ国の担い手！」と受け取っていたのである。しかし、この秩序の裏づけとして一つの思想があらわれてくる。ローゼンベルクの『二十世紀の神話』がそれである。もちろんこの神話はあくまでも便宜的なものであって、シュペーアの回想録に描かれているように、戦争が始まると、その神話の占める政治的位置とローゼンベルクの影響力というものは意識的に葬られてしまったのである。しかし、ナチスがこの神話を初期の段階において、ドイツ民族秩序形成の手段としたことは明白である。ナチスは全ドイツを「帝国《ライヒ》」と呼び、その州および主要都市を「ガウ」（ゲルマン民族の行政単位。訳者は本書にでてくる党の各地方指導者「ガウ・ライター」を大管区指導者と訳さず、このゲルマンの行政単位が地域的にきわめて複雑であり、その大きさも必ずしも一定していないので、「党大管区指導者」と訳した）と呼んだり、狂信的な親衛隊隊員などが、ときには洞穴の中で熊の毛皮をつけて、古代ゲルマン風の結婚式を行なったりしていたものだった。ナチスはその台頭期にバチカンとの宗教条約を結び、カトリック教徒に対する融和的な政策をうちだしたにもかかわらず、ナチスの経済政策が一応表面的な成功をおさめると同時に、次第に反キリスト教的な神話にもとづくナチス信仰の浸透を強化していった。青少年たちは学校から帰ると、夜の九時ごろまでヒトラー・ユーゲントを通じて、この信仰への教育をされたのであった。キリスト教的な伝統と家庭とが名実ともに破壊されて初めて、レジスタンス運動が次第に始まってきたのである。

一九三六年、ベルリン・オリンピックの年は、ナチスの妥協と寛容の年であった。過激な反ユダヤ主義、反キリスト教的なスローガン、ポスター、新聞記事は突然ぬぐいさられて、国をあげて、世界諸国家の平和と諸民族の協調をスローガンに、オリンピックへの準備をはじめたのである。外国から来た人々も、すばらしいドイツの経済的繁栄のみに幻惑されて、ナチスドイツの虚偽のベールを見抜くことができなかったのである。民族の祭典の翌一九三七年、ナチスドイツの文化政策は、露骨に反キリスト教的・狂信的な神話信仰に移行していった。ローマ法王が、「深い憂慮の念をもって……」という言葉で始まるナチスに対する教書を発表したのもそのころであった。

初夏の楽しい行事の一つであった聖体行列の日も、休日が廃止され公務員・学生・生徒の参加が禁止されてしまった。しかし、その当日には、ミュンスターの町は、役所も商店も全部休業、全市をあげて行列に参加して、全ドイツで国の命令に抗する初めてのレジスタンスの意思表示がなされたのである。そのすぐ後、「王たるキリストの祝日」に、レジスタンスのシンボルでもあったミュンスター大司教クレメンス・アウグスト・フォン・ガレン伯爵が、ミュンスターの大聖堂で、四万人の信者を前に――私もそこにいた一人であるが――「子供たちを家庭から奪い、両親によって教育されるのではなく狂信的な未熟な青年たちがドイツの子供たちを教育する――これがナチスの文化政策であるならば、私は、この文化政策を野蛮なものとして拒否する」と述べたのであった。大聖堂の中にいた人も外にいた人も、ただ「大司教ばんざい」といって、夜中近く消防車が撒水して解散を強要するまで、そこにいたのである。その翌日、ベルリンからゲッベルス宣伝相が突然やってきて、「大司教、カトリック教会、すべてのナチスの文化政策に反対するものと最終的に対決するために」大集会を催すこととなった。しかし、ゲッベルスの自動車を歓迎する旗も群衆も町になく、集会の場所である町のホールにはだれ一人も行かなかった。党は近くのルール地方の労働者をトラックで運び、集会を一応開催したのである。そのころから、弾圧は激しくなり、大学の寄宿舎にいた私の友人も、朝早くゲシュタポにつかまり、そのまま行方不明になってしまった。子供たちが親を、反ナチス的な言動をしたといって告発したり、学生が教授を売り、小学生が先生を告発するといったことがほとんど日常ありふれたことになってしまった。暗い、その日その日が続いていったのであった。

しかしナチスは、ドイツ経済の好況を踏まえて、ますます自己顕示的になっていった。一九三六年、私が初めてニュルンベルクの党大会に招かれ、ヒトラーを見た当時は、その活力にあふれた顔は庶民の顔であった。しかし、三七年、三八年と、ナチス政権の強化に伴って、党大会でのヒトラーの顔は次第に青ざめた禁欲的な顔となり、ドイツ民族の発展のために自己犠牲を行なう禁欲主義者のそれのようになった。

シュペーアだけでなく、すべてのドイツ人が憤りを感じていたのは、ナチ党幹部の国家と民族に対する良心・責任感の欠如であった。その権勢におぼれて、一貫した政治目標もなく、ナチスにとっては、政治は方便であり、利己手段であった。大衆はいつも目にみえた面でのみ批判的であり怒りを感じるのである。党員の名前にPgと書くのであるが、本来の意味である党同志 Parteigenosse ではなく、Parteigeniesser（党を食いものにするもの）と民衆は解していたのである。ルール地方の大管区指導者は法律家で、謙虚な立派な人であったが、しかし、大部分がこの時とばかり、栄耀《えいよう》栄華、わが世の春をうたっていたのである。

そのころのドイツの笑い話の一つに、「純粋なアーリア人とは何でしょう？」「それはヒトラーのようにブロンドで、ゲッベルスのように背が高くて、ゲーリングのように細っそりとしていて、その名前はローゼンベルクという」。ところが事実は、ヒトラーは黒髪であったし、ゲッベルスは背が低く、ゲーリングは肥満型、ローゼンベルクは典型的なユダヤ人の名前であった。ナチ党の主張と現実との遊離を皮肉ったものである。不思議にもナチ党の幹部には外国生まれ、外国育ちのドイツ人が多かった。ヒトラーはオーストリア生まれ、ヘスはエジプト生まれ、農業大臣のダレはアルゼンチン生まれ、ローゼンベルクはエストニア生まれであった。外国生まれのドイツ人に共通するように、彼らは故国の姿を理想化していたのであり、幻想としての大ドイツとドイツ人の生活感情の間に常に深い対立があったのも事実である。戦局の見通しが悪化すると、こうしたドイツ的感情が表面に表われてきて、もろくも国全体がばらばらになっていったのである。

シュペーアの回想録に描かれているナチスの政治とその幹部の内幕物語は、人間喜劇であるともいえよう。しかし喜劇としてはあまりにも犠牲が大きかった。ここに描かれた党幹部の人間像はあまりにもすべての人間のもつ弱さを露呈している。お互いの間のねたみとそねみ、嫉妬と奸計《かんけい》、陰謀と相手を抹殺するために手段を選ばない冷酷さが、この人間喜劇の主役でもあった。そこで生活するためには、政治は理想ではなく、方便と手段としての政治が行なわれ、人間的良心が麻痺した時代でもあった。

こうした時代を通じてドイツに生活し、市民の喜びと悲しみをともにわかちあった私にとっては、この回想録の一行一行が深く親近感をもって理解できるのである。この回想録こそ、過ぎ去った愚かな時代を生き、好まずして政治と関連を持った一人の有能な建築家の良心の記録である。戦後たくさんの回想録がドイツで出版された。将軍たちあるいは外交官の回想録のうちで、最も高く評価され、最も多く読まれているのがこのシュペーアの回想録である。というのも、本書が、一人の良心的なドイツの市民の魂の記録でもあるからである。シュペーア自身は、この書を通じて鮮やかに浮かびあがってくるように、そして彼自身は自分について語らないけれども、ドイツ的生活感情や良心の持ち主、ドイツ的表現を用いるならば、まさに「高貴な魂」の持ち主でもあった。いいかえれば、一人の良心的なドイツ人によるナチス政権の担い手であった人々に対する痛烈な批判であり、同時に、愚かな時代への反省の書でもある。彼は、狂気のナチスの時代から、そのままシュパンダウ刑務所に拘留された。そこで彼が体験したのは、各国人の看守たちの人間的な善意である。そうした素朴な善意に対する信頼からこの本が書かれたのである。こうした人々の善意によって、刑務所で小さなメモ用紙に書かれたこの回想録が外に運びだされ、今こうして、日本においても出版されるのである。この書の追求するものは、失われていく人間的善意への信頼の回復であり、「私の生涯の大部分は技術のあらゆる可能性に奉仕されてきた。しかし最後に私は、これに対して深い懐疑をいだいている」とこの書の最後に述べているように、シュペーアの今までの生涯への反省でもあろう。

シュペーア回想録の日本語版が出版されることを最も喜んでいるのはシュペーア自身であろう。ウンガー家を通じて学生時代からいだいている日本への親近感、そして、戦後の日本の建築面における独自の発展についての関心を通じて、おそらくシュペーア自身の生涯の喜びであろうと私は自負している。また私は、ハイデルベルクのシュペーア家でドイツで出版されたばかりの回想録を贈られ、この本の日本語訳を彼にすすめて、その後、著者、出版社との交渉を一手に引き受けてくれたエドワード・B・ウンガー氏の努力と好意に心から感謝を申し上げたい。また、終始好意的に本書の日本語訳を可能にしてくれたベルリンのウルシュタイン出版社に対してお礼を申し上げたい。

シュペーア氏は本書の翻訳中、絶えず加筆、訂正を行なってくれた。おそらく、英語、スペイン語、イタリア語版以上に日本語版に最大の関心をもっていたに違いない。私はこの本を訳しながら、何か宿命的な結びつきを感じている。というのは、最後の仕上げに協力してくれた、たまたまハイデルベルクより帰国中の私の長男昌泰を訪ねたエメリア・ジバンニさんが、戦後シュペーア家の下宿人であったというのである。そして彼女を通じて、私はシュペーアがエピローグに書いてある内省の言葉と日常生活における真実さを確認したのである。

本書の邦訳の成立の過程に、協力をお願いした上智大学の横川文雄教授、尾崎鑿治助教授に対して心から感謝を申し上げたい。

訳者がただ残念に思うのは、シュペーアの回想録のもつ特異の文体を十分に日本語に生かせなかったことである。しかし、これほど親近感をもって感激のうちに訳をすすめた書物はないのである。翻訳について本書の内容が多方面にわたるので不適当な訳、あるいは誤りもあるのではないかと思う。大方のご叱声《しっせい》をお願いしたい。

一九七〇年十月四日

品田豊治

＊改版に際し、「ガウ・ライター」の訳語を、今日一般的な「大管区指導者」に改めた。（編集部）

「シュペーア神話」の崩壊

田野大輔

「もしヒトラーに友人がいたとすれば、私がその友人であったろう。私の青春の歓びと栄光も、それから後の恐怖と罪も、ともに彼のおかげである」。

この過度に感傷的な文章のなかに、アルベルト・シュペーアの偽善的な姿勢が凝縮されている。彼は本書のなかでヒトラーとの出会いからナチ党内部の抗争、建築家・軍需大臣としての仕事までを一見誠実に証言する一方、自らが積極的にユダヤ人の迫害や強制労働者の動員に加担したことは認めず、すべてをヒトラーに誘惑された結果として片付けて、意に反して戦争に駆り出された「非政治的なテクノクラート」を装っている。ナチズムの犯罪への関与を否定しながら、それを表向き批判・後悔してみせる一見道徳的な姿勢も、野蛮なナチスとは対照的な「善きナチス」のイメージの演出に一役買っている。

だが一九八〇年代以降の研究は、本書で提示されている彼の自己イメージ、いわゆる「シュペーア神話」が、実像と大きく異なっていることを明らかにしている。まず比較的無害な問題として指摘できるのは、建築家・軍需大臣としての自らの業績に関する説明に誇張や歪曲が多いことである。たとえばシュペーアは本書のなかで、ヒトラーの新首相官邸をわずか一年で完成させたことを誇示しているが、アンゲラ・シェーンベルガーの研究によれば、それは彼の作り話にすぎなかった。一九三八年初めに開始された建設工事は、当初三九年初頭の外交団引見に間に合わせる予定だったが、結局四〇年初めまでかかったという。

またシュペーアが軍需大臣時代に達成したとされる軍需生産の増大、いわゆる「軍備の奇跡」に関しても、数字の水増しがあったことが判明している。「奇跡」を可能にした技術革新や合理化の多くも、前任者であるフリッツ・トットが考えていたものだった。自己の業績を過大に誇示しようとする彼の言動には、たえず権力拡大をはかる飽くなき出世主義者の姿があらわれていると言えよう。

だが本書の記述のなかでそれ以上に深刻な問題として指摘すべきなのは、シュペーアが自分の仕事とナチズムの犯罪との結び付きに関して沈黙を守っていることである。彼はヒトラーから依頼された巨大プロジェクトについては、そこに表現された誇大妄想的な権力要求も含めて詳細な証言を行うが、それがユダヤ人への迫害や強制労働者の動員と結び付いていたことにはけっして触れない。実際、ベルリンやニュルンベルクの大プロジェクトには大量の建築資材が必要で、とくに花崗岩などの石材を安く調達する必要があったことから、彼は親衛隊が経営する「ドイツ土石製造有限会社」に出資し、強制収容所の囚人が生産した石材・レンガの供給を受けていたのだが、本書にはその事実への言及はない。

それればかりか、シュペーアが「帝国首都建築総監」として推進したベルリン改造計画自体、ユダヤ人への苛酷な迫害と密接に結び付いていたことも明らかになっている。ズザンネ・ヴィレムスの研究によれば、ベルリンの相貌を大きく変えることになるこのプロジェクトのために約五万軒の住居が解体され、約一五万人の住民が立ち退きを余儀なくされるはずだったが、そうした人々に速やかに新たな住居を提供するため、無関係のユダヤ人を住居から強制的に退去させ、そこに立ち退きの対象となる住民を入居させることになった。一九三八年一一月のポグロムの後、何千人ものユダヤ人がベルリンから離れるようになると、建築総監事務所の指令のもと、ユダヤ人の住居からの強制退去が進められ、その住居が立ち退き住民に提供され始めた。四一年一〇月には、約一〇〇〇人のユダヤ人をベルリンからウッチ・ゲットーへ送る最初の移送列車が出発した。シュペーアは都市改造という任務を遂行する過程で、ユダヤ人の強制退去・移送という犯罪に手を染めることになったのである。

こうした事実が暴かれるのと並行して、シュペーアがユダヤ人の虐殺をどこまで知っていたのか、それにどれほど深く関与していたのかといった問題も検討の対象とされるようになった。彼は本書でもその他の発言でも一貫して、ユダヤ人虐殺のことは何も知らなかった、アウシュヴィッツのことは聞いたこともないと証言しているが、それが真っ赤な嘘だったことが、多くの証拠によって裏付けられている。

一九七〇年代初めにはすでに、シュペーアがユダヤ人の絶滅に関するハインリヒ・ヒムラーの演説を聞いていたことが指摘されている。一九四三年一〇月、ポーゼンで行われたヒムラーの演説はユダヤ人の虐殺にはっきりと言及するものだったが、シュペーアがその会場にいたことは間違いのない事実で、それは演説のなかに彼への呼びかけの言葉が含まれていることによっても裏付けられる。ただしシュペーア自身は演説が始まる前に会場を立ち去ったと主張し、それを証明するために二人の友人に宣誓証言を行わせているが、その内容にも無理があることが判明している。こうした一連の経緯は、彼がこの問題の火消しに躍起になっていたことを示している。

シュペーアはナチズムの犯罪について知っていただけでなく、強制収容所での奴隷労働を組織した張本人でもあった。一九四二年以降、シュペーアは軍需大臣として親衛隊と協力しつつ軍需生産の拡大をはかり、マウトハウゼン強制収容所とその外部収容所の囚人を軍需産業に動員したほか、四三年にはミッテルバウ＝ドーラ強制収容所に地下工場を建設し、囚人をロケット生産に投入した。さらに彼は、一九四二年九月にアウシュヴィッツ強制収容所の拡張計画に関して親衛隊と協定を結び、この収容所を強制労働の中心機関とすることを取り決めたが、労働不能な者を殺害する施設の存在を承知していたことは、計画書の内容からも明らかである。シュペーアはアウシュヴィッツについて何も知らなかったどころか、この収容所で行われた犯罪の首謀者の一人でもあったのである。もしニュルンベルク裁判の時点でこれらのことが明らかになっていれば、彼は確実に死刑判決を受けただろうとも言われている。

犯罪への関与を否認するシュペーアの姿勢は、敗戦直後から一貫している。彼はニュルンベルク裁判でヒトラーの側近・軍備の専門家として進んで証言を行い、被告のなかで唯一責任を認めることで連合国の共感を獲得、死刑を免れることになったが、強制収容所やユダヤ人虐殺については何も知らなかったと述べ、「知ろうとすれば知ることはできたはず」として自らの無関心にのみ過失を認めている。彼は裁判のなかで戦争末期にドイツのインフラを破壊しようとしたヒトラーの命令に逆らったことを強調し、最終弁論では独裁体制下での技術の濫用の危険性に警鐘を鳴らすなど、ヒトラーとナチズムから批判的な距離を取った。そうした自己演出は二〇年間の服役後に出版された本書にも引き継がれ、ヒトラーの側近としてナチスの内幕を生々しく証言する一方、ユダヤ人虐殺や強制労働といった犯罪には言及しないという姿勢を貫いている。

マティアス・シュミットの研究によれば、本書はシュペーアとその協力者による隠蔽工作の産物でもあった。ナチ政権下、シュペーアの建築総監事務所では部下のルドルフ・ヴォルタースが年史を執筆していて、そのコピーを敗戦後も保有していたのだが、一九六四年以降、ヴォルタースはユダヤ人の強制退去に関する記述など、シュペーアに不利になる内容を削除し、文書の改竄を行った。シュペーアは釈放後にその改訂版の文書を受け取り、回想録の執筆に用いたという。

本書の執筆においてはさらに、シュペーアは版元のプロピュレーン出版のヴォルフ・ヨプスト・ジートラー、歴史家・ジャーナリストのヨアヒム・フェストの協力も受けている。両者が二年間の編集作業において内容・スタイルの両面で原稿に深く関与し、「善きナチス」のイメージの形成と回想録の出版上の成功に決定的に寄与したことは、まぎれもない事実である。各種のメディアで釈放後のシュペーアにインタビューを行ったフェストは、ジートラーからの指示に従って好意的なイメージの普及につとめ、回想録の売り上げに貢献する一方、その一種の見返りとして、自らがヒトラーの伝記を執筆する際、シュペーアを主要な情報源として利用している。フェストとシュペーアの協力関係はその後も続き、一九七五年には共同で『シュパンダウ日記』を出版している。

回想録がベストセラーとなったことで、シュペーアのもとには巨万の富が舞い込むことになったが、彼がナチ時代から金銭に執着していたことは、建築総監・軍需大臣の給与のほかに建築家としての報酬を受け取り、ユダヤ人所有の不動産や美術品の売買に関与していた事実にも示されている。一九七九年には絵画を密かにオークションで売却し、巨額の現金を手に入れたことが判明しているが、これは戦時中にユダヤ人から略奪し、友人に預けていたものと見られている。

以上のように、一九八〇年代以降の研究は様々な証拠にもとづいてシュペーアの汚れた実像を明らかにし、「善きナチス」のイメージを根本から突き崩している。二〇一七年には戦後のシュペーアの言動とそのドイツ社会への影響を取り上げた企画展「連邦共和国のアルベルト・シュペーア」がニュルンベルクで開催され、過去数十年にわたる「シュペーア神話」の問題が議論の対象とされた。

そうした取り組みを通じて多くの人々の共通理解となったのは、シュペーアがけっして単なる総統お抱えの建築家、軍需省のトップに立つ非政治的なテクノクラートではなく、権力欲にかられてヒトラーに近付いた出世主義者、確信的なナチスとして強制労働者を死に追いやった犯罪者だったということである。戦後の弁明で彼はユダヤ人の迫害や強制労働者の虐待といった犯罪に無知であったことをくり返し強調しているが、そうした犯罪の一部は実際には彼自身の手で行われていたのである。個人的な関与を否定しつつ一見誠実に過去を悔いてみせるその語り口は、自分が行ったことを歪曲し、隠蔽しようとする歴史修正工作の一環にほかならない。

このように見ると、シュペーアの弁明が戦後のドイツで長きにわたって共感を得てきたことの意味があらためて問い直される。二〇一七年にシュペーアの伝記を出版したマグヌス・ブレヒトケンによれば、この男の自己演出が何十年にもわたって成功をおさめたのは、それが多くのドイツ人の免罪欲求と見事に一致していたからだった。「シュペーア神話」

は、彼と同じように野心をもってナチズムを支え、戦後はそうした過去から距離を取りたがっていた何百万もの人々にとって、理想的な投影対象を提供したのである。本書を手に取った読者もまた、そうした観点からシュペーアの証言を批判的に吟味する必要があるだろう。

（たの・だいすけ　甲南大学・ドイツ現代史）

マ行

ヤ・ラ行

ハ行

タ・ナ行

サ行

人名索引

ア行

カ行

本書について

本書は Albert Speer *"ERINNERUNGEN"* ULLSTEIN BUCHVERLAGE GMBH 1969. の全訳、『ナチス狂気の内幕　シュペールの回想録』（読売新聞社　一九七〇年十一月刊）を文庫化したものである。

文庫化にあたり同書の中公文庫版『第三帝国の神殿にて　ナチス軍需相の証言』上下（二〇〇一年七月、八月刊）を底本とし、改題した。

底本中、明らかに誤りと考えられる箇所は訂正し、人名・地名・役職名などは現在一般的であるものに改めた。

本文中、今日の人権意識に照らして不適切な語句や表現が見受けられるが、訳者が故人であること、刊行当時の時代背景と作品の文化的価値を考慮して、底本のままとした。

中公文庫

ナチス軍需相《ぐんじゅしょう》の証言《しょうげん》（下《げ》）
——シュペーア回想録《かいそうろく》

2001年8月25日　初版発行
2020年5月25日　改版発行

著　者　アルベルト・シュペーア
訳　者　品《しな》田《だ》豊《とよ》治《じ》
発行者　松田陽三
発行所　中央公論新社
〒100-8152　東京都千代田区大手町1-7-1
電話　販売 03-5299-1730　編集 03-5299-1890
URL http://www.chuko.co.jp/

DTP　ハンズ・ミケ
印　刷　三晃印刷
製　本　小泉製本

Published by CHUOKORON-SHINSHA, INC.
Printed in Japan　ISBN978-4-12-206889-6 C1122

各書目の下段の数字はISBNコードです。978-4-12が省略してあります。

中公文庫既刊より

マ-13-1
マッカーサー大戦回顧録
マッカーサー
津島一夫 訳
日米開戦、屈辱的なフィリピン撤退、反攻、そして日本占領へ。「青い目の将軍」として君臨した一軍人が回想する「日本」と戦った十年間。〈解説〉増田 弘
205977-1

チ-2-1
第二次大戦回顧録 抄
チャーチル
毎日新聞社 編訳
ノーベル文学賞に輝くチャーチル畢生の大著のエッセンスをこの一冊に凝縮。連合国最高首脳が自ら綴った、第二次世界大戦の真実。〈解説〉田原総一朗
203864-6

マ-15-1
五つの証言
トーマス・マン
渡辺一夫
第二次大戦前夜、戦闘的ユマニスムの必要を説いたマンへの共感から生まれた渡辺による渾身の訳業。寛容論ほか渡辺の代表エッセイを併録。〈解説〉山城むつみ
206445-4

キ-6-1
戦略の歴史（上）
ジョン・キーガン
遠藤利國 訳
先史時代から現代まで、人類の戦争における武器と戦術の変遷と、戦闘集団が所属する文化との相関関係を分析。異色の軍事史家による戦争の世界史。
206082-1

キ-6-2
戦略の歴史（下）
ジョン・キーガン
遠藤利國 訳
石・肉・鉄・火という文明の主要な構成要件別に「兵器と戦術」の変遷を詳述。戦争の制約・要塞・軍団・兵站などについても分析した画期的な文明と戦争論。
206083-8

た-89-1
雪あかり日記／せせらぎ日記
谷口吉郎
一九三八年、ベルリンに赴任した若き日の建築家。建設総監シュペールとの面会、開戦前夜の市民生活などが透徹な筆致で語られる。〈解説〉堀江敏幸
206210-8

な-68-1
新編 現代と戦略
永井陽之助
戦後日本の経済重視・軽武装路線を「吉田ドクトリン」と定義づけた国家戦略論の名著。岡崎久彦との対論を併録。文藝春秋読者賞受賞。〈解説〉中本義彦
206337-2

各書目の下段の数字はISBNコードです。978－4－12が省略してあります。

S-22-7
世界の歴史7
宋と中央ユーラシア
伊原弘
梅村坦
宋代社会では華麗な都市文化が花開き、中央アジアの大草原では、後にモンゴルに発展する巨大なエネルギーが育まれていた。異質な文明が交錯した世界を活写。
204997-0

S-22-8
世界の歴史8
イスラーム世界の興隆
佐藤次高
ムハンマドにはじまるイスラームは、瞬く間にアジア、地中海世界を席捲した。様々な民族を受容して繁栄する王朝、活発な商業活動、華麗な都市文化を描く。
205079-2

S-22-9
世界の歴史9
大モンゴルの時代
杉山正明
北川誠一
ユーラシアの東西を席捲した史上最大・最強の大帝国モンゴルの、たぐいまれな統治システム、柔軟な経済政策などの知られざる実像を生き生きと描き出す。
205044-0

S-22-10
世界の歴史10
西ヨーロッパ世界の形成
佐藤彰一
池上俊一
ヨーロッパ社会が形成された中世は暗黒時代ではなかった。民族大移動、権威をたかめるキリスト教、そして十字軍遠征、百年戦争と、千年の歴史を活写。
205098-3

S-22-11
世界の歴史11
ビザンツとスラヴ
井上浩一
栗生沢猛夫
ビザンツ帝国が千年の歴史を刻むことができたのはなぜか。東欧とロシアにおけるスラヴ民族の歩みと、紛争のもととなる複雑な地域性はどう形成されたのか。
205157-7

S-22-12
世界の歴史12
明清と李朝の時代
岸本美緒
宮嶋博史
大帝国明と、それにとってかわった清。そして、朝鮮半島は李朝の時代をむかえる。「家」を主体にした近世の社会は、西洋との軋轢の中きしみ始める。
205054-9

S-22-13
世界の歴史13
東南アジアの伝統と発展
石澤良昭
生田滋
古来西洋と東洋の交易の中継地として、特色豊かな数々の文化を発展させた東南アジア諸国。先史時代から二十世紀までの歴史を豊富な図版とともに詳説。
205221-5

S-22-14
世界の歴史14
ムガル帝国から英領インドへ
佐藤正哲
中里成章
水島司
ヒンドゥーとムスリムの相克と融和を課題とした諸王朝の盛衰や、イギリスの進出、植民地政策下での葛藤など、激動のインドを臨場感豊かに描き出す。
205126-3